国家出版基金项目
NATIONAL PUBLICATION FOUNDATION

欧盟版权法

张大伟 / 主编

王灵丽　马作鹏 / 译　　王自强 / 校

中国出版集团　东方出版中心

图书在版编目(CIP)数据

欧盟版权法 / 张大伟主编. —上海：东方出版中心,2019.6

（海外现行版权法译丛）

ISBN 978 - 7 - 5473 - 1362 - 6

Ⅰ.①欧… Ⅱ.①张… Ⅲ.①欧洲联盟—知识产权法 Ⅳ.①D950.34

中国版本图书馆 CIP 数据核字(2018)第 257633 号

欧盟版权法

出版发行：东方出版中心

地　　址：上海市仙霞路 345 号

电　　话：(021)62417400

邮政编码：200336

印　　刷：上海盛通时代印刷有限公司

开　　本：710mm×1000mm　1/16

字　　数：314 千字

印　　张：20.5

版　　次：2019 年 6 月第 1 版第 1 次印刷

ISBN 978 - 7 - 5473 - 1362 - 6

定　　价：90.00 元

序　言

　　20 世纪 80 年代以来,随着数字技术、信息技术、通信技术的迅速发展,原有的著作权法(即版权法)体系已不适应技术进步和社会发展的需要,如何建立一套与新技术相适应的利益均衡的版权法体系,是社会与实践的需求,也是促进相关新兴产业(如新媒体产业和文化创意产业)发展的关键和基础。世界知识产权组织、美国、欧盟、德国、法国等国际组织和发达国家为适应网络信息的传播以及为解决著作权使用与保护等过程中所产生的一系列问题,完善其著作权法体系:或出台数字版权国际公约,或出台适应该国的数字版权法,或不断修订现有的著作权法。如:1996 年,世界知识产权组织出台的《世界知识产权组织版权条约》(WCT)、《世界知识产权组织表演和录音制品条约》(WPPT);1998 年,美国出台《美国数字千年版权法案》(DMCA);2000 年,欧盟出台了《著作权欧盟指令》;2003～2013 年,德国先后出台了《信息社会版权制度法》《规范信息社会著作权法》和《附属版权法案》;2009 年,法国出台了《促进互联网创造保护及传播法》,并成立了互联网作品传播及权利保护高级公署,出台了著名的互联网"三振出局"法则。在数字时代构建利益平衡的著作权法体系,这些国际著作权法律资源理应受到我们的重视和借鉴。

　　改革开放 40 年,中国取得了辉煌的发展成就,也越来越多地融入世界产业的竞争体系。在传统制造业得以迅猛发展之后,中国制造的"人口红利"迅速消退,无论是"中国制造 2025",还是"大众创业、万众创新",都预示着中国必须以前所未有的程度重视创新和创造,并通过智力成果推动经济社会进步。版权是文化创意产业的战略性、基础性资源,建构利益均衡的、符合中国文化创意产业发展需求的、与国际接轨的著作权法体系势在必行。

　　与发达国家动辄七八百页的版权法典相比,中国的版权法仍然处于初级阶段。我国现行的著作权法是 1990 年全国人大通过,1991 年正式实施的。这是一部基本适合我国当时实际情况并与我国加入的国际条约基本衔接的法案。但是,我国的著作权法出台以后,在近 30 年期间,只进行过两次微小的局部修订。由于数字技术和互联网的快速发展,以及在这部法律实施中不断产生的新情况、新问题,这部法律已经不能完全适应我国在面向"两个一百年"宏伟目标的新时代的要求了。我们在推进修订著作权法,建立符合中国发展实际又与国际规则相衔接的知识产权制度过程中,需要参考和借鉴其他国家的著作权立法的经验及其实践。

张大伟先生和其团队翻译完成的《海外现行版权法译丛》(第一辑)恰逢其时。该译丛是第一套系统地、大规模地介绍国外版权法现状的译著,也是这个团队深耕于数字传播与版权制度领域的研究成果。他们在研究中深刻感受到合理的版权法律体系对于新闻出版业、文化创意产业、新媒体产业发展的重要性,自 2009 年以来开始编译《海外现行版权法译丛》,力图借"他山之石",给我国现行著作权法的修改以启迪以借鉴。在翻译文字不再作为大学考评指标的当下,其拳拳之心值得称许。

本套译丛从选择和编辑的角度来看,有着以下几个特点:

一是系统性。本译丛第一辑编译了美国、英国、欧盟、世界知识产权组织现行的主要知识产权法、知识产权公约及实施细则。为了体现知识产权法体系的完整性,还补充翻译了对现行版权法的修改文件或补充性法规,总计翻译文字 200 多万字。目前,国内对于相关著作权法的翻译存在两点不足:一是只选择法律文本的正文进行翻译,却不翻译附录,无法体现系统性,其实,附录往往比法律正文更有法学意义和借鉴价值;二是有些翻译文本因为时间关系,在原著作权法已经进行了修改的情况下,没有翻译修订版。在本套译丛中,译者对美国版权法的翻译,不仅翻译了版权法正文和《数字千年版权法》这两部法律典籍,而且翻译了八个核心附录文件;对英国版权法的翻译,不仅翻译了主要法律文本,而且也翻译了为应对技术挑战而作的历次修改;对欧盟版权相关文件的翻译以时间为顺序,不仅翻译了相关文件,也翻译了实施细则;世界知识产权组织颁布的互联网版权公约(WCT、WPPT)等,国内大多已有较好的单独的翻译文本,但文本之间法律用词的规范缺乏统一性,因而本套译丛在编辑整理基础上,尽量统一了用词。

二是针对性。英、美是国际著作权体系中最具代表性的两个国家,在数字时代,其版权体系和具体条文都对新兴产业形态和权力边界进行了新的界定,这对完善我国数字时代的版权法体系有重要的启示意义。欧盟在面对数字化和一体化进程挑战时,其在知识产权领域所思考的问题、解决问题的思路以及对具体法律条文的规定,都对我国思考如何建立适应数字时代的知识产权体系有重要的借鉴意义。世界知识产权组织管辖的多部工业产权和版权公约,是缔约国和成员国关于各国知识产权法的"最大公约数",亦有重要的参考价值。可以说,本套译丛从不同角度为完善中国著作权体系提供了可供参考的"蓝本"。

三是适用性。在新时代,伴随着智力成果的创造与运用,我国的知识产权问题特别是版权的矛盾、诉讼与纠纷激增,可以预料,在当前和今后相当长时期,矛盾、诉讼与纠纷将更加凸显。在此背景下,了解和熟知贸易对象国的知识产权法律规定,是保障贸易公正、避免贸易摩擦、保护自身合法利益的基本和有效的方式之一。本套丛书的出版,有助于知识产权行政管理与司法部门、教学与研究机构、相关产业以及相关从业者全面了解国际知识产权体系以及相关法律、条文,从而更加科学地分析、判断形势并作出选择。

任何一项符合国情和技术要求的制度建构,既需要深刻的现实体验,也需要借鉴人类已有的经验。在数字时代构建利益均衡的、公正的、符合中国国情的著作权体系,仍然需要相关部门、业界、研究者付出更加艰辛的努力。从这个意义上看,此套译丛的出版,或许能给这一领域的管理者、研究者和从业者带来更多的思考和启示。

阎晓宏

(阎晓宏,全国政协文化文史和学习委员会副主任,曾任国家新闻出版广电总局副局长、国家版权局副局长)

总　目

关于版权和技术挑战的绿皮书

——亟须行动的版权议题

欧洲共同体委员会　　第 172(88) 号

布鲁塞尔,1988 年 6 月 7 日

目　　录

第三章　音像制品的家庭复制

第四章　发行权、权利穷竭和出租权

第五章　计 算 机 程 序

第六章　数 据 库

第一章　版权和欧洲共同体

1.1　共同体层面出现的重要版权议题

1.1.1　版权法在共同体内部和其他地方的发展，反映出对版权法的持续反复修改，为的是在当前某些日益矛盾的重要目标间实现平衡。保护作者和其他创作者经济利益，促进即时获取信息，实现文化目标是版权法需要不断探索和协调的内容。近年来，在共同体层面，有关版权①的法律和政策受到日益频繁的挑战。

1.1.2　共同体条约中直接适用于商品自由流通和服务自由提供的相关条款，引发了一系列新的情况。这些情况集中在：如果是版权阻碍了共同体内部商品和服务的供应，那么国家层面的版权在多大程度上是有效的。同样，在知识产权的其他领域，欧洲法院迅速确立了一条原则：如果在成员国市场投

---

①　如无说明，本文件出现的"版权"是广义上的概念，准确而言指的是版权和邻接权，除了作家享有版权，表演者、音像制品作者和广播机构也被授予相似的权利。广义上，上述相似的权利是否被视为"版权"，例如半导体产品外形的设计和模型，这也是存在争议的。在本文件中，除非特殊说明，上述相似权利都被视为"版权"。

放商品是合法的,就不能因为版权而限制商品在共同体内的自由流通。最近,共同体要求更加明确地界定这条原则,例如,如何界定版权持有人对进口电影和录音制品中的表演以及有关音像制品①的出租权。

1.1.3　版权议题也出现在其他语境中。比如说:文化部门②在发展共同体行动中采取的措施;共同体竞争法适用于某些版权和工业设计;新技术包括有线电视和卫星电视③、半导体④、计算机技术⑤和新音像技术⑥带来的问题;因非成员国对共同体版权人的权利缺乏有效保护,因此引起的重要商业问题。⑦

1.1.4　近年来,在共同体内出现这些问题并非偶然。这在很大程度上反映世界经济出现了深刻变化,不仅仅工业化国家的经济发生了重大的结构性调整。

1.2　日益重要的工商业版权

1.2.1　正在发生的经济结构性调整,具有以下特点,其特点在于在工业和商业中,版权保护的重要性日益凸显。

1.2.2　第一,工业化国家的经济活动发生了一种持续的转变,从以生产大宗商品为主,转向以生产应用技术、技能和创新的高附加值商品为主。高品质和一些非物质特性(例如其设计和形象),构成了这类商品的主要竞争优势。但是,如果他人为了商业目的,能够很容易地用比生产原版花费少得多的成本,复制这些特性中的一部分或全部,那就会威胁到这种高附加值产品的生产和营销。⑧

1.2.3　第二,工业化国家的制造业活动,往往没有以信息业和娱乐业为重

---

① 详述见第四章。

② 见《欧共体公报》增刊6/77中关于文化产业的共同纲领,《欧共体公报》增刊6/82中关于文化产业的义务纲领。

③ 见委员会指令中提议,该提议的规定通过欧共体1986年7月17日颁布的相关法律、法规、关于广播活动的行政规定落实,《欧共体公报》,第C 179号,1986年7月17日,第4页及共同体基于广播业绿皮书建立的"无国界电视"指令的保障,尤其是卫星电视和电缆电视,COM(84) 300 1984年6月14日终稿。

④ 见1986年12月16日欧盟委员会关于保护半导体产品外形的第87/54号指令,《欧共体公报》,1987年1月27日24/36。

⑤ 以下见第五章。

⑥ 以下见第二、三章。

⑦ 以下见第七章。

⑧ 见共同体纺织业产业的例子。见第七章7.4.4节至7.4.8节。

要组成部分的服务业有活力。制造业同时也特别容易被侵权,特别是通过未经授权的复制方式进行侵权。[①] 因此,正是这项能够带来经济增长希望的产业,带来了大量新投资,同时又特别容易因复制而蒙受损失,所以共同体一直在寻求一种适合的保护方式,包括适当修改版权法。

1.2.4 第三,技术创新本身引发矛盾,体现在其带来新的经济产业的同时,也导致轻易盗用他人努力的结果。例如,在半导体设计行业,据估计,开发一个先进的芯片需要投资 1 亿美元,然而复制现有的设计却只需 5 万到 10 万美元。[②] 一个花费了大量工时和其他投资的复杂计算机程序,可以在几乎是轻触按钮的一瞬间被完美复制。音像制品的大量复制可以经由设备完成,仅仅比普通家庭使用设备复杂一点点而已。

1.2.5 总之,为抵制对其产品的盗版,尤其是通过复制进行盗版,版权保护[③]越来越具有重要的经济意义。其结果自然是要求实现国家和共同体现有的版权保护系统的现代化。

1.3 共同体通常关注的问题

1.3.1 在委员会看来,共同体内部对于该领域的关注应当集中在四个层面。

1.3.2 首先,共同体必须确保共同市场的正常运转。尽可能地让版权商品和版权服务的创作者和提供者将共同体视为一个统一的内部市场。这就要消除跨领域商品和服务贸易的阻碍、竞争方式的扭曲,以免这些障碍和法律分歧严重扰乱内部市场运行。

本章下一节将详细讨论该问题。值得一提的是,特定种类作品的版权在保护方式上的显著差异,割裂了版权作品的内部市场,这不是我们所期待的。

[①] 见第二、三、五章。

[②] 见 Robert W. Kastenmeier, Michael J. Remington。《明尼苏达法律评论》,第 70 卷,第 2 号,1985 年 12 月,第 437—438 页。(注:译文中的页码均为英文原稿中页码)

[③] 今年有不少量化版权经济重要性的探索,当然这些尝试也遇到了很多理论和实践上的问题。总的来说,版权会产生至少 2%至 3%的国内生产总值,实际占比可能更多,较高的估计达 5%至 6%。另外,有证据表明这一数据将继续升高。见 J. Philipps,《版权的经济意义》,知识产权普通法研究所,1985 年;见 J.S. Cramer, J. Meigering, T.J.M. Nijssen。《著作权的经济意义——1982 年荷兰阿姆斯特丹大学福尔经济特区》,1986 年。见 A.H. Olsson,《国民经济中的版权》,世界知识产权保护组织,1982 年 4 月。《美国版权保护机构》《美国版权产业规模》《专利权分委会报告》《美国参议院委员会关于著作权和商标权司法制度》,1984 年;《美国议会技术评估机构》《电子信息时代的知识产权保护》,1986 年。

同样,在诸多成员国,因为内部市场的益处被盗版产品的不公平竞争所消减,致使内部市场无法在一些成员国发挥效用。如果不采取有效措施来消除音像盗版,欧共体范围内的内部市场利益将不被欧洲制造业支持。共同体需要采取行动消除国家间法律条款和法律程序的差异,以免引发类似问题,并阻止产生新的有害分歧。

1.3.3　第二,在制定具体措施确保版权商品和服务在内部市场正常运转时,共同体应当制定能提高其经济和贸易伙伴的竞争力,尤其是能激发传媒业和信息业等具有发展潜力产业的政策。除了项目激励措施,比如 ESPRIT,还需要配套措施,其中包括知识产权相关立法,这可以使整个欧洲的创作者和公司的产品和活动得到保护,至少享有与其本国市场的主要竞争者相同的保护。

1.3.4　第三,因共同体内的知识产权具有开创性、投资巨大,不应被共同体外的国家所盗用。当非共同体国家使用时,应该给予公平报酬。然而,目前的情况并非如此。[①]

1.3.5　另一方面,版权是通过立法授予个人的专有权利。其结果之一就是不可避免地在一定程度上限制了第三方营销相似产品的自由。传统上,版权涉及的范围,主要包括文学、音乐和戏剧,由于同一类型的独立作品无论在实践还是法律上,都仍然可以公平竞争,所以这并没有带来严重的问题。然而在一些新领域,为了保证合法竞争而进行的版权保护,有时可能产生过度的风险。例如,纯粹以功能为主的产业设计和计算机程序领域。在这种情况下,版权保护如果没有适当限制,不合理地拓宽版权保护的范围和延长期限,在实践中实际上等同于垄断。

1.3.6　因此,共同体在制定版权保护措施时,除了考虑版权持有人的利益,还必须考虑到第三方和公共利益。因为,特别是那些具有产业属性的商品,是由版权持有人自身作出投放市场的决定的。

1.4　文化考量

1.4.1　版权法旨在保护的经济利益与文化利益、文化需求不可分割,交织

---

　①　见第二章,2.2.2 至 2.2.31 节。

在一起。新的传播和复制技术以一种前所未有的速度发展,与此同时,两者之间关系的复杂性也以相应的速度增加。这些新技术实际上已让国界不复存在,并且变化之迅速,使得原本在本国领土内适用的版权法不再适用。与此同时,无论优劣,每个国家都有越来越快速、便捷、便宜和高保真的复制技术。这是令人既满意又担忧的原因。

1.4.2 创作者产生了前所未有的满足感。因为在这之前,创作者的作品从未像现在这样,以加速度的方式在国内、欧洲甚至全世界为人所熟知。因此,一些作品和表演有数亿甚至数十亿的观众,这变得越来越司空见惯。与此同时,有观点认为,新技术的产生,使人们很难控制作品的开发和使用,甚至根本不可能控制,故而国内法条款和现有的国际公约框架下版权保护的价值降低了。

1.4.3 从建成内部市场的角度来看,委员会必须对智力创造加速度发展传播乐见其成。在任何情况下,传播的加速度发展趋势无法扭转、压制。共同体必须面对这一挑战。

1.4.4 共同体层面的任何行为将基于以下考虑:知识和艺术创造力是一种宝贵的资产,也是欧洲和各国文化特征的来源。它是经济财富的一个重要来源,也是欧洲在世界影响力的一个重要来源。我们需要保护和刺激这种创造力,并且赋予其更高的地位。

1.4.5 一般来说,对创造力的保护意味着作品的创作者享有保持作品完整性并授权他人使用的权利。报酬必须是合理充分的,且一般与作品使用相关。给予创造力更高的地位,意味着要寻求一种快速、广泛的适当的传播方式;对创造力的刺激意味着除了从保护作品中可以受益外,作者享有在版税、新的传播途径、开发方式以及新市场等方面的特殊优势。

1.4.6 显然,上述三个目标既相互联系又相互矛盾。相互联系的原因在于版权保护的目的是为了寻求更高的地位和激励;相互矛盾的原因在于过度的保护妨碍传播,并且导致过高的报酬。另一方面,不受控制的传播会使保护无效,由此损害获取合理报酬的可能性。

1.4.7 版权绿皮书旨在为利益群体提供一个各界广泛协商的基础。为此,本文件包含了新技术引发的一系列亟待考虑的议题,以及对这些议题的法律和经济分析。

1.4.8　每一章会提出一些法律和技术问题的解决方案,意图让将来的宏观决策可以在相互冲突的目标之间达到一种微妙的平衡,从而在共同体层面提高对版权的保护水平,提高版权保护的地位,不断激励知识和艺术创造力。

1.4.9　然而,应根据共同体的具体任务考虑共同体立法。版权法中的许多议题,并不均需要在共同体层面采取行动。由于所有成员国都遵守《伯尔尼保护文学和艺术作品公约》以及《世界版权公约》,所以在法律上已经达成了基本共识。许多现存的分歧对国内市场的运行、共同体的经济竞争力并没有显著影响。例如各国在作者精神权利上的差异化处理,一般不会需要共同体法律去协调。由于这个原因,该问题可以依据《伯尔尼保护文学和艺术作品公约》第 6 条第 2 项的国内法律加以规制。① 这同样适用于其他问题,例如,引入到公共领域的报酬权和艺术家转售权。

1.4.10　因此,应明确共同体的任何行为都是为了解决共同体的问题。任何只为了自身利益而进行的法律改革,都应该予以抵制。

1.5　欧洲经济共同体条约和与版权商品和服务相关的共同体权力

1.5.1　在法律上,共同体在版权领域的目标跟其他方面的目标一样,是根据欧洲经济共同体条约制定的,并且实现目标的手段也是欧共体条约规定的。

1.5.2　根据成员国的版权法,作者、表演者和其他人的权利不是抽象的,而是在具体的商品和服务贸易实践中行使的。许多欧洲经济共同体条约的条款规制着货物的流动和服务的提供,并且在关于商品和服务的版权没有任何明确例外的情况下,条款均对此有规定。对最重要一条条款的检查表明,那些受到普遍关注的上述问题,属于欧共体条约界定的共同体的职责权力范围,并且欧共体条约提供了解决问题必要的权力。

1.5.3　《欧洲经济共同体条约》(以下简称《欧共体条约》)第 2 条对共同体的目标作了详细说明,这些目标即促进整个欧共体社会经济活动的和谐发展、持续均衡扩张、稳定增长,加速提高欧共体生活水平,建立成员国之间更密切的关系。这些目标需通过建立共同市场,逐步拉近各成员国经济政策来实现。

---

① 这种方法已经被采纳,例如,在委员会对广播活动的指令中的第 20 条规定。

1.5.4 基于上述目的,共同体必须实行《欧共体条约》第 3 条中明确列出的行动。这些行动可以被分为以下几类:第一,关于取消成员国之间商品进出口定量限制以及具有同等效力的所有措施;第二,对非成员国实行统一的商业政策;第三,消除各成员国之间的壁垒,以保证人员、服务和资本的自由流动;第四,通过系统化的制度保障共同市场的竞争不被扭曲;第五,在需要共同市场发挥作用的领域,成员国的国内法律要趋于协调一致。此外,成员国有义务促进共同体任务的完成,并且避免任何可能破坏达成《条约》的措施。另外,在《条约》的适用范围内,并在不损害任何其他特殊规定情况下,应该禁止对作者国籍的歧视行为。

1.5.5 后续条款对共同体的任务作了进一步说明,并且,所有条款在版权领域实际或是潜在的应用是重点讲述的内容。为了当前的目标,《条约》充分关注如何取消所有与定量限制具有同等影响力的措施;关注如何让成员国的国内法律趋于一致,以使共同市场发挥作用;关注如何消除影响服务自由的障碍;最后,关注如何在非成员国和其他可能的地方建立一个共同的商业政策,以便共同体在对外关系上采取一致行动。

1.5.6 根据该条约,禁止成员国之间对进口、出口的定量限制以及具有同等效力的措施(《欧共体条约》第 30 条至第 34 条)。法院对这些条款进行了充分解释。条约的这些条款是保证货物自由流通最有效的手段之一。但是,这些条款受到特定条件的限制。例如,条约并不排除由于工商业产权保护方面的需要,对进口、出口或过境货物采取禁止和限制措施,只要这种禁止或限制措施无法构成对成员国之间贸易的主观歧视或变相限制(《欧共体条约》第 36 条)。

1.5.7 如前所述,涉及版权与邻接权的货物自由流通案件,已经交由法院处理。虽然这类案件数量不多,也没有知识产权其他领域争议范围广,比如专利权和商标权引起的诉讼争议。但已经很清楚的是,对于版权商品,仅仅涉及的是一项专利或一个商标时,禁止市场分割的原则才可适用。除非对作品展览权的依赖成了成员国之间贸易的主观歧视和变相限制方式,这些原则同样适用于进口商品的作品展览权。①

————————

① 见第四章,4.3.5 节、4.3.6 节以及 4.9.1 节。

1.5.8 所以,如作适当变动,商品自由流通的条款的效力可以说广泛适用于依赖于版权的商品。特别是作为一种人为分割市场(其效力等同于定量限制)的手段,该条款禁止诉诸版权法,同样包括专利法和商标法。此外,我们可以得出结论,只要成员国版权规则进行协调,情况就可能好转。正如第 36 条特别所指的,适用于成员国法律以保护工商业产权为理由的限制措施,反过来将违反《欧共体条约》第 30 条和第 34 条。

1.5.9 该条约赋予理事会权力和职责,可以协调一致地推动议会的提案。通过发布指令,让各成员国的法律、规则和管理措施尽可能地接近,这将直接影响共同市场的建立(《欧共体条约》第 100 条)。直到最近,条约所赋予的权利构成了共同体在版权法领域采取行动最坚实的基础。这是协调各国法律的差异(即使某些成员国没有针对该领域的相关法律),以及在共同体内建立一个统一标准的重要手段。因此,作为主要的法律基础,该条款近期被运用到有关半导体产品拓扑图的法律保护指令中。①

1.5.10 在《单一欧洲法案》产生效力后,《欧共体条约》第 100A 条款已经成为建立内部市场的有效措施。该条款的措施可以被大多数成员国所采用。因此,如果成员国之间的版权法差异影响到国内市场的运作,以至于需要相关立法进行协调,共同体可以根据该条款消除障碍和市场扭曲。

1.5.11 依据《条约》,受版权和邻接权保护的表演行为属于服务大类。服务通常拥有报酬权,并且不受与商品、资本和人员自由流动相关条款的限制。这些情况涵盖在共同体关于废除限制自由提供服务的条款内(《欧共体条约》第 59 条至第 66 条)。尽管有足够多的判例适用于这些条款,但这些判例很少是具体的版权服务领域的。然而,在适用的判例法中,某些涉及版权的服务,毫无疑问被包括在条款之中。尤其是,其中还明确包括了广播服务。②

《欧共体条约》第 57 条是制定指令的法律基础,并据此发挥重要作用:通过协调服务活动的条款,来促进版权相关服务的条款设计。广播活动的理事会指令提案中的版权部分,是《欧共体条约》第 57 条的首次运用。③

---

① 见上述引文。
② Coditel v. Cine-Vag Films(1980).
③ 见上述引文。

1.5.12　成员国由版权商品和服务贸易引发的障碍是委员会关注的领域之一。这足以通过举例的方式证明问题已经指向广播和录像带出租领域。

1.5.13　然而，除了这些障碍，版权法的差异通过扭曲企业在共同体不同区域运行的竞争环境，明显对共同市场的运转产生了其他直接和负面的影响。

1.5.14　举例来说，与在司法领域版权得到有效保护的成员国相比，在版权执行困难的成员国，作品更易于被盗用。此外，在许多情况下，非法复制的作品的生产成本低于原版作品，这随之会削减原版作品的市场份额。版权保护相对薄弱的成员国，其非法复制品将比在其他成员国占据更大的市场份额，这将直接影响到共同市场的运行。

1.5.15　而且，非法复制品在原版作品得到保护的成员国寻求市场出路，必然带来现实风险。在一个成员国合法复制的作品，在原版受保护的另一个成员国采取阻止行动之前都是可以传播的，因为作品可能就掌握在合法的经营者手中。在这种情况下，共同市场会受到进一步的干扰。与此同时，为了对进口产品侵犯进口成员国版权行为进行抵制，必然趋向于持续进行欧共体边界控制，这不可避免地对合法产品的流通构成了负面影响。

1.5.16　最后，关于消除障碍和市场扭曲应当指出：共同体共同市场的运作是一个宽泛的概念，包括了直接投资在内的所有生产要素在成员国内的流动。版权、其他知识产权以及工业产权法提供的不同等级的保护，不仅影响着商品和服务相关贸易的流动，而且更根本地影响着不同成员国相关生产活动和投资的范围与性质。

1.5.17　同时需要注意的是，除了发布指令权来协调各国法律，也可以进一步在条约中授予权力，来表明各国法律在某些方面的相关性。如果在共同市场的运作过程中，共同体的行动被证明对于实现共同体的目标而言是必要的，但条约没有提供足够的权力，那么理事会有权力和责任采取适当的措施；这些措施可以包括指令、法规或其他措施(《欧共体条约》第 235 条)。这是共同体行动必要的辅助手段。虽然《欧共体条约》第 100A 条对内部市场的协调提供了确切的法律基础，但这并不是具体的协调手段。这可能对仅靠具体的协调无法解决的问题，提供了一种利用权力解决的方式，比如盗版。理事会条例规定,禁止假冒商品①的自由流通,就是一个有趣的先例。

　　1.5.18　对于共同体的外部关系,版权商品的盗版让我们看到版权问题跨越了共同体自身的边界;确保建立涉及第三方国家的统一商业政策,也是共同体的商业政策目标。关税同盟,可以说是统一商业政策的出发点。通过在成员国之间建立关税同盟,成员国旨在为世界贸易的和谐发展,为大力取消国际贸易壁垒和降低关税壁垒作出贡献。但是统一的商业政策也包括签订贸易协定,以及其他保护和促进对外贸易的手段。为了进一步保护涉及知识产权的商品和服务,关税和贸易协定得到了日益广泛的运用。新的关税及贸易协定(GATT)的回合谈判包括了处理与贸易有关的知识产权②问题的措施。在该领域,《欧共体条约》第113条是共同体层面的法律依据。

　　1.5.19　此外,管控统一商业政策的条约条款,还包括如下条款:在国际经济组织框架内,只要涉及共同市场的特殊利益,成员国必须采取共同行动;并由委员会向理事会提出共同行动的范围及实施的方案(《欧共体条约》第116条)。该工作程序已经被世界知识产权组织采纳。根据旨在保护工业产权的《巴黎公约》修订的协商结果,如果类似的谈判在未来发生,有关保护版权的《伯尔尼公约》或世界知识产权组织管理的其他版权或邻接权,在必要的时候可以采用类似的工作程序。在任何情形下,只有到共同体必须通过立法才能协调各成员国版权的时候,才能引述《欧共体条约》第116条,以减少对它的依赖。在这种情况下,共同体行动的法律依据是法院 AETR 的判决。③

　　1.5.20　共同体条约是共同体合法权利的基础。如果不参照第222条,对共同体合法权力的考量就是不充分的。该条规定,《欧共体条约》绝不应损害成员国的财产所有权制度。委员会已经详细解释了该条款在知识产权④领域的细节。本质上,该条款的基本内容是个体或公共所有权转让,因此,所有权是否国有化或从公共所有权转向私有权,成员国仍然可以有自己的意见。然而,所有权的内容,能够保护的范围及其对使用行为的限制,应受到共同体以达到目标为限度的监管,特别是为保证共同市场的正常运作所需的适度监管。

---

① 　1986 年 12 月 1 日委员会规定 3842/86/EEC,《欧共体公报》第 L357 号,1986 年,12 月 8 日。
② 　见第七章,7.2.5 至 7.2.8 节。
③ 　委员会(1971)ERC 263。见第七章,7.2.2 至 7.2.3 节。
④ 　常见于"电视无国界"指令,第 323—328 页。

因此共同体行动的范围十分广泛。

1.6 共同体的优先权：本咨询文件的宗旨和范围

1.6.1 一段时间以来，委员会一直在审视作为整体的版权领域，以期出版咨询文件全面回应在共同体讨论中出现的问题。欧洲议会也多次特别向委员会提出问题，[①]表现出对委员会应对当前版权议题中所处立场的学习兴趣。本文件处理的议题不仅是共同体关注的，而且也是共同体亟待考虑的问题。

1.6.2 简言之，这些议题包括盗版、录音和音像材料的家庭复制、某类作品的发行权和出租权，尤其是录音和音像制品、计算机程序和数据库的保护，最后是对共同体内版权持有人在非成员国可获得保护的限定。

1.6.3 其他诸如有关设计和模型的保护的问题仍迫在眉睫。这些议题将在条约直接可以适用的条款基础上继续讨论，并在时机成熟时进一步考虑立法倡议。但在目前，认为该立法倡议能够启动，并且能取得最终的成功是不现实的，因为这还需要其他因素的配合。即使是那些被认为优先的立法倡议，从这方面来看也是存在问题的，并且需要作出特别的努力以确保能够在一段合理的时间内实现立法。

1.7 概要

本咨询文件的范围限于盗版，录音和音像制品的家庭复制，录音和音像制品的发行权和出租权问题，计算机程序的法律保护，与数据库操作相关的法律问题以及版权保护的外部法律问题。

1.8 结论

委员会欢迎各利益方就本咨询文件的下列各章提出具体的建议。为了聚焦并促进咨询过程，每章的主要议题将在每章以概要总结的形式予以列出。同时也欢迎提出各种相关的意见，包括对于本引言部分概述内容的反馈。

---

① 例如，第 1977/86 号《欧共体公报》第 C124 号，1987 年 5 月 11 日，第 26 页）书面问题，第 1157/86 号《欧共体公报》第 C149 号，1987 年 6 月 9 日，第 8 页）书面问题，第 1656/87 号《欧共体公报》，第 C315 号，1981 年 11 月 26 日，第 3 页）书面问题。

第二章　盗　版

2.1　盗版的性质

2.1.1　本章所指的"盗版"包括在未经授权的情况下,对受到版权及邻接权保护的作品进行商业用途的复制,以及对其复制的作品进行商业交易的一切行为。盗版是出于商业目的,且复制活动具有频率高的特点,这是区分盗版行为与其他未经授权的复制行为或诸如家庭复制行为的依据。在这个意义上,盗版包括"盗录",即在未经授权的情况下录制表演,并将其录制的复制品用于商业交易。盗版经常与"假冒"相联系,即在未经授权的情况下使用合法产品进行商业展示,特别是对其商标和其他受保护标识的使用。

2.1.2　根据这一定义,盗版行为包括对计算机程序的盗版使用。然而,近年来讨论的焦点,在于计算机程序是否可以或者是否应该被视为同样受到版权法保护的作品,这一问题更合适在第五章中独立讨论。随着成员国支持通过版权或其邻接权保护计算机程序的趋势,本章已适时作出了必要的修正,即本章的讨论对计算机程序的盗版行为也同样适用。

2.1.3　同样地,对于设计的商业盗用也属于盗版行为。在一些领域,例如纺织业和服装业,盗版和假冒设计是成员国企业面临的严重问题。此类含盗版设计的产品,虽然它们不是在共同体外营销,但其最初的生产过程是在共同体外完成的。本文件第七章涉及成员国的外部关系,这一问题将在第七章中讨论。但本章涉及的许多内容也适用于设计盗版问题,特别是关于共同体对于进口盗版产品所采取的措施。

2.1.4　对版权产业和以版权为生的创造型艺术家而言,近年来盗版已经成为一个严重的问题。1984 年 6 月,在共同体第一次正式会议期间,文化部长花了相当长的时间酝酿一项有关打击音像盗版的决议。1984 年 7 月 24 日成员国政府代表通过了这项决议,[1]这并非是一个巧合。

---

① 《欧共体公报》,第 C204h 号,1984 年 8 月 3 日,第 1 页。

2.2 盗版分类的重要性

2.2.1 随着时代的发展,盗版产生的影响在不同领域也不尽相同。虽然有关盗版行为的信息多来自对情报的估计而非严格的数据统计,但根据存在盗版的主要领域的最新情况,可以将盗版作如下的分类。

书籍

2.2.2 关于成员国内盗版书的规模似乎没有数据可查,即使估计的数据也是没有的。但出版业通常认为,相较于合法出版物,盗版书籍在内部市场中的占有率是微不足道的。但也有一些相关人士对未来表示了担忧,包括对世界上存在一些号称"盗版天堂"之地的担忧。这些地方有精密的盗版技术,有可能会使合约国盗版书籍的进口增加。但是现在,这个问题尚不严重。

2.2.3 与此形成鲜明对比的是,在共同体外,这一问题必须严肃考虑。特别是对西班牙语、法语和英语书籍的盗版侵权,因为这些语言的书籍占了盗版交易中的最大部分。在印度、巴基斯坦、中东、东南亚、拉丁美洲和非洲,盗版的问题非常严重,以至于这些地区的出版商声称在 1983 年一年内,他们因盗版损失的销售额大约有 10 亿美元。[1] 现今这一数据仍被认为是有效的。[2]

录音制品

2.2.4 许多年来,由于盗版录音带和磁带的存在,录音制品行业遭受了巨大的损失。盗版问题也是录音制品产业一直关注的问题。为了有效打击盗版活动,录音制品行业已经主动采取了很多措施来改善立法和执法。同样地,在相关国际组织层面,录音制品的盗版问题也是许多重大会议和讨论的议题。

2.2.5 为了获得各成员国盗版产品的渗透情况,以及有关录音制品保护的具体法律问题的信息,委员会已经委托研究和咨询领域内的专家进行相关研究。在委员会的请求下,国际唱片和录像带生产者联合会副总干事 Gillian

---

[1] 英国出版商协会的 Mr. Clive Bradley 在 WIPO 广播和印刷文字盗版全球论坛上的发言,日内瓦,1983 年 3 月(PF/11/S/2)。

[2] 英国出版商协会对委员会的声明,1987 年 1 月 7 日。

Davies 就录音制品盗版进行了一项研究。① 该研究包含了大量该问题的信息,但无须在此通篇赘述。后文有关录音制品盗版的讨论是对该研究的反馈,特别是总结了盗版行为对录音产业产生的严重影响。

2.2.6　这项研究 1984 年版本的表格显示,盗版在共同体和世界范围内造成了惊人的损失。为绿皮书的宗旨,须尽可能在表格中更新和补充新成员国的有关信息。

表 I　录音制品盗版造成的估计收益损失(1984 年)
(单位: 以百万计的本国货币和美元)

国家 出版商	作者/音乐		表 演 者		分 销 商		录音制品 生产者	
比利时	BF	3.8	BF	7.1	BF	8.2	BF	8.2
	US$	0.06	US$	0.11	US$	0.13	US$	0.13
德　国	DM	2.9	DM	5.4	DM	6.3	DM	6.3
	US$	0.90	US$	1.80	US$	2.00	US$	2.00
希　腊	Dr.	224.0	Dr.	320.0	Dr.	480.0	Dr.	480.0
	US$	1.80	US$	2.50	US$	3.90	US$	3.90
西班牙	Pst.	4 420.0	Pst.	780.0	Pst.	900.0	Pst.	900.0
	US$	1.90	US$	4.50	US$	5.20	US$	5.20
法　国	FF	7.8	FF	14.6	FF	16.8	FF	16.8
	US$	0.80	US$	1.50	US$	1.80	US$	1.80
意大利	L	6 720.0	L	12 480.0	L	14 400.0	L	14 400.0
	US$	3.50	US$	6.50	US$	7.50	US$	7.50
荷　兰	Dfl	1.3	Dfl	2.4	Dfl	2.8	Dfl	2.8
	US$	0.40	US$	0.70	US$	0.80	US$	0.80
葡萄牙	ESC	308.7	ESC	573.3	ESC	661.5	ESC	661.5
	US$	1.90	US$	3.40	US$	4.00	US$	4.00
英　国	£	0.8	£	1.6	£	1.9	£	1.9
	US$	1.00	US$	1.90	US$	2.30	US$	2.30

(丹麦、爱尔兰和卢森堡的录音制品盗版可忽略不计)。
资料来源: 信息获取自国际唱片协会(IFPI)。

2.2.7　退一步而言,虽然不是每卖出一件盗版产品,就等同于正版产品少卖出一件,但是盗版产品造成的经济损失是不可否认的。此外,尽管共同体内

---

① Gillian Davies 所著的《录音制品的盗版》,1984 年第二版,委员会文件 SG/Culture/52/84。

盗版产品的市场份额自 1978 年以来有所下降（见表Ⅱ和Ⅲ），但这并不意味着盗版问题已经得到解决。

表Ⅱ　1978 年、1984 年盗版录音制品单位销售分别
占总市场（含盗版和合法市场）百分比

1978■　　　1984□

国　家	磁　带	光　盘
比利时和卢森堡	15.0% ■■■■■■■■■ 3.0% □	■■3.0% 1.0%
德国	9.0% ■■■■■ 5.0% □□	■2.0% □1.5%
希腊	78.0% ■■■■■■■■■■■■■■ ■■■■■■■■■■■ 64.0% □□□□□□□□□□□□□□□	很低 很低
西班牙	— 50.0%	— —
法国	12.0% ■■■■■■ 5.0% □□□	■1.0% □0.5%
爱尔兰	20.0% ■■■■■■■■■■ 3.0% □	■■3.0% 很低
意大利	40.0% ■■■■■■■■■■■■■■■■■■■■ 25.0% □□□□□□□□□□□□	■■■■6.5% □□□□7.0%
荷兰	10.0% ■■■■■ 5.0% □□□	■■■■7.0% □□3.0%
葡萄牙	— 80.0%	— —
英国	7.0% ■■■■ 5.0% □□□	■2.0% □1.0%

资料来源：信息获取自国际唱片协会（IFPI）。

表Ⅲ　1978 年、1984 年盗版录音制品的零售价值
占总市场（含盗版和合法市场）百分比

1978■　　　1984□

国　家	零售价值占比
比利时和卢森堡	6% ■■■ 1% □

续　表

国　　家	零售价值占比
德国	4% ■■ 2% □
希腊	38% ■■■■■■■■■■■■■■■■■■■ 28% □□□□□□□□□□□□□□
西班牙	— 26%
法国	4% ■■ 1.5% □
爱尔兰	6% ■■■ 0.5% □
意大利	17% ■■■■■■■■ 14% □□□□□□□
荷兰	6% ■■■ 3% □
葡萄牙	— 23%
英国	6% ■■■ 2% □

资料来源：信息获取自国际唱片协会（IFPI）。

　　2.2.8　第一，盗版录音制品的数量减少，部分原因是由于本行业在反盗版事业上付诸的努力，尽管有时是在十分困难的情况下打击盗版。第二，尽管这些努力产生了一定的积极效果，但过去几年中录音制品盗版大量减少的一个主要的原因在于，录像业内兴起了盗版之风，至少在一段时间内，更有利润可图的录像盗版成为不法人员的新目标。最后，了解录音制品业的行业特点十分重要。绝大多数录音制品的发行是没有利润的，[1]而在获利的发行中，只有相当小部分的收益会用于资助新的发行以及保持一定的曲目广度，否则也无利可图。盗版人员自然会把目标精准定位在人们耳熟能详、仍然具有需求的录音制品上，这样一来录音行业的整体盈利能力也有所下降。

　　2.2.9　表Ⅳ列出了欧洲共同体成员国内销售的盗版录音制品的来源。

---

　　① 高达90%的发行并不赚取利润，见于欧洲经济共同体《音乐和录像盗版》，国际录音制品协会，1984年。

表Ⅳ　欧洲经济共同体内成员国(除西班牙和葡萄牙)
本国市场出售的盗版制品的来源

国　家	进口百分比%	进口制品来源
比利时和卢森堡	40%	主要是共同体
丹麦	100%	欧洲经济共同体和世界上其他国家
德国	40%	主要是共同体内(比利时、意大利和荷兰)
希腊	0%	
法国	超过50%的阿拉伯曲目,其他曲目占比很低	共同体和世界上其他国家(特别是意大利、荷兰和东南亚)
爱尔兰	85%	50/50 共同体/世界上其他国家
意大利	5%磁带 80%录像	非共同体内(美国、新加坡)
荷兰	99%	50/50 共同体/世界上其他国家
英国	很低	共同体和世界上其他国家

资料来源:数据源于《录音制品盗版》,Gillian Davis,1984年第二版。

2.2.10　显然,盗版交易有跨国性质,它既存在于各成员国之间,也存在于成员国和非成员国之间。

2.2.11　在共同体之外,中东地区的盗版较为猖獗。加上非洲一起,该地区每年盗版制品的销售额预计达到3.55亿美元。① 远东地区面临同样严峻的问题,特别是印度、马来西亚、中国台湾地区、印尼。直到最近,新加坡颁布了新的版权法,采取了强有力的反盗版行动,才极大减轻了以往的盗版程度。据估计,在这一地区,盗版产品的销售价值达到了一年3.5亿美元。在全球范围内,盗版产品的销售价值估计为12亿美元,而全球总销售额为100亿美元。有相当比例的盗版贸易涉及源自欧洲的录音制品。与共同体的情况不同,上述地区盗版产品的市场份额并没有呈现减少的趋势。

电影和录像制品

2.2.12　由于录像制品出现较晚,有关该产业以及早期录像机(VCR)时代电影和音像制品盗版行为,能够获取的信息很少并且很不全面。但是,盗版

---

① 来源:1984年世界范围内录音盗版的程度。国际录音制品协会,1985年。

问题的严重性是显而易见的。在共同体市场内外,盗版录像制品都已经发展
到有时多于合法产品的程度。在录像机相对较少的国家,这个问题没有那么
严重。但是以录像机普及率较高的英国为例,据政府估计,1983 年盗版录像
制品占到了 66% 的市场份额。在修订了版权法和提高了执法力度后,盗版录
像制品的市场份额明显减少,但仍然占有 20% 左右。

2.2.13　表 V 描述了 1985 年、1986 年录像机在共同体成员国家庭中的普
及情况。

表 V　家庭录像机普及率(年末数据)

国　家	1985 年		1986 年	
	家庭拥有率	数量(千)	家庭拥有率	数量(千)
比利时	14.9%	471	18.7%	595
丹　麦	23.0%	430	28.5%	545
德　国	22.0%	5 250	26.0%	6 250
希　腊	6.9%	200	8.3%	250
西班牙	13.8%	1 500	18.4%	2 000
法　国	14.0%	2 800	17.0%	3 500
爱尔兰	22.0%	220	27.0%	250
意大利	3.0%	500	5.0%	800
卢森堡	26.4%	24	34.0%	31
荷　兰	29.0%	1 500	35.0%	1 850
葡萄牙	10.0%	200	15.0%	300
英　国	40.0%	8 500	46.0%	9 800

资料来源:信息来源于国际唱片协会(IFPI)。

2.2.14　表 VI 描述了盗版录像的市场百分比。

表 VI　共同体盗版录像程度

国　家	共同体内盗版录像制品的市场份额			
	1983 年	1984 年	1985 年	1986 年
比利时和卢森堡	30%—40%	30%—40%	25%	25%
丹　麦	5%—10%	5%—10%	5%—10%	5%—10%

续　表

国　家	共同体内盗版录像制品的市场份额			
	1983 年	1984 年	1985 年	1986 年
德　国	40%—50%	40%—50%	65%	45%
希　腊	60%—70%	60%—70%	50%	50%
西班牙	60%—70%	40%	35%	30%
法　国	30%—40%	20%—25%	30%	25%
爱尔兰	80%	60%	40%	30%
意大利	50%	50%	50%	40%
荷　兰	50%—65%	50%—60%	45%	40%—45%
葡萄牙	90%—95%	90%—95%	75%—85%	70%—75%
英　国	60%—70%	35%—40%	20%以下	—

资料来源：统计数据由美国电影出口协会于 1986 年 10 月向委员会提供。

2.2.15　根据成员国内盗版制品的性质和来源，行业提供的信息描述了近期盗版活动的主要特征，具体如后文所述。

2.2.16　在比利时，盗版自 1983 年开始略有下降，现在约占据市场 25% 的比例。由零售商复制造成的盗版比例巨大，但无法估计其具体数值。而大多数盗版行为具有产业性质。比利时的盗版制品主要来自国内生产或者从同一语种的荷兰进口。与此同时，比利时的盗版制品也会出口到荷兰。但一些从美国或英国进口的名家作品，需要先添加字幕或配音，然后才能复制其副本。

2.2.17　丹麦是共同体国家中盗版率最低的。据估计，丹麦现在市场上盗版制品占比 5%，而在 50 年前这一比例高达 50%。盗版活动显著减少，很可能是因为丹麦建立了一个合法的出租市场，①形成了一个主要由出租店构成并具有一定地域覆盖率的网络。由丹麦录像分销商协会（Association of Danish Video Distributors，ADV）组织的分销商已经覆盖了几乎整个合法市场。要取得合法制品，分销商须要成为该协会会员，遵守协会规定。在成功抵制盗版行动中，该协会也发挥了重要作用。

---

①　见第四章出租权。似乎在低程度盗版和作者有权授权出租录像带之间有明确的联系。

但是,盗版依然存在。该协会进行了多次突击检查,仍然查出了大量的盗版磁带。这些盗版制品被认为是从英国或美国进口的。

2.2.18　与共同体国家的发展趋势相反,德国的录像盗版直到1985年都在持续增长,那时盗版甚至占据了整体市场的65%。这种情况发生改变主要基于两个原因:一是1984年12月建立了德国版权损害调查组织(GVU),其总部设在汉堡。二是1985年修订了版权法,引入了盗版重刑的条款,使盗版成为一种"公共罪行",以提高警察在调查和侦查盗版活动中的参与度。1985年一年里,德国反版权盗窃联盟积极开展行动,组织了450余次对有盗版库存的批发网点的突袭搜查,完成了500多个有罪判决。据报道,自此不管是德国国内生产的盗版制品,或是从邻国奥地利和瑞士进口的盗版制品,其市场份额开始下降。1986年盗版制品估计占市场的45%。

2.2.19　在希腊,只有8%的家庭拥有录像机,因此音像产业仍处于早期发展阶段。但是,盗版从一开始就重创了希腊音像产业的发展。不过,最近希腊法庭对于盗版行为实施重判和重罚,使得盗版制品在市场上的份额显著减少到50%左右。

2.2.20　在西班牙,盗版录像制品的市场份额现在下降至30%左右,这看来是受到阿迪肯(ADICAN)的影响。阿迪肯是由专门从事录像制品发行的大公司组成的国家经销商协会,它能够通过当局特别是最高法院,来促进从不同路径解决盗版问题。1985年,在美国电影出口协会的管理下,反盗版联盟(Anti-Piracy Federation,FAP)成立。该组织进行了许多成功的抵制盗版活动,从而显著降低了盗版制品的市场份额。

2.2.21　在法国,盗版录像制品的市场占有率为20%到25%左右,但这些盗版制品几乎都不是在法国制造的。这是因为法国采用SECAM制式,而该制式不同于世界其他地区采用的PAL制式(不同于美国使用的NTSC制式)。技术上的差异以及法语录像配音上的需要,使得法国的盗版录像的比例免于更高。

2.2.22　在过去几年中,爱尔兰的盗版比例一直在下降,现在占市场的30%。盗版制品除了在爱尔兰生产的,也有来自进口的,且绝大多数是从英国进口的。盗版制品通常在家庭作坊里生产,然后通过音像俱乐部、街边市场或蓬货车销售。

2.2.23 在意大利,盗版录像制品占市场的 40％到 50％,并略有下降的趋势。但是,因为意大利的录像市场仍处在早期发展阶段,因此其总销售额也相对较小。该国仅有 80 万台录像机,家庭普及率仅占 5％。与其他大部分欧洲国家相比,意大利的录像市场发展缓慢,部分原因可能是由于电视频道丰富、公众娱乐的选择范围广泛。零售商复制并不是主要的盗版形式,复制新发行的电影或仍未发行的新电影,是更为严重的产业盗版现象。一般而言,正片在剧院放映一年以后,其录像制品才能合法发行,因此盗版制品主要是仍未发行的录像。同样是语言的原因,盗版复制主要在境内完成,只有名家作品有时须从国外进口。

2.2.24 对于卢森堡而言,尽管在 1985 年和 1986 年进行了很多打击盗版的活动,但是盗版还未被视为一个严重的问题。

2.2.25 在相当长的时间内,随着录像机普及率不断提高,荷兰的盗版制品占有显著的市场份额。1986 年,录像机的家庭普及率约为 35％。在这样一个组织良好并且具有规范法律约束的国家,盗版贸易的严重性引起了许多人的好奇。但是有大量迹象表明,荷兰的录像盗版被掌控于组织严密的犯罪圈子手中,以至于盗版现象不能被简单忽视。自 1984 年 1 月以来,荷兰打击盗版的行动日益成功。当时荷兰电影摄影协会协同美国电影出口协会、荷兰电视台、录制权集体管理协会、荷兰音像生产者和进口商协会,创立了反盗版联盟。在录制权集体管理协会的协助下,该联盟已经开展了多次突袭查抄,为大量非法行为定罪并没收其盗版制品。由于版权持有人强有力的行动,盗版率现在已经降为市场的 40％至 45％。

2.2.26 根据最新估计,葡萄牙的录像机普及率在 1986 年已达 15％。盗版录像制品主导市场,其市场份额占到 70％至 75％。葡萄牙的盗版问题何以如此严重,其中缘由很难解释。但在诸多原因中,有两个原因尤为重要。首先,赋予版权持有人实质性权利的现代版权法最近才开始实施。其次,葡萄牙正版产品的出租市场尚未达到丹麦的水平,无法为全国各地的消费者提供充分的、多样的选择。

2.2.27 在英国,近几年录像盗版现象也明显减少,目前盗版录像制品约占市场的 20％或更少。一直积极从事反盗版行动的联邦反盗版组织（FACT）认为偷窃（或"借用"）新发行电影的盗版行为已经得到遏制。"标记"电影系统在杜绝盗版新电影方面发挥着关键作用，因为这些"标记"能够帮助警察和反盗版联盟的调查员识别盗版复印本是从哪个影院被"借出"的。尽管本地两个主要的盗版集团已经倒闭，但是从国外进口的盗版录像带仍源源不断进入本国市场。这些录像带主要是从美国进口的 NTSC 制式转化而来。也有证据表明，英国盗版市场还有从远东进口的马来文、中文和印度文字幕的电影。

2.2.28　共同体市场上的大多数盗版产品源自共同体内部。这种情况的出现有很多原因。语言、技术设备和技术本身都发挥着作用，而不同的彩色电视标准也是原因之一。伦敦和阿姆斯特丹成为早期的盗版录像生产中心，这部分归因于英国和荷兰使用的 PAL 制式也广泛地用于世界上其他地方。此外，有相当比例需求量大的盗版产品在英国市场发行较快，例如英国的电视节目、电影和大量的美国流行产品。其他语言的产品配上英文字幕后在英国播放或者复制，同时也能够迅速进入全世界的主要市场。

2.2.29　表Ⅵ显示，从 1983 年至 1986 年，市场上盗版录像制品的市场份额呈现出总体下降的趋势。根据美国电影协会于 1987 年 11 月提供给委员会的信息，预估 1987 年中期欧洲盗版制品的占比略低于往年同期的数据。

2.2.30　除共同体外，在录像机高普及的国家，录像盗版自然较为盛行，如美国、加拿大和日本。然而，盗版产品的生产并不限于这些国家，也存在于某些发展中国家，如东南亚地区的某些国家。不过仍有相当多的盗版产品来源于欧洲。

计算机程序

2.2.31　最近，计算机软件特别是计算机程序已经成为盗版活动的重要目标。只要计算机仅限于商务和管理方面的专业使用，非法复制程序的普及率就不会引起重视。但是随着微型计算机越来越流行，这种情形已经有所改变。现在，计算机程序，尤其是计算机游戏，像录像带和磁带一样在柜台出售。计算机程序很容易被复制，而复制成本只占最初开发成本的极小比例，这给软件产业带来了很大危害。例如，据英国反盗版软件联盟估计，1986 年由于盗版造成的英国合法计算机程序的销售损失高达 1.5 亿英镑。

2.3 不同领域差异的主要原因

2.3.1 在不同领域,盗版的严重性也有差异,这受到很多因素的影响。有些因素是合法的,这将在下文中进一步谈及,但是最主要的是经济因素。目前盗版录像制品的盛行,无疑可以归因于非法生产者能够从中获得相当可观的利润,而且其利润空间也远大于盗版书籍和盗版录音制品的利润空间。例如,未经授权的书籍复制节省了版税,版税占零售价格的 10% 至 15%,但是这些书籍仍然以接近正版图书的价格印刷和销售。类似地,虽然录音制品可以磁带的形式便捷而廉价地售卖,但它们的平均零售价远低于录像制品,录像制品仍然可以通过出租获益。① 因而对不法分子而言,盗版录像制品就成为一个更为诱人的目标。

2.3.2 多年来,电影的版权持有人用旧的许可证出售他们的录像带作品,这无疑助长了盗版制品市场的诞生。相反地,影院并不欢迎将这种新媒介作为生产收入的补充来源,比如商业上未取得成功的影片或儿童电影。很多制作者反对这种新媒介,并且曾经试图通过拒绝许可而予以抵制,但最终失败。他们将电视和录像视为电影生产的威胁,而不是新的出路。

2.3.3 另一个加剧录像盗版的因素是电影制作者的常规发行政策。不同于音乐制品在所有市场几乎同时发行,新电影的发行时间在不同市场上有差异,这取决于何时发行最为有利。另外,现代生产的成本如此之高,以至于在电影发行之前必须进行公开宣传,进而使票房收入最大化。公开宣传的目的是为作品创造观看需求,但不幸的是,也会出现公开宣传之后没有立即公映的情况,或是在有录像磁带之后也没有公映的情况。这种做法为盗版复制创造了一个现成的市场,这对于盗版者而言是不可抗拒的诱惑。为确保影院放映优先于录像制品发行而颁布的国家法规或协定,使延长两种发行方式的间隔时间一般化和制度化了。这一做法会导致盗版现象,需要更有效的打击盗版方法。

---

① 见第四章。

2.3.4　在过去几年,盗版录像制品的市场份额有所下降,与盗版录音制品情况一样,其原因也是多方面的。立法的改进和版权持有者的积极行动是两个重要原因。但在诸多原因中,经济因素最为重要。高质量预录制品的价格正在显著下跌,在美国,购买一盘正版录像带不足 20 美元,而"出租"①价格不到 1 美元。虽然共同体内正版录像制品的价格普遍高于美国,但盗版录像制品的利润空间近年来显著下降是既成事实,这使得盗版行为失去了原有的经济动力。

2.3.5　盗版光盘很少被提及,这很可能是因为对于盗版者来说,生产盗版光盘的成本太高、技术太复杂。但是,数字音频磁带录音(DAT)的出现可能会再次引起盗版行为。由数字音频磁带录音所引发的是未经授权下私人复制的问题,故将在第三章家庭复制中作详细讨论,这方面的盗版问题不应被忽视。

2.4　国际层面保护的不同基础

2.4.1　国际上对书籍、录音制品、电影和录像制品版权的保护方式不尽相同,保护的范围和效果也各有差异,特别是书籍、录像制品与录音制品之间存在差异。对广播和有线传输的保护原则也各具特点。

书籍、电影和录像制品

2.4.2　在国际上,书籍被视为文学作品,受到《伯尔尼公约》和《世界版权公约》的保护。所有成员国均为《伯尔尼公约》②的缔约国。成员国本国的法律也相应地赋予作者拥有授权其作品被复制的专有权利。同样地,根据《伯尔尼公约》,电影作品在所有成员国中均受到保护。不过,电影版权受到本国法律的保护,在《伯尔尼公约》第 14 条之二建立的框架内。录像制品似乎已被归类于电影范畴内,依据《伯尔尼公约》对电影作品的定义,录像是"由类似电影制作的过程表达的作品"。③ 但也有一些当代立法认为,对于录像作品和电影作品的保护,有时要参考对音像作品保护的相关条文。

---

①　因为出租可能被视为非法,目前许多美国的"出租"合同表现为可能购买行为之前的预览协议。
②　《伯尔尼保护文学和艺术作品公约》在目前情况下比《世界版权公约》(UCC)更重要,所有共同体成员国都已加入,因为与《世界版权公约相比》,《伯尔尼公约》涵盖了最低权利的重要目录。
③　第 2(1)条。

录音制品

2.4.3 国际上对于录音制品的法律保护更为不统一。《伯尔尼公约》和《世界版权公约》均未提出保护录音制品的要求,这与能够记录的文学和音乐作品有显著区别。因此,两部公约也未确认对于录音制品的表演者和制作者的保护。1961 年在罗马签署了《保护表演者、唱片制作者和广播组织的国际公约》,这部关于邻接权的公约通常称为《罗马公约》。按照《罗马公约》的规定,录音制品的制作者享有授权或者禁止其作品被复制的权利,而这项权利的保护期始于作品首次发表,且持续至少 20 年。由此,表演者的权利受到了保护,使其免受擅自录制其表演的侵权。但是,该公约仅被以下成员国签署认可:丹麦、德国、爱尔兰、意大利、卢森堡、英国和法国。至 1987 年 9 月 1 日,共同体内共有 31 个国家成为该公约的缔约国。

2.4.4 《罗马公约》未得到公认,主要有以下两个原因:第一,公约于 1961 年实行,当时很多成员国本国的版权保护法律尚未建立,以至于这些成员国必须先立本国之法、再遵公约规定。第二,当录音制品通过收音机、电视或其他途径向大众传播时,其表演者和制作者享受获取合理报酬的权利,公约对此项权利作了非强制性的规定。一方面,该规定从一开始就受到广播机构的强烈反对;另一方面,这项规定得到了录音产业和表演者组织的支持,他们希望借此项规定得到充分的保护。因此,法律有时很难平衡双方的利益。

2.4.5 鉴于《罗马公约》的适用有限,1969 年版权问题非常尖锐,录音制品产业被迫寻求其他国际文件的保护。由此,于 1971 年在日内瓦签署的《日内瓦公约》应运而生,该公约旨在保护录音制品制作者,使其免受作品在未经授权情况下被传播而造成的侵权。《日内瓦公约》允许不支持表演者拥有合理报酬权的成员国赞成共同采取措施打击盗版。以下共同体成员国签署了该公约:丹麦、德国、西班牙、法国、意大利、卢森堡和英国。目前共有 39 个共同体成员国签署。

2.4.6 与 1961 年的《罗马公约》不同,《日内瓦公约》的缔约国并不要求加入伯尔尼联盟或是签署《世界版权公约》。《日内瓦公约》专门解决录音制品未经授权的复制、进口与发行问题,并提供了四种可能的法律保护方式:版权、专有权或邻接权、不正当竞争法或刑事制裁、以上方式的组合。在实践中,已加入公约的成员国已经采用了上述不同方式，后文将详细分析。

广播和有线传输

2.4.7　对广播和有线传输的保护，并不是指广播或有线传输作为文字及其他作品的传播媒介时所受到的保护，因此不在《伯尔尼公约》和《世界版权公约》①的保护范围之内。

2.4.8　根据《罗马公约》，任何一个成员国均应给予其他成员国的广播组织以国民待遇。根据公约第 13 条规定，广播机构应当有权授权录制其广播节目，以及在有限条件下复制其所录制的节目。根据公约，广播是为公众接收声音或图像和声音的无线传输媒介，而不包括有线传输。因此，即便录制的广播信号通过有线进行即时的再传输，也可能被视为侵犯广播者的权利。

2.4.9　关于电视广播保护的《欧洲协定》于 1960 年颁布，它规定广播机构有权授权录制或复制其广播节目。此条保护性规定适用于电视广播节目中包含的画面和声音元素，但不包含另行广播的声音元素（见第 5 条规定）。但这一协定并未给出广播的定义。如果按照《罗马公约》中"广播是无线传输"的定义，那么此协定的出现也无法保护有线传输，使其免受未经授权的录制或任何复制行为造成的侵权。比利时、丹麦、德国、西班牙、法国和英国均为公约的缔约国。

2.4.10　广播或有线传输能否获得法律保护是一个值得考虑的议题，其重要性也在日益增加。它们构成了一个易于获取稳定增长的音像作品的来源，而其中一些音像作品可能未受到保护。有关录音制品的现有国际文件为各成员国提供了相对大的自由空间，后文将作详细分析。

2.4.11　但在进行这样的分析之前，在理想的条件下，先要对打击盗版中必须具备的必要的条件进行总结，并据此评价各成员国反盗版现状中存在的优劣势。

2.5　打击盗版的必要条件

2.5.1　打击盗版的必要条件主要有四层：对盗版可能损害的利益有明确

---

①　本章是关于在上文第 1 段界定的盗版行为。但其没有处理有关本身再次广播或信号再次传输的条款，这在绿皮书"电视无国界"中进行了讨论，1984 年 6 月，COM(84)300 终稿。

的实质性的法律条款给予保护;为采取法律行动和证明盗版活动制定有效的法律程序;实行充分的制裁和救济方法;对利益方和有关当局的组织和协调。这些条件在一定程度上是相互关联的。例如,诉讼和救济方法基本取决于特定成员国颁布的实体性法律条款。但是,应对上述四个条件进行分别考虑,这有利于理清对问题的分析。

2.5.2 第一,必须有明确的实体性法律条款,以保护重要的经济利益免受主要盗版行为的侵害。法律应明确规定哪些利益受到保护以及何种活动形式受到反对。需要主要考虑的是文学、音乐和艺术作品作者的利益,参与录音、录像或电影制作的表演者的利益,为作品负责的制作者的利益,以及广播公司和有线运营商的利益。盗版的主要行为也不仅包括对作品未经授权的复制,而且包括进出口和发行盗版制品,其中也包括出于商业目的占有非法复制品,这些都应该加以禁止。至于表演者,在未经授权的情况下录制其表演的行为应当被明确禁止。

2.5.3 第二,建立用法律行动打击和证明盗版行为的有效程序。对于具有确凿证据证明其从事了盗版活动的对象,应允许版权持有人及有关公共当局启动法律程序,以提高打击盗版的成功率。特别是应就搜查和扣押程序作出规定,使得原告和检察机关能够获得暂时法令,最好是在单方基础之上,允许其进入涉嫌侵权的场所进行搜查,找到盗版活动的证据。在必要时,没收该证据以待诉讼的审讯。这套程序有助于确保盗版者在得知其受到怀疑时,无法隐藏、破坏或者处置盗版制品。而由此获取的证据不仅证明了侵权行为的存在,也查明了盗版活动的规模,有助于实施适当的制裁,也杜绝了所有被扣押的盗版制品在市场上继续流通。另外,要有防止滥用该程序的措施,并且能够结合该程序实行。例如通过担保方式要求或承诺支付损害赔偿,从而对无辜被告受到的损害进行补偿。此外,在取得合法的判决之前,适当的海关程序能有效阻止由第三国进入共同体的盗版产品。控制可能涉嫌盗版产品的效率,要远远高于控制盗版产品进入下层分销体系的效率。

2.5.4 第三,应适用终审判决后的救济方法和制裁,不仅要完全补偿版权人受损的利益,而且应保证盗版产品不再流通,禁止盗版者继续其非法活动。

补偿版权持有人的损失固然重要,但同时出现的另一问题是原告无法明确其所受损失的程度。不管发生什么,当被证明盗版时,有经验的盗版企业可能做好了承担支付赔偿的冒险的准备——在任何情况下都保持其可变现资产不足以抵偿损害赔偿,但实际上这种情况不会频繁发生。

2.5.5 因此,版权持有人的损失赔偿需要结合其他措施来完成。禁令救济是与经济损失证据无关的损害赔偿和刑事制裁措施,包括对特别重大或反复侵权的案件处以监禁。此外,销毁被没收的盗版产品,能确保无人从没收的盗版制品中再获利而损害到版权人的利益。如果被没收产品滞销或被转让给版权持有人,也可杜绝从没收盗版制品再获利的情况。最后,销毁盗版产品的生产设备,能阻止此类设备立刻投入使用。

2.5.6 第四,法律规定的权利、程序、救济和制裁都必须在实践中应用。此外,经验表明,当纵容盗版发展至一定规模后,打压盗版的难度更大。一旦准许相对有经验的组织进行盗版活动,它们往往会利用资源和技术以避免被轻易查获。同时,公众在习惯中逐渐接受盗版行为,这使得版权持有人和公共当局更难消除非法贸易。因此,版权持有人必须提高警觉,并积极进行自我防御。由于公共当局在打击盗版上同样发挥着重要的作用,所以必须建立起促进版权持有人与有关公共当局合作的程序。

2.6 共同体成员国现状

2.6.1 根据前文所提出的模式,本节将分析共同体成员国打击盗版的现状。

2.6.2 首先应该强调,从许多方面来说,现在的情况与1984年7月的情况有实质上的不同。当时,成员国政府的代表首次探讨盗版问题,并通过了一项关于打击盗版的决议。[①] 1985年6月25日,在委员会(文化事务工作组附属于它)框架下的一次特别会议上,来自涉及反盗版的国家机构的与会代表,对该盗版决议及其执行情况进行了讨论。这次讨论和随后发生的事件均表明,在法律和实践中的实质性改善能够产生积极成果。

---

① 见2.1.4节。

实体性法律规定

2.6.3　在实体性的法律规定方面,对书籍的保护似乎在实践中取得了令人满意的成果。至于电影和音像制品,某些司法管辖区的情况应该有所改善。但主要的问题存在于录音制品、广播和有线传输领域。

2.6.4　首先在书籍方面,所有成员国都明确了对文学作品作者的保护。另外,作者和出版商之间建立正常的合同关系,这使得出版商能够在必要时采取有效的反盗版行动。

2.6.5　对于电影录像作品,或被视为电影作品一样受到各地方的保护,或据近期颁布的法律,当作视听作品或音像作品受到保护。但是,谁拥有专有权或者谁能够代表所有参与作品创作的人员行使经济权利,这两个问题在各个司法管辖区都有不同的解决方法。

2.6.6　由于历史原因,影片的制作者通常并不代表电影音乐的作者。在无声电影时代,电影配乐通常由乐队或钢琴家在电影院演奏,由版税征收协会代表音乐作者的利益,按照实际使用的音乐征收版税。"有声电影"的到来并没有改变这一模式。电影音乐的作者仍然是在票房收入的基础上,通过版税征收协会单独征收版税。这一模式被明确写入了一些国家的法律中,如法国①和荷兰②。即便没有被写入法律,这一模式也在所有司法管辖区得到了认可。电影制作者并不代表电影音乐的作者,而电影音乐已成为盗版商的一个重要目标,甚至完全独立于电影作品本身。

2.6.7　至于电影作品的版权,一些成员国将其明确授予电影制作者,包括西班牙、爱尔兰、卢森堡、荷兰、葡萄牙和英国。电影制作者可以是唯一的版权持有人,或者是所有参与电影创作人员的法人代表。意大利的做法与此相似,尽管版权法将版权归于电影作品的创作者,但在一定范围内,作品的开发利用权可依法转让给影片的制作者。德国和法国在内的一些国家规定,除非能反面证明,否则电影创作者的权利被视为转移至电影制作者。最后,在比利时、丹麦和希腊,版权被赋予给为电影创作作出艺术贡献的人员,也可通过签署合

① 见 85-660 号法律第 63-1 条,1985 年 7 月 3 日。
② 见 1912 年《版权法》第 45 条,经 1985 年 5 月 30 日法律修订(Staaatsblad 第 307 号,1985 年 6 月 18 日)。

同转让给电影制作者。

2.6.8　实际上,即使在制作者并不自动获得版权的国家,无论是直接或通过法律的原因进行转让,也经常达成合同性安排,使制作者能够采取行动打击盗版。在某些司法地区,可反驳的推定发挥了重要作用,但是即使不具有可反驳的推定,实践中必要的权利也是通过合同转移给制作者。不过,如果在所有成员国里,音像作品的制作者都享有自己的权利,且可以在不损害其他人权利的基础上抵制盗版,那就再好不过了。这可以通过法律直接授予权利来实现,或者依法转移参与制作者的权利。在这方面值得注意的是,关于录像制品,法国和葡萄牙最新的法律直接将这样的权利授予新的和独立的音像作品的制作者。

2.6.9　在抵制音像盗版过程中,将权利赋予制作者或其权利继承人以外的人员,这一需求并不明显。但是基于其他社会和文化方面因素的考虑,支持将权利授予对作品创作或表演作出贡献人员的呼声很高。但是,盗版本质上是一个经济问题,通常是制作者承担了制作过程中涉及的经济风险。出于利益原因,制作者们强烈抵制盗版,而他们首先需要的是一个稳固的法律基础来采取行动。基于这个原因,虽然其他参与创作作品的贡献者和表演者也很重要,但在此不做进一步考虑。并且由于技术原因,对于表演者而言,其现场表演的音频、视频盗录并不如录音制品盗录那样严重。

2.6.10　再看录音制品,作为《罗马公约》的缔约国,成员国已颁布法律对此类录音制品的制作者给予保护,这一保护独立于任何可记录作品作者的权利。同样,成员国保护表演者,使其免受未经授权情况下录制其现场表演的侵权。爱尔兰和英国仅通过刑事法给予保护。不过,在 1987 年 11 月,英国政府已经在新的版权法草案中建议,对表演者进行民事救济。[①]

2.6.11　其他成员国的情况尚不清晰,可能存在其他的问题。

2.6.12　在比利时,版权法可以追溯到 1886 年,那时没有法律赋予制作者和表演者授权复制其录音的专有权利。制作者和表演者向 1971 年 7 月 14 日颁布的《贸易惯例法》寻求保护。该法第 54 条禁止违背商业诚信的行为,比如

---

① 1987 年 10 月 28 日的版权、设计和专利法案(H.l 12),175—177 节。

一个交易者损害或企图损害一个或多个交易者的专有权利。制作者和表演者依据这一法律采取的措施相当成功。据报道称,这一保护体系对制作者相对有效。即便如此,如果表演者也可享受类似版权的权利保护,① 一些遗留问题或许能得到解决,特别是建立搜查和扣押程序以便于证明侵权行为及其带来的损害。这将在后文 2.6.27—2.6.40 节中进一步讨论。

2.6.13　在希腊,没有具体的法律来保护制作者和表演者抵制录音复制。但在实践中,希腊法院已经接受了这样的观点,即根据版权法作者享有的保护可通过合同转移至唱片制作者。对于制作者,这一法律使其能依照版权法采取行动,而他们面临的问题主要与刑法使用的充分性有关。对于表演者,1980年9月通过的立法中规定了表演者的其他权利,如表演者有权授权或禁止以任何形式对其表演进行记录或使用。② 然而,能够使法律生效的总统令迄今尚未发出。

2.6.14　西班牙已批准《日内瓦公约》以保护录音制品制作者免受未授权复制其唱片造成的侵权,但未批准《罗马公约》。迄今为止,《日内瓦公约》的要求通过1942年7月10日有关唱片作品保护法令的规定已经全部实现。这一法令赋予唱片制作者的权利在1879年《知识产权法》第19条中有所规定,这些权利包括授权或禁止录音制品的复制。不过最近,这些条约被1987年《版权法》③的第108条至第111条替代,授予录音制品制作者在40年(从唱片的生产或发行开始计算)内进行录音制品复制的权利。但是在表演者方面,仍然存在一个问题,即1987年《版权法》第102条授予表演者复制其表演的权利是否也适用于录音。

2.6.15　在荷兰,迄今没有在作品复制方面给予制作者和表演者具体的权利。在实际情况中,是通过作者协会的联合力量打击未经授权复制作品的行为。这是因为对制作者和表演者可采用的救济方式给原告举证带来了沉重负担,这种方式根据反不正当竞争法提起诉讼。首先,原告必须提供证据证明此举为非法行为,即生产或交易盗版、假冒或盗录产品。此外,原告要证明盗版

---

① 参见由 Mr. Desmarets 和其他人于1986年5月29日颁布的法案。参议院,1958—1986年,第282页及由 Mr. Lallemand 和其他人于1987年7月18日颁布的第615号法案。

② 1980年9月23日的第1075/1980号法案。

③ 1987年11月11日的《普洛普法》第22/87号,1987年11月17日《国家公报》275号。

行为是出于恶意,知道或至少应该知道这些行为是非法的。必须证明和量化原告遭受的实际损害,且证明原告遭受的损失是由于被告的行为导致的。因此,这些限制与荷兰海牙盗版活动猖獗并不是巧合。可喜的是,荷兰法律似乎正准备引入对录音制品制作者和表演者邻接权的保护。[1]

2.6.16　葡萄牙不是《罗马公约》或《日内瓦公约》的缔约国,但是 1985 年制定的新法,[2]赋予国家依据意愿批准《罗马公约》的权力。根据法律第 178 条规定,表演者有权授权录制和复制其表演作品。根据第 184 条规定,录音制品制作者有权授权复制和发行其录音作品。第 190 条规定对表演者进行保护需要满足以下条件中的至少一条:表演者是葡萄牙国籍;表演发生在葡萄牙的领土上;首演在葡萄牙领土上录制或广播。同样地,对于录音制品,对拥有以下条件的制作者进行保护:是葡萄牙国民或在葡萄牙领土上设有总部,作品是在葡萄牙录制;首次出版是在葡萄牙,在其他地方首次出版的同时也在葡萄牙出版。条款规定表演者和制作者有权授权复制其录音制品,但对外国版权持有人来说,这项权利是有限制的,除非根据第 193 条关于双边或多边协议实行保护。[3]

2.6.17　成员国确立有关录音制品制作者和表演者的权利的条款,此举显然是进步。而且,该领域的作品具有一些特殊因素,使其区别于其他领域,且增强了对版权的主张。录音制品的制作者并不一定与具有所录作品版权的作者具有密切的、合同的关系。在一些成员国(如德国、爱尔兰、荷兰、葡萄牙和英国)存在法定或强制的许可制度,在无须获得作者授权的情况下可录制音乐作品的第二版或制作后续版本。在古典音乐领域,许多录音带包含巨大的投资价值,在任何情况下复制行为都与版权已过期的作品有关。最后,对于表演者,也许只有明星演员能够在追究盗版中,以及与作者的合作(这也许很困难)中获得可观的利益。

2.6.18　相应地,成员国批准[4]《日内瓦公约》和《罗马公约》的意愿是独立

---

① 见于版权保护作品的盗版,盗版工作小组部门间的中期报告,1984 年,第 28—29 页。
② 版权和邻接权法典(第 45/85 号,1985 年 9 月 17 日)。
③ 新的葡萄牙法律与欧共体条约的兼容性问题不在此考虑。相关事宜正与葡萄牙当局讨论中。
④ 见各成员国政府代表 1984 年 7 月 24 日抗击音像盗版的举措的解决方案,1984 年 8 月 3 日的《欧共体公报》第 C204 号,第 1 页。

的。在录音方面,全面引入录音制作者和表演者的权利,似乎呈现出一种令人欣慰的发展状态,这将有助于有效抵制盗版,因此它值得认真考虑。

2.6.19　至于广播和有线传输,抵制以商业目的[1]进行未经授权的录制和复制只是实行保护的一部分。在广播或传输作品的过程中涉及众多权利,但情况并非总是如此。在这类情况下,广播或传输中的版权或邻接权显得尤为重要。即使在广播或传输受保护作品时,这一权利为广播或有线电视组织以自己的名义采取行动打击盗版提供了明确的法律依据。

2.6.20　爱尔兰和英国一向将广播的版权保护延伸至国内外,以与《罗马公约》规定的国际义务保持一致。英国的电视产业依据的则是《欧洲协定》。1984年,英国修订了法律,明确保护有线电视节目,即使这些节目并未以传统的方式进行广播。[2]

2.6.21　丹麦、德国、法国、卢森堡和葡萄牙通过了与《罗马公约》第13条规定实质上相同的条款,赋予广播者相关的邻接权,规定广播机构享有授权录制和复制其广播的权利。意大利版权法第79条和第203条的规定也能达到同样的效果。

2.6.22　比利时尚未加入《罗马公约》。根据1968年1月14日的法律规定,对广播电视的保护建立在已经通过的《欧洲协定》基础上。或将颁布的新法律将批准比利时加入《罗马公约》。[3]

2.6.23　西班牙在1971年10月23日批准了加入《欧洲协定》。此外,1987年的版权法规定了广播从业人员有权在40年的期限内授权录制和复制其广播节目。[4]

2.6.24　在希腊和荷兰,与由节目构成的作品相比,广播或传输没有受到具体的保护。但有报道称,荷兰改革之后将会予以考虑。[5]

2.6.25　即使在给予广播保护的成员国,其对广播的保护适用于有线传输的程度通常也不明确。对于有线即时再传输的广播,有一种争论愈见明晰,

---

[1]　对出于私人目的进行录音的问题的一般性讨论,见第三章。
[2]　1984年有线广播法,第32节。
[3]　见1986年5月29日的法律,在上述引文中。
[4]　在上述引文中。
[5]　司法部长于1984年11月9日给第二议院主席的信件;版权保护作品的盗版,在上述引文中,第28页。

即：录制未经授权的有线信号就是录制未经授权的广播。然而,考虑到有线传输并不是或不完全是即时无线广播,上述争论很难得出结果。

2.6.26 因此,如同保护录音制品一样,引入广播机构以授权或禁止出于商业目的对其广播进行录制的权利是可取的,虽然此权利已不存在。同样地,由于承载再传输和初始材料的有线系统不断发展,明确禁止未经授权地录制和复制有线信号大有裨益。

有利于采取法律行动和收集证据的程序：

搜查和扣押程序

2.6.27 大多数成员国都规定了搜查和扣押程序。但是基于受保护的权利的性质,不同司法管辖区的程序能产生的效力也不尽相同。少数成员国仍未制定此类程序。

2.6.28 在比利时,1886 年颁布的《版权法》第 29 条规定了版权持有人可对狭义上受版权保护的作品提出简单的申请扣押程序,并在第 31 条规定了如何确保该程序的执行。然而,在《反不正当竞争法》的规定下,这一程序不可适用。录音的制作者和表演者仍不得不依赖前文所述的方式来保护权利。该法律第 70 条至第 72 条规定了一项扣押程序,用来应对第 61 条中所提到的恶意侵权的情况。这一程序的执行,取决于负责执行该法律的政府官员之间的合作,此外若出现不诚信的需求会限制该程序的应用。

2.6.29 在丹麦,搜查和扣押的程序以前并未在版权领域使用过。而在1985 年,修订后的版权法[1]提供了更有效的盗版救济和制裁措施。版权持有人,包括录音的制作者和表演者,也有权要求公共检察机关打击盗版者。根据在 1985 年修订的《版权法》中第 55 条规定以及《民事和刑事程序法》第 72 章和第 73 章规定,搜查和扣押程序[2]已经适用于盗版案件。

2.6.30 在德国,根据一般法的刑事诉讼程序,搜查和扣押程序适用于打击违反版权和邻接权的行为。[3] 鉴于侵权通常是受害方提起公诉请求,1985

---

[1] 1985 年 6 月 6 日第 274 号法律。
[2] "Retsplejeloven".
[3] 第 94 节及刑事诉讼法。

年修订的德国《版权法》①在加强实施补救措施时引入了依职权行使的公诉制度。当公众利益需要公共当局的参与时,也同样适用。第 109 条的新措辞表明,公诉将用于商业盗版的案件。第 108 条第(a)项规定了处罚内容。新的处罚条款列出了处理刑事案件的一般程序,包括完全适用于盗版的搜查和扣押措施。

2.6.31 根据希腊的刑事诉讼程序,执法当局可将下令扣押作为一项临时措施。

2.6.32 在西班牙,根据刑事法典的规定,警方可在处理盗版案件时要求法院给予搜查令,授权其搜查犯罪嫌疑人活动的有关场所。如果发现盗版侵权的初步证据,警方可没收盗版制品、羁押嫌疑人员。

2.6.33 在法国,1957 年《版权法》的第 66 条至第 69 条规定,版权持有人可要求即时扣押其狭义上受版权保护作品的盗版品。版权持有人作为特定条件下的主体要提供一定方式的担保。在录音录像作品的表演者、制作者和音像传播事业被授予新邻接权的情况下,上述程序包含了相似但不相同的程序的规定,这对 1985 年新法很有价值。新法律还规定国家电影艺术中心的官员可以使用账目记录,以确定复制或传播的录像的来源和目的地,同时明确公民出于私人目的进行录像复制和发行获取的经营收益。② 该程序在很大程度上有助于摧毁盗版商品完整的传播网,并且有利于采取行动打击所有的盗版行为。

2.6.34 爱尔兰 1963 年颁布的《版权法法案》第 27 章包含关于搜查和扣押的条款,规定涉及侵犯版权的作品包括录音,但不包括电影作品。如果地方法院信任宣誓的信息,并有合理的证据怀疑某些场所存在侵权活动,可以发出搜查令授权警察搜查这些场所,并扣押其认为任何与侵权罪行有关的作品或复制品,必要时可使用武力。这一章还规定,如果有证据证明盗版制品正在被兜售、使用、出售或待售,在责令侵权人销毁复制品或交付给版权持有人前,法院可以命令并授权警察机关在没有搜查令的情况下扣押并上交这些盗版制

---

① 1985 年 6 月 24 日第 24 号法律,1985 年 6 月 27 日《联邦法律公报》第 33 号。
② 1985 年 7 月 3 日第 85 - 660 号法律,第 52 条。

品。目前爱尔兰正在积极考虑将第 27 章规定适用于电影作品。从有关电影作品的侵权案例中可知,安东·皮勒(Anton Piller)命令[1]适用于法院介入之前的民事版权诉讼程序。[2] 然而,似乎没有一项补救措施可以用来帮助表演者打击盗录。

2.6.35　在意大利,按照《版权法》第 161 条规定,对狭义上受到版权法保护的作品进行搜查和扣押程序是可行的。虽然在一般情况下需要对推定的侵权行为进行通知和听证,但在极其紧急的情况下可免除(比如再拖延会产生危险)。除非诉讼由国家组织代表作者提出,[3]否则这一程序需要一定的担保。至于邻接权能否通过第 161 条得到保证是有争议的。判例法否认这种可能性,[4]而某些评论家持相反的观点。[5] 他们认为在任何情况下均可参照《民事诉讼法典》第 700 条的规定。由此,在正常程序下,任何人如果有合理的理由证明其会在行使权利期间遭到偏见,法院可以采取必要措施予以支持。

2.6.36　在卢森堡的刑事诉讼程序中,在侵犯版权案件中确立搜查和扣押程序似乎是不可能的。然而,在民事诉讼中,根据《版权法案》第 37 条的规定,盗版制品可被没收,但这种可能性并不适用涉及录音制作者或表演者的侵权案件。

2.6.37　在荷兰,根据《版权法案》第 28 条规定,版权所有人可以扣押盗版产品。该程序是非正式的,在版权持有人向法院院长提出申请后,法院方可授予。根据刑法,扣押也适用于版权案件。但是,由于录音的制作者和表演者目前不受版权和邻接权的保护,这些程序似乎不能用来保护其自身权利。不过据了解,目前新法或将引进关于制作者和表演者的邻接权,同时也将引入类似适用于版权侵犯案件的扣押程序。此外,被许可人亦有权要求扣押。

2.6.38　在葡萄牙,侵犯版权将受到公诉。1985 年的法律规定,对所有非法生产的复制品及其包装可进行扣押,同时也可对机器、设备以及涉及侵权的

---

① 参见下文关于英国的文章,2.6.39 节。
② 见 House of Spring Gardens Ltd. V. Point Blank Ltd.,(1980) FSR 359。
③ 意大利公司的作者和出版商。
④ 罗马治安法院,1947 年 5 月 9 日出版于意大利论坛 1947 - Ⅰ- 871 及 1955 年 5 月 1 日的商法,1956 - Ⅱ - 69。
⑤ Mario Fabiani,著作权判例法,Cedam Padova,1972 年,第 220 页。

工具和文件进行扣押。在作案现场,警察和其他执法机关都有权扣押以上物品。[①]

2.6.39 在英国,根据上诉法院对安东·皮勒公司起诉制造工艺有限公司[②]的案件决议,在实际中,原告可在没有事先通知被告的情况下取得临时命令,检查后者的处所、拍照并扣押被告所有侵犯原告版权和邻接权的物品。当然,这样的命令只在某些条件得到满足和保障的情况下才会被授予。因此,必须有强有力的初步举证证明侵权行为是既成事实,必须对原告造成严重的实际上或潜在的损害,并且必须存在如果被告一旦得知便会销毁证据的危险。此外,检查必须遵照某些程序并依法进行。原告必须承诺,若检查被证明是不正当的,将补偿被告的损失。临时命令的授予也可能会迫使被告向原告透露有关信息,包括从谁那里取得或向谁传播侵权物品,[③]也阻止了其处置资产。[④]根据1983年的《版权法案》(修订版),[⑤]地方法官有权授予警方委任状,对涉嫌盗版进行搜查和扣押。这一权利已经引入到电影和录音制品,并在1985年的《版权法(计算机软件)修正法案》[⑥]中延伸至计算机程序领域。现在,政府提出,这些权利应该延伸至所有类别的版权材料。[⑦] 表演者不能采用这些救济措施以打击盗录,因为制作或传播未经授权的表演录像是违法犯罪,所以不构成民事诉讼权利。[⑧] 但现在,政府提出会确立适用于表演者的搜查和扣押程序,以缩小这一差距。[⑨]

2.6.40 总之,在比利时、卢森堡和荷兰,可以更普遍地使用得到适当保障的搜查和扣押程序。特别是,在这些国家,搜查和扣押程序是由录音制品的制作者和表演者支配的。在爱尔兰和英国,表演者也受益于搜查和扣押程序。也可考虑更多行使权力的方式,例如在法国和英国,让盗版者披露更多从谁那里取得、向谁转让侵权复制品的信息。

---

① 法律45/85号,1985年9月17日,第201条。
② (1976)1 WLR 162。也可见于1981年《最高法院法案》,第72章。
③ 见EMI Ltd V. Sarwar及Haidan(1977)FSR146及1981年《最高法院法案》,第72章。
④ 见CBS United Kingdom Ltd. V. Lambert (1983) FSR127及1981年《最高法院法案》,第73章。
⑤ 见1983年《版权(修正)法案》(1983 c.24),1983年5月13日。
⑥ 见1985年《版权(计算机软件)修正法案》(1985 c.41),1985年7月16日。
⑦ 法案(H.L.12)同上文,第89章和第104章。
⑧ 见RCA Corporation v. Pollard (1983) FSR9 & Shelley V. Cunane (1983FSR390)。
⑨ 法案(H.L.12)同上文,第177章和第183章。

海关扣押

2.6.41　海关扣押在一些成员国可行,而在另一些成员国则不然。另外,海关扣押的实际执行情况也不尽相同。

2.6.42　比利时和卢森堡运行完整的关税联盟,不向海关当局赋予与版权或知识产权相关的法律权力。因此,海关当局在检测或证明盗版上仅起到微乎其微甚至忽略不计的作用。但是,在规定禁止假冒商品免费流通的理事会第 3842/86 号文件发布后,海关当局正考虑在打击假冒商标①上发挥更积极的作用。

2.6.43　在丹麦,目前版权法或商标法均未规定要通过海关当局的干预来防止盗版产品进口。而现在,丹麦将落实理事会第 3842/86 号文件。

2.6.44　在德国,法律为海关的扣押行动提供了依据。海关可扣押来源或身份虚假的含商标进口产品,以及未经版权人同意的含商标产品。②

2.6.45　在希腊,当地的法律没有特别规定授权海关干预以阻止盗版商品的进口。但是,自从《伯尔尼公约》成为希腊国内版权法一部分后,受公约保护作品的侵权复制品应当在进口检查时被扣押。③　海关调查处正是通过介入盗版案件来扣押非法复制品。④

2.6.46　在西班牙,现在没有明确的法律规定能使海关采取有效的干预手段,以阻止盗版商品的进口。然而在实践中,有报道称海关当局已经与西班牙作家协会(SGAE)和音像产业合作,控制版权商品的进口渠道。

2.6.47　在法国,进口违反法国《版权法》的商品的行为,依据《刑法典》构成了刑事犯罪。⑤　通过这一法规,海关在一定程度上控制了这类商品的进口。自 1977 年以来,法国起草了一系列相关法规。在此基础上,至少在进口录音制品方面,该国已经实施了常规行动。⑥

---

①　1986 年 12 月 1 日制定措施禁止盗版商品自由流通和发行的第 3842/86 号理事会规定(EEC),《欧共体公报》,第 L357/1 号,1986 年 12 月 18 日。

②　见 1936 年 5 月 5 日《商标法》第 28 条(在 1986 年 1 月 2 日修改)及《批准抵制伪造和误导标识的马德里协议》第 2 条,在一些盗版案例中作为海关行使扣押的依据。

③　第 16 条。

④　见 Davies,同前引书,第 69 页。

⑤　第 425、427 条等。

⑥　见 Davies,同前引书,第 63 页。

2.6.48 根据 1963 年爱尔兰《版权法案》第 28 章,除了影视作品的版权人,任何出版文学作品、戏剧、音像作品或录音制品的所有人可告知海关当局其所有人身份,并有权要求海关在固定期间内,视版权人作品的复制品或录音为违禁商品。这样的程序使海关当局能够阻止除私人和国内使用以外的作品或录音的违法复制品进口。依法授权海关当局的条例也规定了告知的形式和缴纳的费用。由版权持有人组织和海关当局来签订协议确定在何种情况下检查托运物品。① 同样的条款也存在于爱尔兰贸易和商品商标法中。

2.6.49 在意大利,海关当局有权阻止故意谎报的②或者伪造商标③的货物进口。但是没有关于侵犯版权或邻接权的特殊权利。

2.6.50 在荷兰,没有海关当局进行干预以防止盗版产品进口的具体规定。尽管海关可以检查所有进口货物,但是海关干预仅限于对进口手续的控制,包括对货物申报价值的精确性的调查。同时海关当局也受保密义务的约束。因此海关的干预不能成为打击盗版的重要手段,但在适当情形下海关会向警方或者版权持有组织提供相关信息。④ 对有关盗版的报告,跨部门工作小组对海关当局的参与没有提出建议,⑤但是对于《理事会条例》中第 3842/86条的落实则需要海关采取一定的措施。

2.6.51 在葡萄牙,根据《工业产权法》⑥中第 229 条,海关有权在边境扣留仿冒货物。这项条例只适用于货物的商标或者是原产地名称为伪造的情况。

2.6.52 在英国,1956 年《版权法案》中第 22 章规定,公开出版的文学作品、戏剧和音乐作品的版权所有者可以通知并要求海关对其作品的复制品以违禁品处理,并且阻止其进口。但是这项规定并不适用于录音制品或电影作品。类似的规定也写入 1938 年《商标法案》第 64 章第(a)项,此条款涉及商标侵权的规定,适用于拥有正版商标但深受盗版困扰的生产商。在 1987 年 10月的版权法中,政府新增了对引进的电影和录音制品实施同样保护的条款,尽

---

① 见 Davies,同前引书,第 71 页。
② 见《海关法》第 57 条。
③ 1954 年 12 月 15 日《第 1332 号法律》,第二章 B1 及 B2;《海关法》第 303 条,1973 年 1 月 23 日第 43号《刑法典》第 483 条。
④ 见 Davies,同前引书,第 81 页。
⑤ 版权作品的侵权,跨部门工作组中期报告,1984 年 8 月。
⑥ 1940 年 8 月 24 日第 30679 号判决。

管版权持有人需要事先通知海关仿冒品进口的具体时间、地点信息。① 从版权持有人的角度看,这些通知要求会限制此项程序的实际效用。②

2.6.53　因此,各成员国在共同体外部边界上进行海关扣押,这将成为打击盗版更有效的措施。1992 年后,成员国不能在共同体内部边界上实行控制。但是这并不排除当非法商品引起海关当局的注意,或者当其在行使内部控制职能以防止欺诈时可以进行海关扣押。不过必须注意实际操作的困难。③ 如果海关服务不能从其主要任务向这方面转移,或者程序对于版权持有人而言太过复杂艰难,这一举措很少或根本没有实际效果。

2.6.54　1986 年 12 月,理事会通过了阻止仿冒商品的法规,即阻止含错误标识商标的商品自由流通和扩散。④ 该项法规与随后制定的阻止盗版商品进口的规则一起创造了程序上的一般规则。正如委员会在解释性备忘录中的最初建议,这项法规仅限于侵权商标的商品,日后会考虑将此程序应用于其他知识产权,特别是版权。该规定的延伸将确保海关通过扣押,以打击共同体外部边界上的版权盗版行为。

补救措施和制裁

2.6.55　对于各成员国现状相对全面的描述,应该涉及相当多的细节。以下问题更应受到关注:对被侵害权利者提供损害赔偿或者其他经济救济;提供禁令救济;对已经发现的盗版产品和使用设备进行处置,以确保其不会继续流通进而对版权持有人造成不利;最后,可以施加足够的劝阻性刑事制裁,包括对严重罪行处以监禁。

损害赔偿或其他经济救济

2.6.56　对于损害赔偿,由于民法授予的专有权,损害赔偿在原则上当然是可获得的,这也可以是一种获利行为。同样地,在依据《反不正当竞争法》的

---

① 见法案(H.L.12)第 102 章。
② 见 Davies 第 88 页。
③ 这些问题的解决办法参见 2.7.13 和 2.7.18 节的内容。
④ 委员会 1986 年 12 月 1 日颁布了第 3842/86 号规定,以禁止仿冒商品自由流通。

民事诉讼中,随之发生的相应的经济损失也可以获得损害赔偿。

2.6.57　另一方面,正如我们所见,某些重要的利益可能并不受民事诉讼权的保护。这不仅见于这些利益不被法律所承认的案例中,例如荷兰的录音制造商;也见于刑法和司法框架内没有规定赔偿的法规来保护某种专有利益。这是目前英国或爱尔兰关于未授权录制现场表演的状况。英国政府声明引入公民权以缩小差距。[①]

2.6.58　一般来说,获得的损害赔偿,通常取决于所提供的受到损害或收入损失的证据。在一些司法区,损害也包括精神意义上的损害,尽管这通常仅限于作者和表演者的要求。只有爱尔兰[②]和英国[③]规定,在一些极端的案例中,法院有权判决损害包括被扣押或被非法挪用的侵权复制品的全部价值及惩罚性赔偿。即便如此,对侵权行为损害赔偿的裁定取决于侵权复制品的数量,而扣押或非法挪用的侵权复制品的全部价值则取决于其在实践中一系列特殊的限制条件。此外,英国政府最近宣布将取消存有异议的转化损害赔偿,尤其是在设计版权领域。相反,法院裁定额外损害赔偿的权力,将通过解除现有的适用限制而得到加强。

2.6.59　事实上,即使在成功应用搜查和扣押程序的国家,在某种程度上盗版商品的数量仍是难以确定的,所以证实盗版侵权造成的持久损害或收益损失是一个问题。在盗录的情况下,判断盗录对合法录音制品的销售产生的损失更加困难,这一判断常常是推测性的。如何证明被侵权者的损失额,如何判决有意保持少量可变现资产的盗版企业,这些棘手问题的存在意味着要有效地杜绝其侵权行为,还需要其他补救方法。

禁令救济

2.6.60　禁令救济是补救措施的重要手段之一,是通过裁决令对持续的或未来的盗版活动处以刑罚上的制裁。在比利时、丹麦、德国、爱尔兰、卢森堡、荷兰和英国,这一补救措施的形式各不相同,这与各国法律授予的实质上的权

---

①　见上文 2.6.39 节的内容。
②　1963 年版权法第 22 及 24 条文。
③　1965 年版权法第 17 及 18 条文。

利和公民权利的限制有关。暂时或持续获得禁令救济使打击盗版的活动具有极大的优势,可以在第一时间阻止盗版产品投放到市场上。

2.6.61　在希腊,在一定条件下禁令救济可作为一项临时措施。①

2.6.62　在西班牙,根据 1987 年《版权法》规定,在一定条件下禁令救济可作为一项临时性的措施。②

2.6.63　但在法国,禁令救济还未采用。已经有人建议引入禁令救济,这一措施在很多情况下是有帮助的,特别是打击心思缜密和顽固不化的不法分子。③ 尽管法国采取了其他针对已查明盗版行为的措施,④但新颁布的法律⑤并没有改变对禁令救济的态度。

2.6.64　在葡萄牙,现行立法中没有禁令救济。

侵权产品及其生产设备的处置

2.6.65　采用不同的技术阻止已经被查出的盗版产品继续流通并对版权持有人造成不利。

2.6.66　因此,根据大多数成员国现行的民事诉讼和刑事诉讼程序规定,对于盗版书籍、电影和音像制品的诉讼,可能导致法院对侵权复制品进行销毁的指令失效,或是在其他情况中被转移给版权持有人。

2.6.67　同样,成员国也制定了处理生产侵权复制品设备的法规,销毁生产设备旨在防止日后盗版行为的继续。

2.6.68　这方面的主要差距似乎是由于某些利益未受到民事或刑事法律实体规则的保护,而不仅仅是程序规定薄弱所引起的后果。最近有些差距已被填补。例如,在法国,新的法律规定了没收侵犯表演者和制作者邻接权的侵权录音和录像制品。这种举措在书籍和电影中存在已久。⑥ 但是,其他的差距依然存在,特别是希腊和荷兰对录音制品的制作者和表演者缺乏具体的保护。此外可以看到,1971 年比利时关于贸易习惯法在保护录音制品方面发挥

---

① 见《民事诉讼准则》第 682、691 条。
② 见第 123、126 条。
③ 见 P. Chesnais,《国际版权及邻接权》,第 366 页,S.M. Stewart 编辑,1983 年。
④ 见上文。
⑤ 见 2.6.68 节内容。
⑥ 见 1985 年 7 月 3 日第 85 - 660 号法律第 75 条,1975 年文学和作品法第 73 条。

了重要作用,该法不准许在任何刑事或民事诉讼中实施没收或进行类似的补救措施。

劝阻性的刑事制裁

2.6.69 许多盗版行为依据其性质需要接受重大的刑事处罚,这样可以有效地劝阻想要逃避民事法律判决且精于此道的盗版者。此外,严厉的惩罚措施,包括对更严重犯罪者处以监禁,明确指示了执法当局打击盗版的必要性和真实动机。另一方面,如果当局知道,即使是控诉成功,也只能处以一小笔罚款,这将很可能被盗版者视为是他们持续从事盗版活动中的刺激性税收,他们宁愿集中有限的资源去做其他事就可以理解了。

2.6.70 许多国家已经认识到在适当范围内实施有效刑事制裁的重要性,这不仅可以确保在侦查盗版活动的过程中得到有效的警方援助和法律强制实施的帮助,同时能够有效打击盗版行为。因而,尽管在共同体中总体趋势是要减少刑事处罚,特别是监禁和制裁,但是根据 1984 年 7 月 24 日共同体各成员国代表会议决议设立的目标,[1]刑事处罚在版权方面已有了实质性的加强。英国已经在 1983 年[2]加强了最高刑罚,丹麦[3]、德国[4]、法国[5]和葡萄牙[6]也在接下来的两年中相继加重了刑罚。在意大利,1981 年[7]制定与录音制品盗版相关的刑罚,并且此规定于 1985 年[8]也适用于电影和录像盗版。此外,爱尔兰和荷兰正在积极考虑增加合宜的惩罚手段。总之,威慑性制裁已经或不久后将在丹麦、德国、希腊、法国、爱尔兰、意大利、卢森堡、荷兰、葡萄牙和英国这些国家实行。

2.6.71 但是,特别是在以下案例中,刑事制裁需要加强。

2.6.72 在比利时,无论版权侵犯的性质、规模和特征如何,对侵犯版权的

---

① 见 1984 年 8 月 3 日第 C204 号法律。
② 见 1983 年《版权法》(修正)。
③ 见 1985 年 6 月 6 日第 274 条法律。
④ 见 1985 年 6 月 24 日颁布的法律规定。
⑤ 见 1985 年 7 月 3 日第 85 - 660 号法律。
⑥ 见 1985 年 9 月 17 日 45/85 条法律。
⑦ 见 1981 年 7 月 29 日第 406 条法律。
⑧ 见 1985 年 7 月 20 日第 400 条法律。

处罚都不包括监禁。但是，如果证实了造假或者触犯《刑法典》第 191 条、第 498 条和第 505 条，可判处监禁。

2.6.73　正如我们已经看到的，在荷兰有关录音制品的制作者的权利不受到保护，也不受刑法制裁。尽管也正在考虑把制作者权利引入相关保护规定。[①]

2.6.74　最后，在爱尔兰适用于盗录的刑罚不包括监禁。

2.6.75　然而，除此之外，刑事制裁的有效性不仅取决于该处罚的特点，而且取决于它们在实践中运用的准确性。这在很大程度上取决于执法机关是否在对犯罪者的起诉中起到积极的作用。如上所述，至少是对严重或屡次作案的罪犯有实质性处罚，才可以鼓励执法机关在其权利管辖范围内有所行动。但是，从某些情况看来，尽管侵犯版权是刑事犯罪且可被控诉，但是在比利时和卢森堡只能在受害方提出申诉后，执法机关才可以起诉，在希腊甚至只能由受害方起诉。

2.6.76　在某种程度上，这种状况可以理解为，不愿让执法当局在一位作者指称另一位作者剽窃其作品的案例中承担责任。然而，现今的商业复制是明显区别于这种情况的：这些复制品完全或者几乎没有改动以使其与原创有稍许的差别。此外，考虑到商业复制的规模，它在经济犯罪中造成的破坏可以位列第一，不仅对个体的版权持有人，而且对经济和文化活动的重要领域的活力都产生重大影响。由于这些原因，对于大规模复制和贩卖盗版产品的行为，大多数成员国授权执法机关主动起诉或者至少鼓励执法机关应受害者的要求提起公诉。这一办法应该被所有成员国所采纳。

2.7　执法组织框架

2.7.1　执法行为的组织框架较为复杂并且成员国之间存在差别。它包括个体的版权持有人、代表版权持有人组织和有关当局。

版权持有人及其组织

2.7.2　在所有成员国里，负责收取文学和音乐作品使用费的协会主要由

---

① 见前文有关盗版受版权保护作品的内容。

作者们组成,且针对不同类型的作品成立了不同类型、相互独立的协会。例如,针对戏剧和音乐剧作品成立的协会,往往不同于管理其他音乐形式,包括流行歌曲在内的协会,也不同于管理歌词的协会。国家组织是国际作者和作曲者协会联合会(CISAC)的成员,而其他权利持有人加入相应的国家层面和国际层面的组织。各成员国音像制品的制作者和国家层面组织以及其他形式的组织,组成了国际录音制品和录像制品的制作者联合会。电影和录像的制作者①、经销商②、出版商③、广播商④和表演者⑤也加入了国家和国际层面的组织。

2.7.3 在越来越多的案件中,目前猖獗的盗版活动导致了国家和国际层面需要出台新举措,包括不同利益团体组成了专门反盗版组织,以便更有效地整合和运作资源。新技术的发展为执法提供了便利,比如电影标记有助于鉴别被没收的盗版复制品的来源。

2.7.4 例如,英国唱片协会(BPI)一直在打击盗版录音行为,成立于1982年的反盗版联盟(FACT)目前在减少盗版音像的市场份额方面仍发挥着重要作用。1983年,荷兰成立了类似的行动小组,即音像安全基金会,旨在打击音像盗版。爱尔兰国家反盗版联盟(INFACT)从1984年开始运行。从1985年开始,比利时反盗版联盟(BAF)和德国版权侵权起诉协会(GVV)都已经开始了类似行动。这些事例,尤其是英国在打击音像盗版领域所取得的成绩,鼓舞了其他成员国成立相似的组织:法国成立了打击音像盗版协会(ACPA),西班牙成立了反盗版联盟(FAP),以及丹麦成立了录像发行协会。

2.7.5 在国际层面,录音和录像生产者已经与国际商会和联邦秘书处开展合作,创建了一个国际合作组织。国际商会下属的国际海事局在这个项目上发挥了其在监测货物运输方面的优势。国际唱片协会(IFPI)通过在世界各地的国家性和地区性组织收集情报,起着重要作用。这个组织即联合反盗版情报小组(JAPIG)从建立伊始便取得了重大成果。⑥

---

① 国际电影制片人协会和欧洲电影及其他视听节目导演协会。
② 国际电影分销商协会。
③ 国际出版商协会及出版社(组织)协会。
④ 欧洲广播联盟。
⑤ 国际演员协会和国际音乐家协会。
⑥ JAPIG代表向委员会工作组所作发言;1985年6月25日。

2.7.6　国家和国际层面关注反盗版是一种可喜的发展。通过为数不多的联络点整合相关信息和活动，这不仅增加了反盗版的效力和效率，也促进版权持有人和公共当局的合作，同时不会妨碍他人享有和行使自己的权利，还可以与相关国家管理机构发展有成效的关系。

公共机构

2.7.7　在国家层面，不同国家可能会涉及不同的机构，包括海关、警察局、检察局、税务局和消费者保护协会。

2.7.8　正如前文所述[①]，有时一些机构作用和权力的发挥确实受到一定的限制，例如警察和海关。取消这些限制会增加其打击盗版的力度，特别是如果海关当局能够在法律和实践中告知版权持有人其可能受到权利侵犯，那么版权持有人能够采取措施保护自己，这种做法在适当情况下是可借鉴的。

2.7.9　但是，不仅要取消已经提到的法律限制，而且要确保在政府和版权持有人组织之间建立简单有效的交流。正如我们所见，专业反盗版行动小组已经在这方面作出重大贡献。在可能存在薄弱点的领域，版权持有人可以借鉴他人的做法以在短期内提高自己的地位。长远来说，各方应该使用现代信息技术的创新系统，以尽可能低的成本确保得到有用信息，后文将进一步讨论这一做法的可能性。

2.7.10　反过来说，公共机构的有效性取决于其能否与受到盗版行为不利影响的利益团体充分合作。公共机构的活动不可避免地受到资源约束，如果与盗版利益相关的组织能给公共机构提供相关信息，那么公共机构则可以提高其行动效率，降低资源约束的影响。例如，在海关打击盗版的行动中，因难以确定受盗版侵权的版权人身份及确认成本高就是行动障碍的原因。一旦货物发行并进入自由流通领域，理事会条例的适用性能否具体延伸的可能，以及其他形式的知识产权、版权，很大程度上取决于在实际中探索出的解决方案。

---

① 　见 2.6.41、2.6.54 节和 2.6.75 至 2.6.76 节。

2.7.11　现代信息技术可以提供解决方案。一直以来,有人建议在共同体层面创立一个电影或音像作品的权利登记簿。[①] 这是一种促进电影生产融资的手段,但建立这样一个系统的方案的可能性尚不明确。[②] 但是,对录音、录像和电影方面的权利进行登记,使其比较容易确立谁有权在特定管辖范围内开展工作,同样可以起到抵制盗版的作用。这可以协助海关和其他部门进行干预,因为他们能够更简单迅速地确定有嫌疑的商品是否侵权,也可以告知利益方哪些显然是盗版商品。在世界知识产权组织/联合国教科文组织的框架下,政府专家委员会将在 1988 年 3 月讨论成立国际音像制品注册处。根据世界知识产权组织/联合国教科文组织会议的结果,未来共同体层面与国际层面的工作可以互相协调。

2.7.12　从海关当局的观点来看,为了保证制度的可行性,版权持有人需要定期通知当局关注存在盗版风险的作品。

2.7.13　委员会在 1985 年向议会提交了一份关于协调发展行政程序计算机化的协议 C.D. 项目,[③]理事会在 1986 年 2 月 4 日核准了该决定。[④] 设想的系统可能用来指导海关针对盗版的检查。对此可能性的细节测试不宜根据本绿皮书的背景判断,而应该成为工作的一部分来推动系统的发展。至于登记本身,过去的主要问题之一是由公众承担建立系统和管理费用。但问题显然在于,注册处是否可能由从中获益者组织并承担费用进而维持下去,这是版权持有人所关心的。如果这种做法是可行的,共同体所能涉及的可能仅限于在 C.D. 项目的框架内,确保登记处可以被海关和其他有关机构访问,并提供一个简单的法律框架来提供注册表及包含法律认证的信息。

2.7.14　除了公共机构方面和版权持有人方面之间的合作关系,在国家、国际和共同体层面有关公共机构之间的互相合作也十分重要。

2.7.15　在国家层面,考虑到特殊的行政结构,成员国有义务采取必要措施。为解决盗版及相关问题,创建或指定担负特殊使命的联络点是一个有力

---

①　第五次理事会指导旨在协调电影产业相关法律、规定和行政条例的提议,1971 年 10 月 23 日第 C106/23 条法律。

②　委员会的提议于 1981 年正式撤销。

③　1985 年 1 月 16 日第 C15/1 条法律。

④　决议 86/23/EEC,第 L33/28 条法律,1986 年 2 月 8 日。

的案例。至于音像领域,法国的国家电影中心扮演的角色是一个有趣的例子。这些联络点不仅有利于所有相关公共机构之间的协调和合作,还可以为版权持有人及其组织提供对话协商的机会。正如上所述,这些联络点又经常为自己创造相似的联络点。

2.7.16　在共同体和国际层面,执法机构之间的合作程序已经存在,并应用于合适的情况,比如国际刑警组织服务。① 将盗版视为可监禁的严重罪行的立法趋势应该使其更容易被使用,因为它使盗版的可能性变小了。

2.7.17　在 1977 年斯德哥尔摩第四十六届会议上,国际刑警组织联合会议通过了关于音像盗版的决议,并自此致力于扩大打击盗版的活动范围。然而,不要忘记国际刑警组织的合作由相互支持的自愿行为构成,并且基于成员国的国内法律所提供的可能性,并严格尊重其国家主权。成员国有权决定是否合作;不一定要证明其决定的正当性,如果没有合适理由,可以不采取任何措施。关于与国际刑警组织合作的可能性方面的限制,是衡量其采取行动抵制盗版能力的一项重要的资质。

2.7.18　未来,在共同体层面上,共同体条例最近采纳了一个合理结论,即仿冒商品②进入自由流通后,可能会考虑把反盗版行为纳入《理事会互助条例》创立的互助体系。该互助体系的建立是基于成员国行政当局与委员会之间的合作,后者与委员会之间的合作确保法律在农业和海关方面问题的正确适用。③ 它对请求援助和自发援助都作出了规定。如有必要,可以通过相对简单的修改澄清有关情况。如果能够证明这种可能性,即:扩大允许自由流通的监管并延伸至知识产权(包括版权)侵权的其他形式,那么互助体系也可以同样适用于这些情况。最后,C.D.项目将提供必要的技术手段,使互助得到有效管理。④

2.7.19　在国际层面上,海关合作理事会(CCC)提出一项能促进国家海关机构之间合作的有效手段。1953 年,理事会采纳了一项关于行政互助的建

---

① 见 Mr. A. Waldman 代表国际刑警组织在 WIPO 世界论坛上关于录音和音像录制品盗版所作的发言,日内瓦,1981 年 3 月(PF1/15)。

② 见 2.6.54 节。

③ 《第 1468/81 号理事会规定(EEC)》,1981 年 5 月 19 日,《欧共体公报》第 L144/1 号,1981 年 6 月 2 日。

④ 委员会交流的 5.6.4.2 节指出,在系统连接下,"出于相互支持和其他目的所需数据的实时交换"。

议,致力于提供有关海关欺诈的新方法或手段的相关信息,并在另一个成员国的请求下提供对特定货物、已知有走私行为的人员以及可疑交通工具的特别持续观察。此外,1975 年理事会通过了一项关于汇集海关欺诈信息的建议。收集并随后传达给有关国家的信息涉及已定罪走私或海关欺诈的人员、走私方法以及涉嫌走私的船只。这些文书经常涉及的是海关欺诈,不直接涉及版权物品,但它们可以在涉及盗版商品的贸易时起作用。然而,在 1983 年,海关合作理事会就海关在执行版权法和工业产权法中起到的作用开展了研究。这项研究以问卷方式在成员国和国际组织进行,目的在于界定海关当局在全面的反盗版活动中起到的作用,以及这些机构的参与如何能够更规范和更有效。这项研究在 1984 年完成。①

2.7.20　这项研究已被海关合作理事会主管委员会讨论通过,即执行委员会和常设技术委员会。执行委员会得出以下结论:第一,海关执行知识产权法将是委员会工作方案中的一个长期项目,由此委员会能继续就这一领域的发展交流意见;第二,海关合作理事会秘书处现在应该提出切实可行的方法协助已在这方面有竞争力的行政部门;第三,秘书处应与关心这个问题的国际组织继续保持联系,协调执行委员会和常设技术委员会的活动,该委员会负责相关行政问题;第四,在新文书进一步审议期间,秘书处应进一步分析海关合作理事会执法手段,以确定它们在何种程度上可用于打击盗版和假冒,并考虑新的手段。常设技术委员会已开发了一部示范法方面的工作,赋予海关当局在假冒和盗版案件中采取行动的权力。

2.7.21　显然,与盗版及仿冒有关的海关合作理事会计划获得了共同体的全力支持。

2.8　共同体层面:国际背景下对未来的倡议和未来的发展

2.8.1　根据以上分析,考虑共同体对未来可能的倡议和发展之前,应当在一个到目前为止尚未涵盖的、更广阔的国际背景中对这些倡议和发展进行思考。

2.8.2　管理有关版权法和邻接权公约的国际组织对盗版问题进行了数次

---

①　关于海关在实施知识产权法中的作用的研究,1984 年 10 月 30 日,TF7 - 80108。

讨论,提醒公众盗版对文化活动的破坏,并推进世界各盗版猖獗的地区打击盗版活动。

2.8.3　在《罗马公约》①层面,政府间合作委员会于 1979 年 10 月通过一项向联合国成员国提出的建议,即由管理组织推荐联合国成员国加入该公约。② 政府间合作委员会在 1981 年 11 月举办的第八届常会期间更新了这项建议。③

2.8.4　在世界知识产权组织(WIPO)层面,全球第一个音像制品盗版论坛于 1981 年 3 月在日内瓦举行。通过的决议建议,无论是发达国家还是发展中国家,都应采取措施使立法生效,以防止盗版和确保该立法适用。④ 世界知识产权组织于 1983 年 3 月举办了第二次世界论坛,这次论坛的主题是"广播和印刷文字盗版"。在会议总结上,通过的决议⑤表达了对盗版泛滥的关注。决议提出,应该继续探索有效打击盗版的具体措施,并建议在伯尔尼联盟大会通过关于此问题的建议。在 1986 年 2 月 6 日联合国教科文组织/世界知识产权组织举办的政府专家会议再次讨论了这个主题,并且通过一项决议,呼吁加强对盗版的刑事制裁。⑥

2.8.5　在世界知识产权组织内部通过的决议,事实上仅仅旨在引起各国政府注意在国家层面采取合适措施抵制盗版有其必要性。即使在讨论盗版问题的一般立场上,也必须要精心选择决议的措辞,缺少发展中国家的重要数据,会使其难以获得赞同。对发展中国家来说,遵从知识产权的重要性,通常必须与认可获得版权材料的简便途径的需求取得平衡。

2.8.6　教科文组织秘书处编写了一份题为"分析联合国教科文组织关于印刷材料、录音制品、音像材料、电影、广播电台和电视节目盗版现象的问卷调查的回复"的文件,总结并分析了成员国的问卷答复。

2.8.7　在欧洲理事会层面,文化部长们于 1984 年 5 月⑦通过了一项决

①　受 UNESCO 及 WIPO 的管理,因为公约中表演者的保护的元素受国际劳工组织管理。
②　文件 ILO/UNESCO/WIPO/ICR 7/11,1979 年。
③　文件 ILO/UNESCO/WIPO/ICR 8/7,1981 年。
④　WIPO PF/I/21,1981 年 3 月 27 日。
⑤　PF/IL/9,1983 年 3 月 18 日。
⑥　文件 UNESCO/WIPO/CGE/AWP/4。
⑦　欧洲理事会,文件 CMC(84)6。

议,邀请成员国在国家和欧洲层面组织行动抵制音像盗版。在1988年1月18日,部长委员会通过一项成员国的建议,①在版权和邻接权范围内采取措施打击盗版。

2.8.8 在《关贸总协定》(GATT)框架内,自1982年以来一直积极讨论关于处理假冒商品贸易行动的可能性。1984年,此事由专家小组处理。这项举措旨在为海关当局参与检测和扣押假冒商品提供框架,而目前假冒商品被定义为"未经商标所有人同意却声称已取得使用商标的商品"。只要遭到盗版复制的不仅包括作品而且还有包装(这也是音像制品经常发生的情况),那么这一举措对版权持有人来说也是有利益的。然而,在《关贸总协定》的工作中,由于大量第三国(特别是发展中国家)的反对,并没有形成关于假冒商品的协议。

2.8.9 这项工作已导致知识产权的至少一个领域可以由《关贸总协定》处理。1986年9月,缔约国贸易部长会议在埃斯特本决议,从更一般的意义上说,知识产权的贸易应包括在新开启的多边谈判的议程内。因此,这些谈判也包括知识产权的其他问题,这些问题会对贸易流动和贸易关系产生影响。很显然,从对这一问题的初步讨论来看,共同体希望在《关贸总协定》的框架内,审查切实加强版权和邻接权立法的可能性,特别是打击书籍、录音制品和录像制品的盗版行为,这一可能性建立在按照盗版商品的相关条例执行的作品基础上。

2.8.10 最后,应该指出,最近共同体与第三国商洽知识产权问题,特别是对于某些知识产权制度在贸易流动和共同体企业投资方面存在的障碍。在本阶段,考虑通过交流更加系统地打击盗版是有意义的。这一问题将在第7章中详细讨论。

2.9 共同体层面的未来发展和倡议

2.9.1 欧洲共同体各成员国和世界其他地区关于盗版的现状可以进行如下概括:尽管在不久前,一些成员国已经取得实质性进展,但是录音和音像作品的盗版仍然是共同体内外的重大问题。书籍盗版虽然只存在于某些非成员

---

① 第R(88)2号建议,1988年1月18日。

国,但形势不容乐观。

2.9.2 可以看出,在共同体之外,只有西欧国家、美国、加拿大、日本、澳大利亚、中国香港以及最近的新加坡呈现出积极的趋势。其他许多国家或地区并未采取有效的反盗版措施,并在某些情况下纵容盗版者,甚至与其同流合污。从外部来讲,盗版问题很可能在未来一段时间仍然很严峻。共同体很乐意利用集体力量确保更好地保护非成员国的作者、表演者和制作者的作品。我们将在第七章详细讨论共同体可能为此采取措施的本质和可实施行动的框架。

2.9.3 在共同体内,有充分的理由相信最近抵制盗版所取得的成就是能够维持的,甚至有所推进。在许多成员国内,已经在修订或正在审查版权法。由于理事会 1984 年的决议引起成员国对盗版问题的关注。因此,现在在很多案例中,可以依据加强的立法、威慑性的制裁和更好的执法程序。另外,版权持有人已经在不久前加入由其组建的反盗版组织,并正在积极地采取行动打击盗版。

2.9.4 然而,许多改进只出现在特别的管辖区内。过快地放松警惕可能是危险的,特别是当新的复制技术可以给盗版提供新的推动力。

2.9.5 正如上述 2.3.5 所述,盗版光盘几乎是不为人所知的,这归因于复杂的制造工艺以及所需的高投资。与光盘相同音质的数字音频磁带(DAT)录音设备的发行,可以改变高保真录音盗版的局面。无论是光盘或数码磁带,都可以对数字声源进行完美的复制。与数字模拟复制相反,数字复制通过连续复制后并不会降低其质量。在一个"克隆"复制品的基础上,一代复制品可以被再复制,每一份复制品都可被视为一个复制品原版。

2.9.6 为努力减少盗版问题,日本生产商已同意充分执行由 1986 年 R - DAT 会议标准制定出的数字录制保护标准。通商产业省(MITI)的行政指导已经使得日本所有主要的数字音频磁带制造商接受这份会议标准,其中包括以下措施:使用数字录制的采样率(48 千赫),这与光盘的采样率(44.1 千赫)不同。这能通过内置数字音频磁带记录器有效排除光盘的复制,也排除了在光盘的基础上进行"克隆"生产,除非使用速率转换器。此外,通商产业省指导方针建议使用探测器的电路来鉴定抑制副本的代码,无论它插入预录数字软件的子代码是光盘(CD)还是最终的数字音频磁带,呈现在数字音频磁带上进行 CD 的数字化复制是不可能的,但并不妨碍通过 CD 播放器的模拟输出进行复制。通商产业省行政指导也提议,与非日本公司签订的数字音频磁带许可协议应保留这两个反盗版措施。

2.9.7 录音产业对数字音频磁带的使用被认为是有关家庭复制的主要潜在问题,因此将在以下第三章中讨论一些可能的保护措施。然而,盗版问题仍然存在,因为所提及的防止直接数字复制的措施,不可能阻止盗版商不去生产有市场需求的非法复制品。

2.9.8 尽管打印机可以以比刻录机更快的速度多次重复复制,但预录式数字磁带的大规模生产将最终在实践中取代打印机。数字磁带预录机在居心不良的人手里可能用于生产大量盗版复制品,这种危险是真实存在的。

2.9.9 另一方面,音乐录音制造商的数量有限,共同体内合法的制造商是为版权持有人及其组织所熟知的。由于这关乎巨大的经济利益,可考虑限制 DAT 打印机只向专业用户(如唱片公司)销售,并实现每一次向用户的销售和用户对这一设备的拥有都必须得到成员国的公共当局的发行许可。这种公共机构将对其监管领域所有销售的机器保持追踪,确保设备以后也不会转让给非授权的用户。当发现用户在从事盗版活动时,许可证可能会被撤销。

2.9.10 因为一触式印刷设备在市场上还未出现或者数量非常有限,这样的措施是有效的,并且不一定意味着引入了不合理的复杂的行政程序。它很可能与在成员国内的枪支许可形成比较,它给予使用者能将许可转让给任何人的资格,使被转让人成为预录数字音频磁带的真正生产商。

2.9.11 如果许可制度被证明在共同体内是成功的,接下来可能会考虑说服其他国家也这样做。

2.9.12 在共同体国家内,盗版受版权保护作品的行为通常呈现出明显的跨国界特征。在成员国内出售的盗版制品中,有相当比例的盗版制品是从共同体内和共同体外进口而来。另外,有些盗版制品虽然是在同一成员国内生产、出售的,但其所侵权的原创作品可能另属其他成员国,比如通过广播从其他成员国获得或者复制。随着共同体内跨国界的电视广播和无线传输越来越频繁,这种新发的盗版现象很可能会增加。针对这一盗版现象,只在某一国范围内采取打压和阻止盗版的策略无法解决问题的根源,也不可能取得效果。而国家间的盗版进口问题可能会给成员国之间的合法商业往来带来负面影响,进而对共同体市场产生直接的、消极的作用,因此成员国必须谨慎处理跨国界的盗版进口问题。

2.9.13　在共同体层面采取联合行动的一个充分理由是,联合行动能在最大程度上减少对共同体内原创作品的盗版行为,包括生产、出售一切来源的盗版制品。联合行动的依据是现有分析。

2.9.14　首先,对相关国际合约的批准是相当独立的。目前,处于弱势地位群体的权利受到了保护,尤其是对电影制作人、音像制作者、表演者、广播员、网络运营商的保护。这些受保护的版权人享有授权他人出于商业目的录制、复制其作品的权利,以及授权他人销售其作品的权利(见于上文 2.6.3 至 2.6.26 节)。

2.9.15　第二,在适当保障措施下,有效搜查和扣押程序一般应适用于民事和刑事诉讼。还应考虑普通行使权力,以强制披露盗版产品来源和目的地,同样也是在受到适当的保障措施下(见于上文中 2.6.27 至 2.6.40 节)。

2.9.16　第三,关于禁止假冒商品(包括侵犯版权商品)的自由流通,应考虑延长理事会规定。既然现在已经通过了规定,在其运作过程中可以很快获得经验(见上文 2.6.41 至 2.6.54 节)。

2.9.17　第四,关于补救措施和制裁,应当给予被侵权人合适的补偿;禁令救济应该用来对付顽固的侵权者;应向目前还没有建立扣押侵权物品和生产设备的制度的地方引进这些制度;应将盗版视为犯罪,受到公诉,当情节严重或反复犯罪时盗版人有被监禁的可能。(见于上文 2.6.55 至 2.6.76 节)。

2.9.18　第五,应当鼓励建立一种有效机制,尤其是与政府当局的措施相协调,以保证版权人及其组织能够采取有效的反盗版行动。鉴于公共管理资源的有限性,这一机制里应包括消除阻碍公共机构与版权人之间合作的虚约束,同时在实践中采取促进两者间合作效率的措施。由此应当考虑的是,从国家层面促进有关公共机构、有关行政机构与版权人及其组织之间的合作交流,实现版权人组织和受版权保护作品的档案和记录计算机化。而如何通过档案和记录计算机化来加强海关控制,应该在 C.D.项目中探索这一可能性(见于上文 2.7.10 至 2.7.13 节）。

2.9.19　第六，主管部门之间的合作应该上升到国家、共同体、国际层面。在共同体层面，应当考虑将互助制度的范围扩大，包括第一个出现的仿冒制品以及之后的盗版制品（见于上文 2.7.18 节）。

2.9.20　最后，在国际层面，共同体要积极支持关税与贸易总协定和关税合作理事会所提出的倡议，但也要避免事倍功半的行动。同时，应当考虑更加系统地利用对共同体开放的不同渠道，以影响输出盗版制品的国家，并达到打击盗版生产者的目的（见于上文 2.7.19 至 2.8.10 节及下文第七章）。

2.9.21　上面列出的一些措施明确要求共同体的机构开展正式的立法活动，例如，在适当时候延伸对于假冒商品发行的调控规定和相互援助制度。同样明显的是，其他一些行动不具备立法的可能性，例如，建立行政联络点和国际倡议。根据有约束力的共同体立法，在这两者之间采取行动是可能的，尽管这是非正式的并且时间不长，但是依然有获得响应的可能。例如，这类措施旨在保证全面引进对盗版的威慑制裁。然而，在目前这个阶段，通过一项具有约束力的共同体法律文书建立起的在法律保障方面的优势，似乎大于其他技术优势，尤其是就相关知识产权的适用性和法律强制性措施而言。

2.10　概要

本书第七章将讨论共同体的外部关系，即在共同体管辖区之外打击盗版的措施，本章的调查结果可以概括如下：

在共同体内抵制音像制品盗版，要求存在明确的实体性法律条款维护作者、制作者、表演者和广播机构，使他们有权授权对其唱片和广播进行商业性复制。

这种实体性的法律条款必须辅以适当的程序，为打击盗版采取行动和举证提供便利，如搜查和扣押的特别规定。

有效的补救措施应当由涉及侵权案件和刑事制裁的版权人处置，尤其是对有组织的盗版行为。最后，应当建立适合的组织框架，实现版权人和公共机构之间的有效合作，尤其是与执法机构的协调合作，并适时采取具体的措施，例如控制商用的磁带复制设备。

2.11　结论

委员会将欢迎涉及以下事宜的利益方的建议。

- 以下委员们向委员会提交的建议是具有约束力的法律文书提案：

a）要求所有成员国通过法律途径或其他途径，保障电影生产者、音像作品制作者授权他人出于商业目的复制或传播其作品的权利；

b）要求所有成员国保障演艺者授予他人出于商业目的录制或传播其作品的权利；

c）要求所有成员国保障涉及广播事业的组织机构的权利，保障其授权他人出于商业目的复制和传播作品的权利。同样地，也要求所有成员国保障有线电视运营商授权他人出于商业目的复制和传播其传输信号的权利；

d）要求所有成员国引入保护制度，规定购置数字音像制品设备需要有公共机构发行的许可证，维修获准设备需要登记并记录。

- 该委员会打算适时向理事会提出的规则建议：

e）扩大理事会规定第（EEC）3842/86 号规定的根据版权法制定措施禁止假冒商品的自由流通，覆盖版权管辖下的同类产品；

f）将互助援助制度延伸至包括首先对假冒，其次对版权侵权的援助。

- 希望达成：

g）建议成员国规定作者、唱片公司和音像制品的制作者以及表演者的权利，要求公安检察机关采取行动打击盗版；

h）建议成员国在涉嫌版权商品盗版的案件中关于搜查和扣押程序设立最低要求；

i）建议成员国在刑事制裁和民事补偿中设立最低要求；

j）在适当的共同体或国际层面设立注册处，由版权持有人提供资金，保护录音、录像和故事片方面的权利，使之最终与 C.D.项目相关；

k）在国际层面就假冒商品的扣押订立协议，不仅适用于假冒商标，而且还涉及包括版权和邻接权在内的其他知识产权；

l）这一协议不仅包括仿冒货物的进口问题，也包括仿冒货物的出口问题，以及仿冒货物生产国国内和销售国国内应采取的措施。

2.12 提交时间表

2.12.1 应在 1988 年 12 月 1 日之前向委员会提交关于第二章的评论。但是考虑到时间的紧迫性,关于控制商业复制的数字设备,其相关评论的接受日期将截止至 1988 年 7 月底。

第三章 音像制品的家庭复制

3.1 引言

3.1.1 本章所指"音像制品"包括音频和影像作品。出于商业目的,未经许可擅自复制受版权保护的音像作品,即构成明确的侵犯版权行为,也即本绿皮书所指"盗版"行为。第二章已就盗版问题及共同体能作出的应对展开讨论。本章旨在讨论家庭使用未经授权的音像制品行为,即个体消费者为满足个人需求,未经作品版权持有人同意的家庭复制行为。本章不涉及例如教育机构等"半私人"领域的音像制品复制。"半私人"领域的复制和家庭复制问题不同,需区分讨论,但本章针对家庭复制所建议的措施,可为"半私人"领域复制提供启示。

3.1.2 目前为止,人们讨论的音像材料包括录音和录像、广播、电视广播以及有线电视。技术的发展使音像材料的范围可能扩大到涵盖数字化录制的各种声音和图像材料。因此,必须将这些技术发展考虑进去。

3.1.3 当前,在共同体层面讨论音像制品家庭复制问题的时机已经成熟,原因如下。

3.1.4 第一,一些最为相关的产业已经发出呼声,并且引起了本国政府、共同体委员会和其他国际机构的注意。它们声称家庭复制带来经济损失,对版权持有人造成负面影响,进而呼吁更大力度的版权保护,以免相关产业遭受版权侵害。随着诸如数字音频录音等技术的发展,这类呼声更加强烈,同时也引起了利益对立方的抗议,它们认为家庭复制有积极的平衡作用。

3.1.5 第二,针对加强版权保护的呼声,一些成员国以及非成员国贸易伙伴实施了国家层面的保护措施，以征税或收费的形式补偿版权持有人。国家层面的措施再加上长期存在的历史遗留问题，成员国之间由此在知识产权法上产生了新的分歧。有人担忧这些分歧可能对欧盟内部市场的运转产生极大的负面影响。

3.1.6　第三，随着新技术的发展，家庭复制变得更加容易、更具吸引力：家庭复制音像制品速度越来越快，质量越来越高，而数字音频磁带（DAT）录制的出现更使人们可以迅速、廉价地制作出完美的复制品，这为版权法带来了新的问题。技术发展为音像创作带来新的可能性的同时，提出了这样一个问题：如果几乎任何人都可以通过机器迅速、廉价、完美地复制一个百科全书规模的完整作品，那么，如何保证人们创作这些音像作品时投入的时间、精力和金钱？

3.2　家庭复制的早期发展

3.2.1　早期播放录音制品的机器无法录制声音，只能播放消费者购买或借来的录音制品，价格低廉且易于操作的盒式磁带录音机问世之后，普通的消费者便能把声音由一个设备录制到另一个设备上，还能简单编辑。自此，家庭复制开始普及。

3.2.2　盒式磁带能随身携带，消费者因此可以在车上或户外播放自己喜欢的音频。相比之下，它的上一代——黑胶唱片容易损坏，播放设备笨重，磁带需从一个卷盘录制到另一个卷盘上。因此，盒式磁带的出现标志着流行音乐领域的一次革命，它很快替代了黑胶唱片受到欢迎。

3.2.3　然而，预录式的磁带经过一段时间的发展，已出现各式各样的字幕。早期空白磁带的质量也不一定达到黑胶唱片的质量。于是，消费者们很快学会用质量更好的空白磁带录制购买或借来的录音制品或直接录制广播，制作自己的磁带。

3.2.4　录像机（VCR）能同时录制声音和图像，最早主要通过电视回放预录材料。

3.2.5　压缩光盘的发行在1983年更新了纯播放式机器的概念，与黑胶唱片相比，它的声音质量和耐用度大大提高了。音像资料可由一个光盘转移到另一个光盘,虽然只供家庭使用尚未被商业化,但可见巨大的市场潜力。

3.3 国际法律框架

3.3.1 根据《伯尔尼公约》[①]1967 年修订版——斯德哥尔摩文本第 9 条第 1 款规定的基本版权原则,作品的作者有授权他人以任何形式、方式复制作品的专有权利。然而即使在 1967 年,随着音像媒介越来越流行,家庭复制的挑战逐步增加,这一原则并未被遵循,尤其是在私人使用方面总是存在例外。因此,有必要找到私人复制合法化得以存续的办法。私人复制行为会无法控制,任何情况下都有可能发生,但成员国应允许在不损害作者合理利益前提下的该类复制行为。公约第 9 条第 2 款是根据国际条约设立的例外条款,为了得到所有成员国的签署批准,措辞相当宽泛:

> 共同体国家的法律应允许某些特殊情况下的复制行为,只要该类复制行为不与作品的正常使用相抵触,并且没有不合理地损害作者的合法权益。

这一措辞给了《伯尔尼公约》各签署国相当大的回旋余地,因此各国法律所持的立场趋向于不同是必然的结果。

3.3.2 因此,一些成员国旧版权法尚不完备,《伯尔尼公约》关于家庭复制问题的措辞含糊,这些问题都应放在本章上述家庭复制的演变框架下讨论。即使在 1967 年《伯尔尼公约》修订后,各成员国仍过了一段时间才引入法律机制,规定家庭复制须支付给版权持有人报酬,从而应对来自录音制品行业日益增长的压力。

3.3.3 在共同体内,版权持有人尚未采取行动反对家庭录制。由于一些成员国的本国法或案例法中都无明确相关条例,家庭复制的合法性在这些国家仍不明确。

3.3.4 然而,在一些实施征税或收费制度以补偿家庭复制对版权持有人

---

① 《伯尔尼保护文学和艺术作品公约》。

造成损失的成员国,显而易见,由于这种付费制度,家庭复制继而就被默许了。但这并不表示在《伯尔尼公约》第 9 条第 2 款的解释框架内,成员国有明文允许家庭复制行为(不给报酬)的趋势。

3.4　各成员国的法律立场

3.4.1　成员国所持立场可归类如下:

在第一类国家中,法律立场不明或者规定范围太广,一些团体出于利益考虑将其解释为不允许家庭复制。但是并没有判例证明这种解释的合法性,考虑到成员国的法院机构不愿介入个人在家中的行为,这些成员国中的法律规定最多只是理论上的。

在第二类国家中,法律明确允许家庭复制,这些国家要么根据《伯尔尼公约》第 9 条第 2 款所述例外情况对家庭复制免收费,要么已经引入家庭复制收费制度。

将家庭复制视为侵犯版权或相关邻接权的成员国

3.4.2　在爱尔兰和英国,录音制品以及包括录像带和光盘在内的电影制品的制作者有授权他人复制的专有权。此外,根据公平交易条款,任何录制的文学、音乐和戏剧作品的版权受到同等程度的保护,防止未经授权的复制。然而,这些条款不可能适用于典型的家庭复制行为。[①] 在比利时、希腊和卢森堡,并没有关于公平交易和私人使用的条例,因此未经授权的复制行为有可能侵犯邻接权。意大利规定了一种狭义的复制行为,即个人"读者"可以合理私人复制受版权保护作品,前提是这种复制是手工进行的,而且复制作品不适用于大众传播。[②] 但是家庭声像录制行为很难适用于该条规定。

国内法律制度下允许家庭复制的成员国

3.4.3　荷兰允许音像作品的家庭复制。荷兰版权法允许个人出于个人实

[①]　根据英国《版权法》(1956 年版)第 6 条及爱尔兰《版权法》(1963 年版)第 12 条规定,出于研究或私人目的而复制文学、戏剧或音乐作品的非公平交易不构成对作品版权的侵权。但并不允许该作品的国内复制行为。制作复制作品的合法性在于出于学习或研究的目的。

[②]　意大利《版权法》第 68 条。

践、研究、使用的目的,制造或要求他人制造①有限数量的受版权保护作品。②法规允许第三方出于该类私人目的的复制行为,但是该允许不能延伸至适用于复制整部作品或虽复制一部分但旨在使音像作品的全部内容置于公众视野中的复制行为。然而,个人在家中复制音像作品为己用的行为并不构成侵犯荷兰版权法行为。

3.4.4 同样,在丹麦、德国、西班牙、法国和葡萄牙,有关法律明确规定允许复制供私人使用的音像作品。③ 此外,在德国、西班牙、法国和葡萄牙,法律还规定私人复制作品要向版权持有人,而非播放作品的广播机构提供补偿。

3.4.5 根据经 1985 年 6 月 27 日第 33 号法令修正后④的德国《版权法》第54 条规定,某些版权持有人可以通过版税征收协会,对其作品复制品在广播或音频设备上的使用索取报酬。本条规定所指版权持有人包括作者、表演者和录音制品制作者。广播机构不在该规定的适用范围内。⑤ 上述报酬通过对广播设备和空白磁带同时征税来获得。征税数额为:音频录制收取 2.50 马克(1.20 欧元);录像录制收取 18 马克(8.66 欧元)。磁带征税根据其录音时长,以每小时 0.12 马克(0.06 欧元)计;录像带以每小时 0.17 马克(0.08 欧元)收费。所征税款分配给相关版权持有人。

3.4.6 根据 1985 年 7 月 3 日通过的法国《版权法修正案》第三编规定,⑥版权持有人应当有权就录音、录像的私人复制获得报酬。此处版权持有人包括作者、表演者以及录音和录像制品的制作者。上述报酬通过版税征收协会对空白磁带征收的税款获得,并分配给各版权持有人。

3.4.7 尽管法律规定了根据播放时间征税的基本原则,但是征税数额,以及征收和分配过程中的某些技术性问题由不同利益代表组成的委员会决定。该委员会决定按播放时间计算,⑦录音带每小时收费 1.50 法郎(0.17 欧元)、录

---

① 第 16(b)条。
② 这些包括戏剧、戏剧音乐、音乐和电影作品。值得注意的是,在爱尔兰,录音和广播制品的生产者并没有从版权或邻接权的保护中受益,见第 2 章,2.6.10—2.6.18 节。
③ 见丹麦《版权法》第 11 条,德国《版权法》第 53 条,法国《版权法》第 41 条,以及 1985 年葡萄牙《版权法》第 81 条。
④ 《联邦法律公报》第 33 号,1985 年 6 月 27 日,第 1137 页。
⑤ 见第 87 条段落 3。
⑥ 1985 年 7 月 3 日第 85 - 860 号法律,1985 年 7 月 4 日《欧共体公报》第 7498 页。
⑦ 1986 年 6 月 30 日决议,1986 年 8 月 23 日《欧共体公报》第 10279 页。

像带每小时为 2.25 法郎(0.33 欧元)。针对音频作品的复制,作者得到征税总收入的一半,而表演者和制作者各得四分之一。对录像带复制品征税所得则由上述三类版权持有人平分。

3.4.8 在丹麦,版权法律委员会在 1982 年的报告①中建议向音频和录像带征税,从而补偿版权持有人因作品的私人复制造成的损失。根据这项建议,此处版权持有人包括作者、表演者和录音制品制作者。然而,1982 年 6 月 9 日,议会通过《第 257 号法令》采用了一项新的适用于磁带和录像带的财政措施。随后,1987 年 4 月 9 日通过的《第 184 号法令》废除了关于录像带的财政措施。至此,再没有关于征收版权税的草案。

3.4.9 葡萄牙 1985 年《新版权法》②第 82 条规定通过征税来促进文化事业的发展,补偿作家、艺术家、录音制品及录像制品制作者,而非广播机构。征税将对所有形式的录制、复印及支持播放的设备实行。规定具体征收金额和方式的法令尚未通过。因此,目前的规定依据的是征税的纲领性文件,而非可直接适用的制度。

3.4.10 在西班牙,一部全面的西班牙《新版权法》③第 25 条规定对空白磁带和录音设备征税,来弥补私人复制给版权持有人造成的损失。征税数额和不同版权持有人收益分配等具体细则将在行政法规中规定。

广播、电视广播及有线电视

3.4.11 至于广播、电视广播和有线电视的家庭复制,各国的法律立场与针对音像制品的法律规定大致相同,但也存在一些差异。例如,爱尔兰④和英国⑤一个明显的法律差异就在于,爱尔兰普遍承认复制广播产品合法,英国则承认复制有线⑥电视节目合法。然而,由于播出或转播的节目经常涉及受版

---

① 第 944/1982 号报告。
② 《版权和邻接权法典》(第 45/85 号,1985 年 9 月 17 日)。
③ 1987 年 11 月 11 日颁布的《知识产权法》第 22/87 号,1987 年 11 月 17 日《政府官员通讯》第 275 号。
④ 1956 年《版权法》第 19 条第 5 款第(a)项、第(b)项。
⑤ 1963 年《版权法》第 14 条第 4 款第(a)项、第(b)项。
⑥ 在爱尔兰,有线传输的节目状况目前仍不清楚。

权保护的作品,只有公平交易中数量极其限制的例外情况可以适用,①各国法律的差异实际上大大缩小。法律规定和事实认定上一个更大的不同在于,德国、西班牙、法国和葡萄牙的征税计划将广播机构排除在征税对象之外。

3.4.12 然而,无论有多少细微的法律差异,最重要的差异在于,一些国家认定私人复制广播或有线电视播放的音像材料是合法的,而这在另一些国家是非法的。正如丹麦②、德国③、西班牙④、法国⑤和葡萄牙⑥明文规定私人复制合法,而在荷兰,广播、有线电视和录音制品不受版权或其他邻接权的保护,私人复制广播作品是明文允许的。⑦

另一方面,除了爱尔兰和英国规定私人复制广播是合法的,以及英国规定私人复制有线电视是合法的,在比利时、希腊、爱尔兰、意大利、卢森堡和英国,私人复制是否合法没有明确规定。然而,鉴于广播节目经常涉及受版权保护的作品,这些少数规定的意义不大。另外,在一些国家,尤其在一些不是同时通过有线传播节目或根本不通过有线传播节目的国家,有线电视的定义较为模糊。由于本章主要讨论私人复制,这个复杂的问题不再深究。

3.4.13 在总结各国法律立场的概述之前,应该指出,所有相关国际协定,包括保护文学和艺术作品⑧的《伯尔尼公约》,保护表演者、录音制品制作者和广播机构⑨的《罗马公约》以及保护电视广播⑩的《共同体协定》在内,都为成员国允许私人复制的例外情形提供了空间。

成员国的立法趋势

3.4.14 最近德国、西班牙、法国和葡萄牙已通过立法回应了私人复制的问题。其他成员国也正在考虑对此进行立法改革。如此看来,这些成员国已

---

① 见 3.4.3 节及以上注释 131。(注:译文中的注释号为英文原文的注释号)
② 《版权法》,第 48 条第 3 款。
③ 1965 年《版权法》,第 87 条第 3 款。
④ 1987 年 11 月 11 日颁布的《知识产权法》第 22/87 号,1987 年 11 月 11 日《政府官员通讯》第 275 号。
⑤ 1985 年第 85-860 号法律第 29 条第 2 款。
⑥ 《版权法》第 81 条和 189 条。
⑦ 第 16b 条,第 9 条第 2 款。
⑧ 第 9 条第 2 款。
⑨ 第 15 条。
⑩ 第 3 条。

经引入或是正在酝酿引入针对关于空白磁带的征税计划,平均税额为售价的
8%到 10%左右。

3.4.15　比利时参议院于 1986 年 5 月提交了一项私人法案,[①]旨在允许
出于私人目的的音像作品复制,同时对版权持有人予以补偿。补偿资金来源
于向录音设备和空白磁带征收的税款。近日,参议院又提交了第二项草案,[②]
规定征税金额为产品售价的 8%,税款收益的 50%归制作者、作者或表演者,
50%用于促进文化事业的发展和培训表演者。

3.4.16　关于丹麦,3.4.12 节提到了版权委员会针对空白磁带征税的提
案。然而,尚未有实质性法律进展。

3.4.17　意大利早已酝酿修改现行版权法以允许"手动"复制。[③] 在政府
最后表态之前,议会于 1986 年 7 月[④]提交了一项私人法案,旨在通过向录音设
备和空白磁带征税使音像作品的家庭复制合法化。预计该法案将在新议会中
重新提出,一些最新的设备如双卡座录音机等将被纳入征税范围,提高征税额
度也在该法案的计划之中。

3.4.18　荷兰于 1987 年 2 月发布了一项关于引入私人复制特许权机制的
政府备忘录,另一部法案已于 1987 年 10 月 23 日由理事会通过,正在等待议
会批准。

3.4.19　英国政府已经决定反对 1987 年 10 月 28 日发布的《版权设计与
专利法案》中提出的空白磁带征税条例。贸易和工业部长表示,征税的提案违
背了政府致力于为有创造力的艺术家提供知识产权法律保障的原则。同时,
征税对消费者,尤其是有视力障碍的人群而言,其带来的反作用远远大于给版
权持有人和表演者带来的经济好处。

3.5　实践中的家庭复制行为

3.5.1　供家庭录制的设备的数量不断增加,录制的质量不断提高,导致相

---

① 　Mr. Desmarets 及联营公司提议的法案,参议院 282(1985—1986),第 1 号,R.A.13596。
② 　见上述 3.4.2 节。
③ 　1986 年 7 月 10 日《第 3911 号提议》,摄影代表团。
④ 　见,例如西德、法国和英国关于音频和视频盒式磁带设备的研究,MARPLAN Gmbh,1985 年
10 月。

关版权持有人更加忧虑,他们声称家庭录制行为不仅会损害他们的利益,而且依据国家法律和国际公约来理解此行为是不合法的。

3.5.2　然而无论私自复制音像制品或节目的行为是否合法,家庭复制行为显然已经是一种普遍的做法。

3.5.3　委员会已从一些利益相关产业和组织收集了众多数据,掌握了音像录音制品、空白磁带和录音设备的市场规模和变化。

3.5.4　家庭复制涉及的众多利益团体也引用了许多研究以支持自己的主张。详述所有这些研究以及研究所提出的建议将大大超过本绿皮书的篇幅。下一节将概述它们的主要观点。

录音设备、空白磁带及音像录制市场

3.5.5　根据向委员会提交的研究,尽管录音设备面市已久,但直到价廉易用的盒式磁带录音机出现之后才占据了高市场份额。在一些较大的成员国,如德国、法国和英国,超过70％的家庭至少拥有一台录音机。[①] 在一些人口较少但工业化进程相似的国家,录音机的市场也相当大。如今,即使是收入微薄的人,盒式磁带录音机也几乎人手一个。许多制造商的产品范围包括便携式和车载录音机或播放器。

3.5.6　根据空白磁带销售数据,可以推测这些录音设备投入了实际使用。1977－1985年间,磁带的销量逐年稳步上升,尤其在德国、英国及整个共同体达到高销售量(1985年达28 600万台)。[②]

3.5.7　录像设备由于新近才出现,尚未达到录音设备同样的市场规模。此外,录像设备大幅增长的价格是一个限制市场的因素。然而数据显示,其在整个共同体内的市场逐步扩大,尤其在德国、法国和英国,约40％的家庭至少拥有一台录像机。[③] 同样,数据表明空白磁带的销量也在逐年稳定增长,尤其在德国和英国达到了较高销量。[④] 录像设备朝小型化和便携化发展,表明它

[①]　见,例如,西德、法国和英国关于音频和视频盒式磁带设备的研究,MARPLAN Gmnh,1985年10月。

[②]　来源:欧洲磁带产业议会。

[③]　见西德、法国和英国关于音频和视频盒式磁带设备的研究,见上述引文。

[④]　见Davies,声音和音像录制品的私人复制,1983年,附录15,《英国政府绿皮书〈音像版权材料的录制和出租〉》,19,Cmnd. 9945,2.1节。

迟早会取得类似于便携式录音播放设备一样的市场地位。

3.5.8　音像作品的主要销售趋势如下：

3.5.9　可长时间播放的黑胶唱片在共同体的销量持续下降，从 1978 年的最高销量 3.5 亿碟下降到 1985 年的约 2.11 亿碟。[①] 美国也有明显的下降趋势。尽管近年来总体的消费和物价普遍提高，但从 1981 年到 1985 年，全球各种录音设备的销量仍保持在同一水平，约 120 亿美元（即 96 亿欧元）。仔细观察数据会发现有上升的趋势。

3.5.10　最初，黑胶唱片下降的销量并没有被预录式磁带等其他形式的录音制品上升的销量完全抵消。然而，自 1983 年开始，压缩光盘的销量似乎要改变这种情况，1985 年开始趋于更加明显。正如盒式磁带相较于前身黑胶唱片更具便携的优势，压缩光盘也有自身的优势，它的数字录制和激光"阅读"技术大大提高了音频质量和抗破坏能力。起初，一些生产商不愿意接受新技术，压缩光盘的市场渗透得较缓慢。压缩光盘的投资成本较高，但随着近两年销量大幅增长，产业正在开始收回成本。到 1986 年，压缩光盘的全球估计销量达 1.4 亿碟，是 1985 年的两倍。正因为压缩光盘销量的增加，全球录音设备的销售总额也达到了 127.5 亿美元（102 亿欧元）。[②]

3.5.11　预录式录像带的营业额体现了一种不同的趋势。一方面，录像机的市场占有率仍低于唱片机和盒式磁带录音机，各成员国之间存在市场差异。另一方面，预录式录像带在一些市场占有率较高的成员国，主要是德国和英国，从包括录像带出售和出租在内获得的营业额逐年增长约 20％的数据来看，整个产业呈现出健康发展的态势。[③]

3.5.12　新的录音技术出现，自然会对录制材料的市场产生影响。种种迹象表明，技术更新的趋势并不会停滞或减缓。随着录音媒介的发展，它们可能对未来的市场产生影响。这些录音媒介包括数字磁带录制；用以储存数据的只读光盘（CD‐ROM）；用以录像的压缩光盘（CD‐V）；[④]允许用户与录制材料互动的交互式光盘（CD‐I）；即将出现的可供重复使用的光盘。

① 来源：国际唱片协会（IFPI）。
② 来源：国际唱片协会（IFPI）。
③ 见，例如德国，Mediumspiegel，1987 年 4 月，第 3 页。
④ 在其非压缩的形式中，录像光盘只获得了有限的成功。

3.5.13　　因此,随着音像录制市场各部分之间的关系更加紧密,它们和其他通讯以及信息管理系统之间的密切联系也在发展。为了使新兴技术朝着最有利于生产者和消费者的方向变革,寻找恰当的方法保护相关的版权也显得越发重要。

家庭复制行为对音像制品市场的影响

3.5.14　　1981 年到 1985 年之间,在全球录音市场增长的格局下黑胶唱片销量的下降在何种程度上可以归因于家庭复制,我们不得而知。除了家庭复制,还有许多其他因素可能造成这一结果。即使家庭音像录制行为日益普遍(这点可以从录音设备和空白磁带的销量得到印证),家庭复制是否涉及受到版权保护的音像制品,这点仍然存在疑问。如果涉及,那么家庭复制是否会对这些制品的正常使用产生负面影响? 由于家庭复制本质上是一种私人行为,较难定性。

3.5.15　　就录音制品而言,相关调查证据表明,尽管有一部分的家庭复制并不涉及受版权保护的作品,但大部分还是涉及。根据欧洲的调查结果显示,法国 95％的家庭录音制品都与艺术作品有关,70％从光盘或磁带录制,另外28％从广播和电视上录制。① 英国类似的调查表明 84％的录制产品是音乐制品,主要制作来源是光盘(70％)、广播(21％)和预录式磁带(6％)。② 最近的一项在欧洲范围内的研究也证实了家庭录制内容主要是音乐,最普遍的介质是光盘和广播。③

3.5.16　　1982 年美国的一项调查表明,家庭录制音乐的情况并不多见,这凸显了通过调查得出家庭复制总体结论的困难。但是,调查表明家庭复制使用的录音磁带几乎占了这一时期磁带使用总量的一半,约 48％。④

3.5.17　　至于录像,调查表明前几年几乎所有家庭复制都来自电视节目,其中电影和娱乐节目构成主要的内容。一项源于法国的调查表明,92％的私

---

① 研究通过赋予公众将录音产品用于个人使用,法国民意调查机构,1983 年 5 月。
② 见《英国政府绿皮书》,见前文 2.2 节。
③ 见西德、法国和英国关于音频和视频盒式磁带设备研究,见前文第 18—20 页。
④ 《为什么美国人会录音》,Yankelovich, Skelly White Inc., 1982 年 9 月。

人录像来源于电视节目,其他 4％到 5％来自于预录式材料。① 在所有的录制作品中,65％为电影,其次是共占 12％的各类节目。最近的一项调查又证实了几乎所有的录像都源于电视,并进一步表明在法国 83％的受访者在接受调查的前一周都曾录制过电视节目;在德国,这一比例为 67％;英国为 56％。娱乐节目也十分流行,在法国 22％的受访者曾在一周内录制过娱乐节目;在德国这一比例是 34％;英国为 52％。②

　　3.5.18　最近一项源于德国的调查显示,用录像机复制预录式材料的行为越来越普遍,尤其用于与朋友交流喜欢的电影。③ 电影行业指出尽管录制广播电视以供后续观看的行为仍占主导地位,但复制预录作品很快就会成为关注的焦点。

　　3.5.19　然而,目前的复制技术尚不能使家庭用户轻松、完美地复制预录式录像。双头式机器并不普及,人们必须同时使用两台机器来复制。二次复制显然会损害录像的质量,而不损害复制质量的快速复制设备尚未出现在消费市场。不过,可以转换录像格式的刻录设备即将面市。数字电视和数字录像正在研发当中。当全数字化影像系统成为现实时,录音产业当下面临的完美家庭复制的挑战又将转嫁到录像生产商身上。然而,现有证据表明预录式录像的家庭复制并不多。未经授权复制预录式录像获取盈利的行为确实存在于商业领域内,这一内容放在第二章有关盗版的讨论中更为恰当(见上述 2.2.12—2.2.30 节)。

复制行为对受保护作品的开发利用的影响

　　3.5.20　显然,家庭复制涉及大量受版权保护的音像材料,但这是否会对作品的创作产生负面影响,答案仍是未知。对于无线广播录制而言,广播和电视可以提高作品曝光率,这对版权持有人来说无疑是有益的。首先,版权持有人可以获得报酬。其次,广播电视的宣传是许多音像制品的创作人与制作人获得知名度的一大途径。因此,在指控广播电视对版权持有人造成经济损失

---

① 研究使用视频录制的公众,法国民意调查机构,1983 年 12 月,第 7—22 页。
② 见西德、法国和英国关于音频和视频盒式磁带设备的研究,见前文第 33 页。
③ 博星市场调查研究,录像使用的性质研究,1986 年。

之前,应该考虑到无线传播大大提高了其作品经济收益。录音和录像的原件复制情况似乎不同,但就现有的数据资料难以得出明确的结论。

3.5.21　在录音制品方面,法国 1983 年的研究表明,绝大部分的家庭录音都被保存了相当长的时间,并且被频繁地收听。[①] 81% 的盒式磁带录音使用的是新磁带;其中有 78% 是卷盘式磁带。82% 的受访者表示会保存录音制品。就磁带的使用频率而言:49% 的受访者平均听过 5 次;26% 的受访者平均听过 15 次;25% 的受访者超过 20 次。磁带录音平均会保存 10 到 11 个月,卷盘式磁带会保存更久,至少两年。

3.5.22　英国 1984 年发布的一项调查表明,受访者很少使用空白磁带重复录音。[②] 该调查还涉及了以复制代替购买录音制品的概率。在有过录制广播行为的受访者中,8% 的人表示他们本来极有可能购买该录音制品;20% 的人表示他们乐意购买。而在复制了播放时间较长的光盘或磁带的受访者中,16% 的人表示他们本来一定会购买;表示本来极有可能购买的达 15%;很有可能购买的则有 20%;另有 17% 的受访者表示已经购买了原版,并录制了自己的复制品。

3.5.23　之后的研究[③]没有得出更进一步的结论,因此以下细节不得而知:保存录音的时间、录音播放的频率以及受访者在无法复制的情况下才购买原件的可能性。但是,表示会永久保存录制品的受访者超过了 15%,表示会暂时保存的受访者也占了相当大的比例,尽管其占总受访人数的比例并未详细说明。另有 30% 的人表示复制是为了编辑或转换成播放软件可支持的格式。

3.5.24　整体而言,关于家庭录制电视节目和录像卡带的信息虽然有限,但表明了一个明显的区别:相较而言,长期保存录像并连续观看的比例要小得多。法国 1983 年的研究[④]显示,只有 36% 的家庭录像使用的是新磁带。虽然有超过 45% 的人表示想永久保存这些录像,但是实际却很少有人真的这么做。录像保存的平均时间约为两个半月,平均播放量为四次。

3.5.25　此后的研究更证实了早前的发现,只有较小比例的受访者永久保

---

① 研究使用视频录制的公众,法国民意调查机构,1983 年 12 月,第 11、25 及 26 页。
② 版权侵犯,英国市场研究局,1984 年 9 月。
③ 见西德、法国和英国关于音频和视频盒式磁带设备的研究,见前文第 18—20 页。
④ 研究使用视频录制的公众,法国民意调查机构,见前文第 7、36—40 页。

存了录制品,这个比例在 5％到 10％之间。①

3.6 新技术的可能性

3.6.1 诸如数字录音之类的新技术的发展进一步改变了家庭复制行为。预测未来困难重重,但是必须尽力理解和评估技术发展的重要影响,因为这不仅涉及家庭复制的范围和性质,更与解决这一问题的方法相关。

数字录制技术

3.6.2 无论是运用在声音、图像还是数据上,数字录制技术采用的基本原则都是相同的。录制声音时,需要对声音信息进行采样,再以计算机处理信息的方式将其转化为二进制代码。然后将该代码"重新翻译"成制作时的原始声音。传统的模拟录音技术每复制一次就会对声音质量造成损害,这就限制了复制的次数。数字录制则没有这种限制。至少从普通听众的角度来看,每一次录制得到的复制品都十分完美,均可成为下一次复制的母本。因此,购买极少的原版录音就可以"克隆"出成千上万的完美复制品。数字录音机无疑将打开数据储存和录音领域的新市场。尽管压缩光盘和只读光盘有快速复制和强耐用性的优势,但其高成本和复杂的光盘压缩技术是新兴小型企业难以进入市场的一个限制因素。因此,价格更低、更易于操作的数字录音将有机会扩大专业产品的市场。有鉴于此,委员会十分欢迎数字磁带录制技术,认为其作为储存媒介将给流行音乐市场带来相当大的优势。就像之前模拟磁带与模拟光盘共存一样,至少在目前消费市场只有"只读"数字光盘的情况下,数字磁带也能作为补充。

3.6.3 上文第 3.6.1 节提到的数字磁带录制技术仅用于录音。适当修改技术参数即可用于诸如电子储存等其他市场的数字录制技术正在研发中。

技术保护设备

3.6.4 随着新的复制形式出现,用来防止和限制录音材料复制的技术设

---

① 见西德、法国和英国关于音频和视频盒式磁带设备的研究,见前文第 35 页。

备研发也得到重视。关于这些技术防护系统的概述将列在本章附录中。

3.6.5   由于技术保护设备可能影响授权文件的播放,以及版权持有人、设备生产商和消费者之间的利益平衡,因此所有的技术保护设备在实践中都面临着可靠性问题。在讨论这一问题前,参考一些关于家庭复制行为的观点是有用的。这些提交到委员会的观点只是理论上的,因为收集涉及私人活动的可靠证据存在困难。

3.7 利益相关方的观点

要求更多保护

3.7.1   一方面,代表版权持有人利益的录音制品行业,赞成出台一些措施补偿家庭复制对版权持有人造成的损失,并于近日提出对数字录音技术采用强制性反复制技术,限制家庭复制。

3.7.2   他们认为,无论合法与否,私人复制音像作品都已经颇具规模,这与作品的正常使用相冲突,不合理地损害了版权持有人的合法权益。1979 年至 1984 年间相对低迷的光盘销量,以及其他参考资料同样证实了家庭复制带来的负面影响。录音产业尤其声称无限制的家庭复制已经危害到产业的盈利,通俗作品产生的收入正在减少,小众作品更是销路不畅、库存堆积。新技术的发展将使问题更加恶化。就可高速复制的双头录音机而言,它为复制行为提高了极大方便。没有技术保护措施,可提供高质量的,甚至可以与压缩光盘原件媲美的复制品的数字录音机已活跃于市场上。可以预料,未来的技术将为家庭复制创造更多便利,提高复制的速度和技术质量。这些公众可以接触到的"硬件"方面的发展可能会对录音产业的"软件"产生严重的危害。

3.7.3   从理论上来说,版权持有人希望提高作品的销量,打击盗版行为。尽管如此,最近他们在谈及适当措施的时候,只是强调有效控制私人复制行为的困难性,却没有提及任何有效阻止家庭复制行为的技术和法律手段。目前,他们支持通过立法将家庭复制行为合法化,但是认为保证版权持有人获得合理的报酬是解决问题的重要基础。

3.7.4   根据这类想法,允许私人复制的前提是,必须对录音设备或空白磁带征税来提供补偿。征税的数额应取决于版权持有人和制作者用于保护措施的费用和因家庭复制导致的损失。税额可以通过已有的版税征收协会征收，然后依据一些成员国的做法，根据作者和制造商在生产和销售录制产品时的贡献分配收益。这种允许私人复制的机制基于产品销量、无线播放量等相关记分系统，以及相关组织的报告，已经应用到其他领域。而例如盲人这样对制作录音有特殊需求的群体可以例外。

3.7.5　数字录音技术以及其他新科技的到来，已然改变了目前的保护措施，至少对数字录音而言是如此。为了保护压缩光盘上的作品，最初，一些录音制品产业赞成向在售的所有供私人使用的数字录音机强制安装复制代码系统（Copycode System）（见附录）。这一系统由哥伦比亚广播公司（CBS）出品，在系统的配套措施之下，任何规避或使用其他设备规避这套系统的行为即构成违法行为。在美国和欧洲，支持录音制品产业的人提倡通过立法来实现上述强制安装。他们认为数字录音技术可能给版权持有人带来的更大经济损失①是征税制度不足以弥补的。录音制品和硬件产业更倾向于基于数字录制技术本身的其他技术解决方法，例如，国际电工委员会起草的方案。这些为了方便起见统称为"一次性复制"（SOLOCOPY）的替代方法考虑到了数字音频录音的特性，即用一个数字原件就可以"金字塔"式地复制。这些方法参见附录。

反对意见

3.7.6　反对者包括空白磁带产业、部分硬件产业以及某些消费者组织，他们拒绝录音产业和其他版权持有人针对家庭复制所带来的损害提出的索赔。

3.7.7　首先，他们否认家庭复制可能造成的损害。就录像制品而言，大多数复制行为都是为了摆脱电视播放的时间限制，这并不会对作品其他形式的利用产生很大负面影响。即使存在负面影响，也应考虑到作品是有播放期限的。而对录音制品而言，尽管它们在 1979 年到 1984 年间销量低迷，但是预录式磁带以及最近的压缩光盘的销量都在上升。目前，录音市场呈现出明显的复苏迹象。另外，消费者复制很多作品的时候已经对复制来源付过费了，不论

---

① 见国际唱片协会（IFPI），《数字音乐和复制代码的未来》，1987 年。

是直接从自己购买的录像、磁带复制,还是间接从无线传输中获取资源。有鉴于此,对立方组织认为,把已购买的音乐从一种载体转录到另一种载体上以供个人使用并没有损害版权持有人的利益。

3.7.8 对于录像和录音,上述观点的拥护者还认为录制行业的"软件"和"硬件"是相互依存的,分析家庭复制对"软件"的影响不应只看到不利的经济因素,同样也应考虑到有利的一面,并且他们认为有利的影响还相当大。正如便携式录音机增加了人们对便携音乐的需求,家庭复制行为刺激了消费者购买录音制品和预录式磁带。它们还为买卖或出租预录式卡带创造了市场,版权持有人因此获得了额外利益。获利的还有电影产业,家庭复制为老电影,甚至商业上失败的电影重造了一个重要市场。

3.7.9 关于征税计划,反对者认为其无疑会被粗暴地滥用,会让公众为补偿版权持有人报酬的行为买单。实现这项征税计划,意味着不管消费者的购买意图和实际购买用途是什么,所有购买录音机和空白磁带的人都要为版权持有人的损失买单。在任何情况下,除了特殊群体以外,都不能解决问题。普通用户购买磁带的目的也许不是为了复制,但当他购买时,将会受到不公正的罚款。随着新式录音设备的发展,尤其是可编程光盘和数字音频磁带的发展,如何区别可征税和不征税将越来越困难。因为这些设备用途广泛,它们很可能并不涉及复制、侵犯版权,或者当它们用来进行未授权复制行为,例如复制电脑程序等材料的时候,仅仅征税是不足以补偿这种行为造成的损失的。最后,征税计划还将面临严重的分配不当的问题,由于收税获益将主要分配给知名的作者和其他成功的版权持有人,换句话说,对于那些需要补贴的人是非常不公平的。虽然许多成员国已经立法向空白磁带和(或)录音设备征税,最近英国的《版权设计与专利草案》已将这一议题提交议会,但值得注意的是,其中的征税计划遭到了强烈反对(见3.3.19节)。

3.7.10 首先反对防盗版设备的大部分是那些反对征税方案,认为征税会对版权持有人的利益造成损害,且弊大于利的人。他们认为防盗版设备会使重要的技术发展显得毫无价值,并且使与技术相关的潜在软硬件市场僵化。他们质疑防盗版系统的有效性,以及在某些情况下可能对声音质量产生的负面效应。另外,他们还强调音像作品可能面临被迫"锁定"的风险。尽管有这些顾虑,种种迹象表明硬件和音乐录制产业也许能找到一个折中的技术解决方案,满足各方的利益。目前正在讨论的解决办法似乎能避免上述早期的复制代码的缺点(见附录)。

"按源付费"——解决家庭复制问题的方法

3.7.11　一些领域的人士建议,家庭复制行为给版权持有人造成的损失可以在首次购买中支付补偿,不是支付给制作复制品的载体,而是支付给被复制的材料。这种方法已经通过不同的形式运用在付费电视、数据库和计算机软件领域,消费者需为商品和服务支付一定比例的费用,这笔费用是与商品的可能用途相称的。今后,电信网络业将广泛运用到诸如音像作品之类的娱乐产品的传输中去。当电信网络传输娱乐产品时,源头付费的方式将在经济上对版权持有人有利。实际上,源头付费的方式将直接提高作品的版税。音乐录制业提出了反对意见,他们担心这种方法看上去只是简单地提高了首次购买的价格,可能打压市场甚至使家庭复制问题更加严重。

3.8　共同体内的主要议题

3.8.1　在共同体内,关于家庭复制音像作品的主要议题如下:

3.8.2　首先,家庭复制会对音像作品的合理使用产生何种程度的负面影响? 是对哪些产品产生负面影响? 最新的技术发展会对这一议题产生什么影响?

3.8.3　第二,如果这种负面影响确实存在并且共同体在立法上作出了回应,那么应当如何回应才更可取? 共同体是该向录音媒介征税、强制安装技术保护设备,还是采取向源头收费的方法?

3.8.4　第三,如果采取其中的任何一种办法,它们能否符合《伯尔尼公约》(第 9 条第 2 款)的精神,并且对各方利益团体保持公平一致?

3.9　委员会的目前导向

3.9.1　关于录音,目前的证据表明,家庭复制确实对录音制品的合法利用产生了负面且难以量化的影响。由于难以评估 12 个成员国的消费者行为,任何研究都无法精确量化家庭复制在何种程度上替代了预录式产品的销售。对销量损失的估计差别甚大,且在很多情况下被夸大了。评估替代程度的唯一可靠出发点就是共同体内空白磁带的销量,一年约为 3.5 亿盒。但是,并非所有的家庭复制都替代了合法销售,尤其是有些复制者已经购买了相关原件,或他们是从无线广播中录制,并无销售目的。根据音乐产业的自行评估,如果阻止家庭复制,现在这些复制录音的人中 25% 的人会购买预录式录音制品,这个计算结果表明了替代效应的上限。换言之,如果完全杜绝家庭复制,作者的损失反而每年将达 15 亿欧元。由于有相当比例的人是从已购买的录音制品中复制,即使杜绝家庭复制,预录式录音制品的销量似乎也不一定会剧增。从另一方面看,如果从技术上阻止一些复制行为,尤其是第二、第三代复制品的产生,预录式录音制品的销量有望上升,版权持有人的收入也会相应增加。特别是在数字录制的情况下,允许消费者复制事实上与原件完全相同的复制品,意味着未来的家庭复制相较于当前使用模拟录音技术,将在很大程度上取代人们对于原件的购买。考虑到可以数字录制的光盘和磁带上的数据密度和价值,以及声音、图像和数据都可以通过数字录制廉价、快速、完整地转移,委员会认为当务之急是呼吁保护版权,反对以数字形式复制未经授权的作品。鉴于模拟产品,尤其是黑胶光盘可能即将退出人们的视线,委员会认为这类产品的家庭复制问题并没有数字化复制带来的问题紧迫。

3.9.2 至于录像,根据现有的证据尚不能得出明确结论。大多数对电视节目进行录像的行为,是希望观看电视节目不受播出时间限制,可以重新安排个人的观看时间。在家里录制的大多数节目都不会以录像带的形式发行,因而也不会替代人们对录像带的购买。即便从电视上录制电影,其产生的损害也比不上在电视中首次公开播放的影响。而对预录式录像的家庭复制相对有限,由此产生的对这些作品的商业利用的负面影响也很小。

3.9.3 新技术的发展很可能加剧家庭复制录像以及录音作品的问题。尤其是数字录制技术很可能刺激家庭复制行为的增长,因为它在不久的将来能简易地提供完美的录像复制品。随着时间的推移,所有的信息管理系统、通讯和娱乐系统都将数字化、集成化,任何解决办法都必须考虑录像和信息领域的发展。即便如此,对于目前的模拟录音产品的复制也无法找到完全充分的补救方法。

3.10　可能的立法对策

原则

3.10.1　如果需要在共同体层面立法,委员会试图采用以下原则:

3.10.2　首先,版权法应确保版权持有人有授权复制或阻止复制受保护作品的权利,以及对于在很大程度上影响作品正常销售的复制行为索求补偿的权利。换言之,对受版权保护作品进行复制原则上是违法的。同时应该保护对作品生产投入的创意和金钱,打击尤其是一些能让消费者无限制地制作出完美复制品、缩小作品的合法销售市场的复制行为。凡已购买预录式原件或以直接或间接方式向广播机构付费的情况下,版权持有人已获得版权费,则应当允许个人通过这种方式复制。委员会认为,这种供私人使用的复制行为不会过分损害作品的正常利用。

3.10.3　同时,对音像作品的版权保护不应妨碍市场的竞争机制的运作和视听技术的发展。相反,版权保护应该成为鼓励创新和竞争的法律环境形成的重要部分。

3.10.4　此外,如果补救措施仅仅是用一种不公正替代了另一种不公正,那么宁可不采取补救办法。立法有时并不一定比立法缺失好。有时保持立法缺失的状态是最好的解决途径。

解决方案

强制性的技术解决方案

3.10.5　在运用以上原则的情况下,委员会认为应当针对数字录音技术采取兼顾各方利益的可行的技术保护措施。

3.10.6　类似于附录列出的技术措施有以下优势:它使版权持有人可以限定自己作品的复制次数,第一时间能够有效地控制复制的来源;它在充分鼓励新技术发展的同时,使硬件生产商和磁带生产商共享同一市场的产品;在合理范围内,它允许消费者复制作品以供个人使用。因为实际上一旦录音领域充分数字化,消费者将几乎可以支配所有的现有资源,如广播、预录式录音制品和麦克风。因此必须限制消费者的复制行为,使得数字录音机制作的复制品无法成为母本。同时,专家和残疾人用户可以自由使用数字录音技术以满足特殊需要。

3.10.7　当然这种方案也有缺点,除了有被规避或产生故障的风险,显然,技术措施的发展将造成专业用户和普通用户使用的设备之间的差异化。如果大力发展数字录音技术,或者如果想让小型录音工作室和私人专业用户能够享受到数字录制技术的好处,将必然导致这种差异的存在。

3.10.8　同样,在可见的未来,必须维持音频设备和数据存储器的区别。适用于音频设备的技术解决方案不能用于数据存储器。考虑到数据存储器还未用于录音,不必对使用数字录音机储存数据设置技术限制。

3.10.9　上述技术措施,不论类型一律都适用于所有类型的数字录音机。如果厂商希望将"专业"录音机,即那些不受技术保护措施限制的机器投入市场,则须像对待 DAT 打印机①一样,先申请执照再投入市场,抑或将专业录音机设计成不能与家庭录音机连接的形式。

3.10.10　这样,使用专业设备的用户,如录音室、广播机构、教育机构等,也有机会获得按具体需求设计的设备。专业设备不能投入普通消费者市场,生产商和进口商将负责保证两个市场的分隔。未来很长时间将会规避其他任何价格或技术规范上的不同。只有通过控制"专业"设备的发行,才能在一定程度上保证消费者的复制自由。

3.10.11　要求共同体生产或销售的数字录制设备,或是从非成员国进口的数字录制设备中嵌入特殊的技术设计,以此来限制将该设备用于非授权的家庭复制行为,这一法律框架的基本理念值得深思。应采取法律文书的形式,规定除非可证实该类设备符合特定技术要求,否则成员国应禁止设备的生产、销售或进口。法律文书也应规定配套措施,阻止该类设备规避技术保护系统的运作。

3.10.12　委员会认为,尽管向现有的模拟录音机器嵌入技术保护系统理论上是可行的,但考虑到重新设计的费用以及市场上现有产品的数量,这一想法很难实践。

———————————

①　见 2.9.7 至 2.9.11 节,如上。

3.10.13　对于目前正在为数字录音机研制的各种保护设备,现有资料表明许多设备在技术上是可行的,会保护版权持有人的作品免于未经授权的复制行为。而现在试图描述和评价特定系统的技术优势还言之过早。原则上说,理想的系统应具备以下特点:第一,它将促进技术发展,符合音像领域数字化的大趋势。第二,它将适应电信和信息管理系统未来的发展。第三,它将允许数字录音技术充分发挥制造高质量的、能够灵活使用的光盘和磁带复制品的潜力。第四,它将为版权持有人提供控制未经授权的复制行为的方法。第五,它将允许消费者合理使用和传播购买的录音。

3.10.14　任何技术方案都不能保证完全有效地防止蓄意规避。但是,如果能在提供合理程度的安全保障的同时,保证提供给消费者高质量的产品,减少因家庭复制行为而导致的销量下降,那么这种技术保护制度作为解决方法是值得考虑的。

3.10.15　希望各利益群体提出一种可迅速实施、长期有效的建设性解决方案。委员会已开始初步评估部分系统,并将通过进一步详细咨询各相关产业,了解技术保护制度是否能被接受。

3.10.16　因此,委员会广泛征集人们对于实施能让数字录音机限定复制次数、复制范围和性质的技术方案的意愿,同时还有必要对数字音频设备的用户分类作出特别规定。

征税

3.10.17　尽管数字录音技术将会受到上述限制,但从模拟录音设备进行模拟录制仍有可能继续存在。尽管通过模拟录音手段,将不可避免地损害复制品的质量从而限制复制的可能,然而只要有高质量的录音源和模拟录音机,依然可以保证复制品的质量。随着时间的推移,数字录音机将会取代大部分的模拟录音系统。目前,对于版权持有人是否应从私人模拟录制的音像作品中获得补偿尚存有疑问,至于是否应通过征税手段获得补偿更有待回答。

3.10.18　关于录音,委员会已仔细权衡征税计划的支持意见和反对意见,以及支持和反对在欧洲共同体内推广统一的征税方式的意见。

3.10.19　对一些已实施征税计划的成员国,委员会并没有必要或适宜对其征税计划的优缺点作出支持与否的评价。委员会认为,在已实施征税计划的国家或地区,版权持有人的责任在于保证款项的征收与分配是符合要求的。

3.10.20 如果版权持有人对征税计划在模拟录音产品领域发挥的作用感到满意,委员会将不会建议取消该部分的征税计划,是否取消由成员国自行决定。征税计划产生的收益将用于补偿版权持有人。在已实施此计划的国家或地区,该计划得到了版权持有人的认可。

3.10.21 不过,委员会认为视征税计划为应对数字复制最合适的方法是不明智的。这种方法获得的收入永远不可能完全弥补未受限制的数字复制给版权持有人带来的损失。同样,随着运营、播放载体的互换性提高,以及集成数字网络趋势和集数据、图像、声音于一身的综合产品的发展,未来以征税来应对家庭复制行为将远远不够。

3.10.22 但是委员会认为推行统一的模拟录音产品征税计划已不合时宜,理由如下:

第一,模拟录音产品已经过时。预计在两年内,数字无线电接收器会进入市场。现在数字音频已可储存在压缩光盘和数字音频磁带中。数字录像也会在几年内接踵而来。所有休闲、通讯和信息管理技术都在迅速进入数字化时代。现在委员会的任何倡议都需要为投入的时间与资源承担责任,以防十年之内有过时的风险。

第二,委员会认为,征税并不完全是为了版权持有人的利益,更是保护了有创造力的艺术家,因为其约束了不顾作品价值的无节制的家庭复制行为。

第三,不同成员国之间征税与非征税产品的差别以及不同的税率可能会导致贸易扭曲或贸易转移。现有的征税制度尚未也不需要实行边境上的系统控制,就如同目前在财政措施上的情况一样。此外,该征税计划的运作一方面是基于有限数量的生产者和进口商之间的直接报告安排,另一方面,则是由指定的版税征收协会参与的。从这个角度看,征收该税不能等同于征收增值税。即使在1992年内部边界取消后,征收计划仍继续进行。同样,产品本身在整个经济体中的价值和未能统一税率造成的微小的价格差异,并没有重要到足以使委员会采取行动。

3.10.23 至于录像,就现有的资料来看,目前完全使用模拟录制技术复制,并且可能在未来一段不确定的时期内仍然如此。在这种情况下,在共同体层面倡导推行已在一些成员国实行的征税计划是不公平的。对数字录制采取的任何技术保护措施,都可能在实践中保护未来市场上可能出现的新型音像制品。即使图像可以翻录的方式记录,如果声音和数据不能被再现,也只能获取有限的利益。此外,在本章附录 3.15.2 节提到的保护系统已经为版权持有人提供了针对复制预录式录像的方法。为确保必要时采取合适行动,须关注国家立法和技术发展。

"按源付费"方法

3.10.24　按源付费方法有一定优势,它适用于目前的版税制度,根据作品无线传播或销售的比例直接给版权持有人报酬。现有的版税征收协会负责征收和分配报酬,一个较小幅度的价格上涨就会给版权持有人带来可观的收入。如果早期阶段采取技术方案,那么将来当声音、图像和数据传输系统普遍数字化时,这种"按源付费"的方法将最为有效。另一方面,不可忽视的是,按源付费方法不顾购买者的意图,不区分购买者是否有复制作品的目的而向所有购买者进行粗暴提价的行为并不公平。另外,以多付款的方式来购买复制作品的权利甚至可能刺激家庭复制现象的进一步发展。委员会欢迎各利益方就这一问题发表意见。

3.11　相关政策

3.11.1　不能孤立地看待家庭复制以及新技术发展的问题。本绿皮书中提到的政策在不同程度上都与彼此相关,不应被忽视。委员会已设法调和这一版权改革方案中的许多利益分歧。一方面,通过限制家用磁带尤其是数字音频磁带的使用,保护艺术家的合法利益,同时承认消费者之于音像产品方面的经济和文化利益的重要性。采取措施遏制音像制品无节制出租的发展,力求给予录像市场中的生产和销售方更大力度的保护。同时不要忽视刺激和投资新制造业的发展、促进新技术的增长。第二章叙述的反盗版措施和第五章的保护计算机程序的措施,都将确保音像产品和计算机产业的软件从共同体内部市场获取最大优势。第七章提到的在共同体以外市场保护这些作品的措施,也将维护相关产业的合法利益。因此,委员会的提案反映了在政策中平衡不同团体利益的需求。

3.12　概要

3.12.1　委员会认识到,家庭复制在某种程度上可能导致预录式作品的销量减少,进而损害版权持有人的权益。因此,委员会提出了上文所述的一系列措施,旨在减少家庭复制行为(由此间接刺激了预录式作品的销量),而不是在共同体层面通过统一手段制裁家庭复制行为。限制通过技术手段复制版权作品、制定音像作品出租权、推出一系列反盗版措施、允许成员国有保留原征税制度或引入新的征税机制的自由,这些都将提高版权持有人的收入。

3.12.2　委员会承认,如果允许通过数字技术复制数字音频的行为继续存在,或任由这种行为无节制地发展下去,这将损害版权持有人的利益。委员会建议通过采取技术措施,限制数字音频设备的复制范围,从而降低版权受到侵害的风险。

3.12.3　委员会建议,若成员国认为征税是保障版权持有人报酬的最好方式,则将保留这一措施。

3.12.4　委员会不认为目前需要采取强制技术措施来保护录像制品,但是会继续密切关注有关情况。

3.13　结论

3.13.1　委员会欢迎各利益方对以下针对数字音频录音的措施发表意见:

(a) 数字音频磁带技术必须符合技术规范,不得用于无限制的录音复制。

(b) 禁止生产、进口或销售不符合规范的产品。

(c) 上述第(a)款、第(b)款中的措施适用于所有用来录音的数字录音机。

(d) 试图逃避或不执行第(a)款、第(b)款中规定措施的,应禁止其生产、进口或销售。

(e) 持有一台专业性的或特殊用途的机器,无须符合第(a)款中列出的家庭设备的规范,但需要持有公权力机关颁发的许可证,并将该设备注册登记。

3.13.2　就是否同意已实施征税计划的成员国继续征税,以及对未引入征税机制的成员国是否给予干涉,委员会欢迎各方意见。

3.14　提交时间表

3.14.1　考虑到数字录音问题的紧迫性,应在 1988 年 7 月 31 日之前向委员会提交关于第三章的评论或原则性陈述。根据已征集的意见,委员会将最终决定是否需要通过听证会的形式进一步听取意见。

3.15　附录:技术保护

3.15.1　美国哥伦比亚广播系统录制技术中心研制的复制代码系统是一个被广泛宣传和展示的系统。系统操作如下:声音是通过嵌入式的刻痕来被编码的,也就是说,通过一个以约 3 840 赫兹的频率移动的极窄的能量条采取发声声谱中上端的能量。这个刻痕可以通过扫描仪检测到,扫描仪位于录音设备的集成电路板上,它以一种实际操作中几乎不可能或者极其困难的方式移动、停滞或连接。当录音设备用于录音时,其中的探测器可以扫描到输入的信号。如果探测到刻痕编码,探测器会中止操作、无法录音。如果录音并不含刻痕编码,那么录音机中的扫描仪则会允许录制继续进行。CBS 系统既适用于模拟录制,也适用于数字录制。近日,美国国家商务部标准局对系统进行评估,以确定其可行性和有效性。早前代表各大录音制品公司的国际录音制品业协会对该系统表现出极大的热情,现今在美国国家部委的调查中,热情似乎有所减弱。(国家工程实验室,1988 年 2 月,数字音频磁带系统的防拷贝方法的评估。)

3.15.2　防止未经授权录制录像或电视节目的设备正在研发当中。其中,防拷贝(Macrovision)系统就建立在现有的录像机设计之上。通过在原始录像或节目中植入信号,虽然在正常播放或观看时不会察觉,但如果有复制行为,录像机在制作副本时会受到图像干扰。因此,这样的副本无法再用于播放目的。这个系统的优势在于它不要求录音机中存在特殊电路。该系统的可靠性以及其是否会因录像或电视节目复制行为产生干扰图像,目前正在测试当中。另一个正在由哥伦比亚广播公司、福克斯公司研发的系统,其基本原理也是通过录音设备集成电路中嵌入的探测器来探测录像或无线传输中的代码信号。

3.15.3 一些技术在将数字录制技术与其前身模拟录制技术区分开来的同时,也为防止未经授权的复制行为提供了可能。数字音频磁带录音器的旋转头版本(R－DAT)与录像设备技术相似,继 1986 年 6 月在东京举行的世界电子产业会议之后,一项关于 R－DAT 的规范得以通过,由此保证目前家用市场上仅存在一种形式的商业化的数字音频录音机和数字音频磁带。这一规范包含两个防止 R－DAT 复制光盘的要素。第一个要素是预录光盘的采样频率和 DAT 机不同:预录式光盘为 44.1 赫兹,而用数字录音机复制则是 48 赫兹或 32 赫兹。这意味着光盘不能通过数字手段复制到 DAT 数字录制器上,只有通过模拟技术输出光盘,但会略微损伤声音质量。第二个要素是 CD 光盘和数字音频磁带中的子码区,可以通过数字信号植入禁止复制的代码。在数字录入的过程中植入这种代码后,R－DAT 规范能够防止数字录制的发生。由于目前在售的数字录制器尚无法录制光盘,这个禁止复制的代码尚未实际生效。

3.15.4 日本通商产业省(MITI)于 1987 年发布了日本电子产业的指导方针,该方针以 R－DAT 规范为基础。委员会指出,这些方针规定数字资源使用上述 3.15.3 节中提到的禁止复制代码,如果来源录音被转播,并成为数字输出,该代码必须被继续传递。

3.15.5 另一保护形式是由一些硬件和录音产业提出的一次性复制(SOLOCOPY),它目前使用的是国际电子技术委员会第 84 次技术会议草拟的规范。

3.15.6 采用此规范后,数字录音机将通过预留空间中的平行信号识别已输入的数字信号的来源,从而判断是否可以录制这一信号源。例如,如果信号的来源是压缩光盘,录音机就可以录音。而如果是在 DAT 设备上完成的复制就不能再进行录音。根据系统的运行方式,数字录音机可以录制数字广播,但录制的广播节目副本就不可以再次复制。同样,数字录制的压缩盘也不可以通过数字录音机再次复制。可以直接通过数字麦克风录音,但是无法以其录制的副本为原件再次进行数字录制。

3.15.7 如今,消费者依然可以像使用翻录机器一样使用麦克风制作压缩光盘、广播或录像的数字副本。因此,数字录音技术均衡兼顾了消费者从广播中或购买产品后自由录制的权利,也削弱了反复录音可能造成的金字塔效应的危害。

3.15.8 除了 SOLOCOPY,还有名为 SOLOCOPY PLUS 即一次性复制补充版的技术。该技术可以移除复写录音输入,以及将模拟录音移动到数字录音机内部的数字录音转换器,以阻止对模拟录音资源的首次复制。由于从 DAT 复制 DAT 仍不可能,数字复制品无法成为再次进行数字复制的原件。录音制品业认为,考虑数字录音机内部数字转换器的存在可能会带来规避技术保护系统的风险,SOLOCOPY PLUS 技术将对版权持有人更具吸引力。主要的硬件生产商也向委员会表示,如果强制安装该补充系统,将有效地刺激数字产品市场,完全打压模拟市场。事实上,即将投放市场的数字设备无法和现存的模拟设备相联系,它们将加快全数字化娱乐转换的速度和通信网络出现的速度。

3.15.9 相关团体正在讨论其他旨在限制对同一数字资源的数字复制次数的保护系统。

第四章 发行权、权利穷竭和出租权

4.1 发行权:控制商业开发利用的权利

4.1.1 版权由许多具体的权利组成,一些本质上是经济性权利,另一些是为了保护作品的艺术完整性和作者的声誉。成员国不同,这些权利的定义也不同。其中一个主要的不同在于发行权。发行权,即授权向公众提供作品的原件或者复印件的专有权利。除了作者的其他专有权之外,发行权还赋予作者在某个司法区域内对其作品进行商业开发的控制权。如果制造作品的复印件本身不构成"侵权",例如,在一个作品得不到保护或保护期满的国家,发行权就具有特别重要的意义。

4.1.2 一些成员国明确赋予作者将其作品的原件或者复印件出版或者

发行的专有权。这一做法已在丹麦、德国、意大利、荷兰和葡萄牙行使,①而且西班牙最新通过的版权法也包含相应的条款。② 虽然其他成员国并没有上述的明文规定,但在一定程度上,发行权可能成为爱尔兰和英国有关出版权的法律③的一部分。此外,根据比利时、法国和卢森堡的法律,通过行使复制权,有可能达到接近于发行权的效果。通过明确标明使用已出版的作品的复印件的条件,版权所有者至少可以在某些情况下限制第三方利用其作品的复印件。④

4.1.3 本文所要讨论的问题是,是否应当在所有成员国中引入发行权。如果应当的话,该适用于哪些作品以及哪些作品的哪些权利。该问题的解答应该包括对当前因发行权的缺失或早期枯竭所造成的结果的评估。

4.2 发行权的穷竭:国内法律

4.2.1 不应当将"权利穷竭"同版权保护期限的"届满"混淆起来。有关权利穷竭的内涵和适用范围,详见 4.3.1 节及后面部分。权利穷竭原则是各类知识产权法中常见的一个原则。当受保护的产品在版权所有者本人或经其同意的情况下,在第一次合法投放到市场后,上述权利即被认为穷竭或用尽。这不仅适用于专利权和商标权保护的范围,也适用于版权领域。这一原则还可以适用于更广泛的范围。例如,在版权领域,它往往被严格应用于文学作品复印件的出售,但音乐作品复印件的出售则需要更多的条件。在后一种情况下,音乐作品的后续出租可能仍需得到作者的同意。

4.2.2 那些已经在版权法中明文规定发行权的成员国,同时必须面对合理限制该权利的问题,因为在版权保护期间,永久控制一件作品复印件的各种形式的发行显然是过度的。当作品原件或者复印件在第一次合法投放到市场

---

① 参见 1961 年 5 月 31 日丹麦《第 158 号版权法》第 2 款及此后修正;德国,1965 年 9 月 9 日德国《版权法》第 16 条及此后修正;1941 年 4 月 22 日意大利《第 633 号版权法》第 12 条及此后修正;1912 年 9 月 23 日荷兰《版权法》第 12 条及此后修正;1985 年 9 月 17 日葡萄牙《版权和邻接权法典》第 45/85 号 67(1)节。
② 参见 1987 年 11 月 11 日第 22/87 号《知识产权法》第 17 条,以及 1987 年 11 月 17 日第 275 号《官方公报》。
③ 参见 A. Dietz,1987 年《欧洲共同体版权法》第 233 段;Copinger and Stone James,版权,第 12 版,1980 年,第 495 条。
④ 参见 A. Dietz,列举的著作中第 233—234 段;Gotzen, Het bestemningsrecht van de auteur, 1975 年,第 17 页及后面部分。

的时候,版权所有者的权利即丧失了。丹麦、德国和荷兰的版权法中也都以上述形式明确规定了这种"穷竭"或"用尽"原则,意大利也将其翻译①至法条中②。西班牙新的版权法中也针对首次销售的权利穷竭作出规定。

尽管葡萄牙在第68条第2款中规定了影响深远的发行权,但其尚未在出版法中对权利穷竭原则作出规定。最后,由于比利时、希腊、法国、爱尔兰、卢森堡和英国并未对发行权作出明确规定,因此它们也没有对权利穷竭作出明文规定。

4.2.3　在对一件作品的复印件首次销售的权利穷竭缺乏明确规定的情况下,有可能难以确定作者如何通过合同或准合同的手段(例如书籍封面上的权利声明)限制作品复印件的购买者以及第三方使用复印件。

4.3　权利穷竭: 共同体法律

4.3.1　在原有的形式中,权利穷竭原则仅同所述权利所涉及的司法管辖区有关。在其他司法管辖区中,合法销售的商品仍然可以保留在第一管辖区中产生的权利。然而,区域和国际市场的发展使得权利穷竭的概念被用以支持跨境贸易。因此当涉及专利权③、商标权④以及版权⑤时,该原则在欧洲法院的判例法中发挥了重要作用。法院认为,在所有这些领域,依赖一种专有权利来排除在其他成员国合法销售的商品,这不符合共同体条约中有关货物自由流通的基本原则,因为这将使国内市场的分割合法化。虽然《欧洲经济共同体条约》第36条基于工业和商业的产权保护,授权成员国进行合理的进口限制,但一旦版权持有人同意将商品置于共同体市场内时,版权持有人便不被允许阻止商品的自由流通。

4.3.2　有关版权和邻接权的具体情况,欧洲法院在 Deutsche Grammophon v. Metro⑥ 案中指出:

---

① A. Dietz,列举的著作中第 231 段。
② 前文引用过的第 19 条。
③ Centrafarm et al.v. Sterling Drug, (1974) ERC1147.
④ Centrafarm v. Winthrop, (1974) ERC1183.
⑤ Deutsche Grammophon v. Metro-SB-Grossmarcte, (1971) ERC487 及 Musik-Vertrieb Membran v. GEMA, (1981) ERC147.
⑥ 前文引用过。

如果依赖与版权相关的权利去阻止版权所有者或其许可下已在另一个成员国发行的产品投放到一个成员国的市场,那么唯一的条件是:产品未在该成员国发行。此禁令会使国内市场的分割合法化,并与条约主张将国内市场统一为单一市场的根本目的背道而驰。

4.3.3 在 Musik-Vertrieb v. GEMA 案①中,法院作出同样的结论,如果录音制品已经合法地投放到出口国的市场,版权不支持版权所有者提出在进口成员国和出口国支付不同版税的要求。不同的版税要求对于商品的自由流动来说是不正当的。

4.3.4 在此后的案例中,法庭已进一步界定版权领域共同体权利穷竭原则的适用范围。

4.3.5 首先,法院已经明确表示权利穷竭原则仅限于作品复印件的市场投放,这些作品同其他商品一样以实物的形式出售。② 在此类案例中,不管首次销售发生在共同体内何处,以及即使支付的版税低于在别的成员国首次销售所得,版权所有者的合法利益皆可通过支付首次销售所得的版税得到满足。但是如果一件作品以表演(比如电影)的形式投放到市场,那么版权所有者在作品因持续表演所得的收入方面的合法利益,将使其能够阻止作品在某一给定的司法区域进行表演。

由此在 Coditel v. Cine-vog③ 案中,法院认为在比利时拥有一部电影表演权的人能够禁止在比利时的一家德国广播商通过有线电视对该电影转播。通过授权在德国的电视上演播该电影,制作者的权利并没有因此而穷竭,因为其合法利益是基于对比利时实际的或可能的电影表演数目的版税方面的计算。德国广播商有线电视的转播很明显会搅乱该计算。

4.3.6 近来,法院不得不处理录音制品公共表演的问题。在 G. Basset v. SACEM④ 案中,当从英国进口的录音制品在法国被用于公开表演时,法国一

---

① 前文引用过。
② Coditel v. Cine-vog Films, (1980) ERC881.
③ 前文引用过。
④ 案例407/85, G. Basset v. SACEM,尚未报道。同样的问题由法院在其推迟判决的案例270/86 M. Cholay, Societe Bizon's Club v. SACEM 中进行探讨。

家迪斯科舞厅质疑其作者除表演版税之外索要补充性的灌录权版税的权利。在英国,灌录权版税并未发生改变,无论录音制品是用于私人目的,还是用于公开表演的目的。另一方面,当录音制品复印件被用于公开表演时,法国版权法允许作者斟酌决定索要更多的复制酬金。

在法国法庭面前,迪斯科舞厅的所有者争论,根据法国法律,作者索要用于公开表演中的录音制品补充性灌录权版税的权利是违背共同体法律的,因为录音制品的首次销售发生在英国,而在英国并不存在类似的权利,此次争论以失败告终。然而,法庭没有认可这一说法,认为条约规定并未对国内法律的非歧视性应用设置障碍,该法律允许协会索要版税,即补充性灌录权版税,因为录音制品是公开使用的,即使该补充性权利在允许该录音制品合法投放市场的成员国并不存在。应当注意的是,该案例的这种情况明显不同于 Musik-Vertrieb v. GEMA 一案。在后一案例中,索要额外的版税仅仅是基于从一个成员国向另一个成员国进口。但是在 G. Basset v. SACEM 案中,所述版税仅存在于录音制品在进口国内公开表演的情形。

4.3.7　法院即将在盒式录像带出租领域,对共同体权利穷竭原则的限制加以处理。① 在以下讨论录音出租权的 4.10.1 至 4.10.9 节中,将深入考虑该事项。

4.3.8　最后,应注意,确立的权利穷竭原则是基于《欧共体条约》第 30 条至 36 条作出的有关版权作品复印件合法投放到市场之后的自由流通规定。权利穷竭原则的效应不应与竞争法的效应相混淆,后者是基于领土分配出版权的协定。该协定同作者以及出版企业的利益息息相关,如果其并不违反条约中竞争政策的原则,特别是第 85 条的规定,应尊重上述协定。

4.4　发行权及穷竭：尚未解决的问题

4.4.1　对于版权商品的自由流通来说,基于欧共体条约直接适用的条款,通过欧洲法院权利穷竭原则所获得的发展,已经在很大程度上确保了国家版权法将不会对共同市场的运行产生不利或偏离的效应。然而,一些议题在法

① 案例 158/86，Warner Brother Inc. 及 Meteronome Video Aps v. Erik Viuff Christiansen。

院尚未得到解决。

4.4.2　这可以适用于,例如权利穷竭原则对投放到市场的版权商品的限制性条件的影响,旨在限制这些商品从一个成员国自由流通到另一个成员国。例如,该商品的提示可能为"不能用于销售……"或"不能用于出口"。此类限制条件原则上应得到给定的国内法律的允许。然而,同知识产权和工业产权的其他领域一样,似乎没有理由怀疑,在版权领域,法院也会规定该复制权的实施并未形成合法投放到市场的商品的版权的主要功能,因此不能被用于反对从其他成员国进口商品。该限制条件不仅违背了《欧洲经济共同体条约》中有关商品自由流动的规定,并且违反竞争规则。从这个意义来讲,"权利穷竭原则的欧洲化"①已经在很大程度上实现了。

4.4.3　如上所述,权利穷竭原则并不适用于受到保护的版权作品的表演权。这很可能会引发与服务业的自由条款而不是商品的自由流通有关的问题。在广播领域,例如,广播的跨界转播,特别是通过卫星或有线电视,就会受到源自版权的法律限制,需要在共同体二次立法中合理解除该限制。相关建议已经由委员会提交至理事会。②

4.4.4　委员会迄今为止未收到请求,要求所有的成员国在版权领域引入普遍应用的发行权。很多提及到的问题③似乎能够在国家层面上得到充分解决。另一方面也有建议认为书籍的公开出租或借阅,以及作者可能因作品的使用获得报酬的权利是需要在共同体层面上解决的问题。④

4.4.5　但是,很明显,共同体层面尚不愿意将资源用于解决此问题。

4.4.6　首先,事实上,目前仅涉及相对少量的资金。书籍的商业出租实际上已消失。公共出租体系,如果存在的话,所带来的总的收入是有限的。没有成员国的公共出租体系的收入每年能超过1 000万欧元。

4.4.7　第二,公共出租体系仅在少数成员国中运行:丹麦、德国、荷兰和英国。此外,引入公共出租体系偶尔会产生极大的争议。在这些条件下,即使

---

①　A. Dietz,前文引述中,第236段。
②　1986年6月6日成员国关于广播活动的诉求在法律、规定或行政行动方面的一些规定提请理事会指令的提议,《欧共体公报》第C179号,1986年7月17日,第4页。
③　例如,参见A. Dietz,前文中引述,第227—250段及后面部分。
④　A. Dietz,列举的著作中第250—258段及共同体在文化领域展开的行动,欧洲共同体公告,补充文件6/77,第26条。

在国家层面达到政治共识也是困难的、耗时的。在合理的期间内在共同体层面达成共识的机会并不大。

4.4.8　第三,在运行的四种体系中,如在丹麦、荷兰和英国实施的体系,严格来说,根本不是版权体系的一部分,而是一种补充体系,作者凭此能从公共资源资助的基金中获取不菲数额。此类形式的公共资助对于目前共同体的协调一致而言是否是一个适当的形式仍存有争议。

4.4.9　第四,公共出租体系的存在与否并不会对共同体内书籍的自由流通或者书籍出版业的发展造成重大影响。特别是,书籍的出租或借阅与影响音像部门的私人复制和盗版等问题联系不大,将在下文中深入解释影响方式。[①]

4.4.10　出于以上原因,委员会认为针对目前在这一领域的法律采取共同体层面上的行动是不合理的。

4.4.11　另一方面,音像部门,在共同体音像录制产业未来发展的跨界范围和重要暗示表明,已经出现很多重要问题。录音制品的作者和制作者已就此争论许久,是支持引入发行权,或是至少为了保护版权而反对未经授权的商业出租。这一需求已经部分体现在共同体关于音像盗版的辩论[②]中,以及问题的一些方面在第二章中有所涉及。但是这种需求在此也引出了值得进一步思考的版权实体法问题。

4.4.12　第五章(见 5.8.2.d 节)将就计算机程序的出租提出建议,认为应在所提出的、对计算机程序进行合法保护的指示背景下,制定适用于出租权的具体条款。因此本章对于计算机程序的出租不予讨论。

4.5　音像制品的发行

4.5.1　音像制品通过出租的方式逐渐趋向商业开发。

4.5.2　在录音制品领域,非商业图书馆存在已久,特别是在那些公共图书馆系统发展良好的国家。但是即使公共图书馆系统已经存在,出租或借阅对于版权所有者的负面影响仍旧相对有限。主要原因在于光盘传统录制品的质

[①]　虽然不能断定,但新技术的发展可能改变这种状况,例如只读光盘(CD-ROM)的发展。

[②]　参见例 G. Davies,《录音制品盗版》,1984 年第二版,委员会文件 SG/Culture/52/84,第 111—112 页。也可参见专家小组关于录音和录像制品出租的报告,UNESCO - WIPO,1984 年 11 月,UNESCO/WIPO/GE LPV.1/6。

量会因录制品被借阅的次数的多少而相应受到影响,无法避免磨损以及意外受损的风险非常高。对归还的光盘复制品的磨损及进行的管理带来的负担过重,并非长久之计。磨损的或是损坏的光盘复制品无论是用于收听或是私人复制都不具有吸引力。替代流行录音制品中受损复制品的这一需要会自动限制到何种程度:购买一份用于出租或借阅的给定作品的复印件将能够替代购买其他复制品,事实上这也会自动限制出租或借阅的整体规模。出于这些原因,传统录音制品通过出租这一形式进行商业开发所得的利润似乎不足以保证其大规模的发展。

4.5.3 改变这一状况是引入相对难以损坏的盒式录音带这一技术。然而,最近出现的激光只取压缩光盘能够产生更深远的影响,因为事实上在正常使用中,它不易受损,即使重复播放,音质也不会受到太大影响。因此通过对其进行商业出租,获利的可能性会高于以往。在很多国家,特别是共同体之外压缩光盘市场占有率很高的国家,已涌现大批出租店。加拿大、日本和美国均是如此。近来,随着英国压缩光盘播放器的市场占有率不断增加,光盘出租店的数量已经开始大规模增加。在其他地方同样可以预见这种发展。

4.5.4 此外,到目前为止,刻录到压缩光盘的声音文件只能拷贝到使用普通的模拟录制设备的磁带上,但数字音频磁带录音机的出现意味着可以以数字形式拷贝数字录音,除非该数字录音受到反拷贝技术手段的保护。当最终可在预先录制的数字磁带中获得全部曲目时,即便有这种技术手段的支持,也会出现与压缩光盘方面同样的问题。在第三章中已讨论过家庭录制,但在此处也有提及,因为如果租赁人能够轻易地以低成本制作高质量的复制品,那么出租和借阅这一做法对版权所有者收入的负面影响会显著加重。

4.5.5 盒式磁带录像制品的出租和出借与录音制品的出租不同,因为前者主要以出租而非出售的方式向观众发行录像制品。录像制品用来出租而非销售的原因在于反复播放最流行的录像制品(如剧情片)存在饱和效应,以及购买的价格相对出租来说较高,即使现在已呈现下降趋势。人们无疑会倾向购买一些特殊类型的录音制品,例如可以反复使用的教育类和儿童类录像。但是大部分盒式磁带录像制品在版权所有者的许可下,主要用作出租。

4.5.6 但是同时,录像业尤为关注近年来未经授权的录像出租行为的发展规模和性质。这些出租店独立运营,未经版权所有者许可出租其录像,不仅在欧洲,在美国、加拿大和日本,也迅猛发展。出租店之间的竞争常常是残酷的,其财务状况堪忧。这些出租活动会严重影响版权持有人的收入,因为其偏离了授权发行的合法商业途径,此外,这些出租店还易于成为盗版复制品交易的主要场所,出租盗版复制品会产生比出租合法产品更大的利润空间。

4.6　录音制品出租现状

4.6.1　根据相关版权所有者的三种类别,目前成员国中关于录音制品出租的法律地位的主要特点可以归纳如下。

4.6.2　首先,在意大利[①]和荷兰[②],作者对录音制品的所有权将在其首次出售时穷竭。相应地,在这些国家,作者没有权利授权其录音制品的后续出租或因此获得具体报酬。

4.6.3　在第二类成员,情况则相反。在丹麦,《版权法》于 1985 年 6 月 6 日经由《第 274 号法》修改,排除了作者在授权音乐作品(包括录制品)商业出租方面的权利穷竭。在德国,《版权法》第 27 条明确规定,如果录音制品被出租或出借,作者有权获取报酬,但无权禁止其作品的出租或出借。在西班牙,根据新的《版权法》第 19 条规定,作者拥有控制出租的权利。该权利并不因为复制品的首次销售而穷竭。同样在葡萄牙,《版权法》第 68 条第 1 款作出明确规定,作者有权授权出租其作品的复制品。

4.6.4　在第三类成员国,就出租的现状存在一定程度的不确定性。在爱尔兰和英国,法律未禁止出租已出版作品。除非有合同规定,否则作者没有权利控制经其许可投放到市场的录音制品复制品的出租;尽管该措施[③]的效力已经受到了严重的质疑。比利时、希腊、法国和卢森堡并没有认可发行权,理论上来讲,有条件地行使复制权能通过在出售的复制品上明确标明的方式限制其后续出租,[④]然而,还没有判例法明确表明能够通过这种方式对商业出租

---

①　A. Dietz,列举的著作中第 231 段。

②　参见 1912 年 9 月 23 日《版权法》第 12 条及 A. Dietz,列举的著作中第 231 段。

③　参见《音频和视频材料的录制和出租》,1985 年 2 月,Cmnd. 9445,第 11 页。

④　参见《由国际唱片协会为 WIPO 和 UNESCO 筹备的录音和录像制品出租》,文件,UNESCO/WIPO/GE/LPV1/2,1984 年 8 月 30 日,巴黎,第 44 段。

加以控制,这些国家的商业实践常常表现出相反的状况。

4.6.5 对于制作者而言,目前实施的法律并未普遍赋予其权利,控制以出售方式流通到市场的录音制品的出租。但是在法国和葡萄牙,制作者在 1985年即被授予了这样的权利。[①] 其他国家也已作出努力以实现这一目标。根据 IFPI/BIEM 标准合同条款[②]的规定,制作者同意印刷如下的录制标签:

> 制作者和作品复制品的拥有者的所有权利得到保留。未经授权,禁止对此磁带进行复制、租赁、出租和公开演播。

因此第三方需要清楚,无论是制作者还是作品的作者均无权出租或出借复制品。此外,IFPI/BIEM 标准合同明确指出,仅在打算出售录音制品用作私人用途的条件下,制作者才有权流通该录音制品。德国近期的判例法[③]作出决定,该类限制无效;在荷兰,作家协会正在进行诉讼,以便检验在此基础上,能否禁止商业出租未经授权的录制品。[④]

4.6.6 对于表演者来说,没有成员国颁布法律赋予其权利,授权出租其刻录在录音制品上的表演。

4.7 录像制品出租现状

4.7.1 录像带出租的法律立场同录音制品出租的法律立场部分类似,但不完全等同于录音制品出租的法律立场。

4.7.2 一个重要的区别在于,录像带同受到《伯尔尼公约》第 2 条第 1 款保护的电影作品相似。这意味着,不管所在的成员国是否以有利于该制片人的特定电影版权进行运作,录像片的制作者都是如此,[⑤]自动被认为是作者。如果不是该作品的唯一作者,则并不像唱片制作人那样享有作者的权利。

---

① 参见 1985 年 7 月 3 日法国第 85－660 号法律,第 21 条及 1985 年 9 月 17 日葡萄牙第 45/85 号法律,第 184(1)条和 176(8)条。法律中第 190 条有关限制保护的适用不在本部分予以讨论。

② 由国际唱片协会和国际调查局起草的标准合同。

③ 参见 1986 年 3 月 6 日德国联邦银行在案例 1 ZR 208/83,GRUP 中的决议,1986 年,第 736 页。

④ STEMRA v. Free Recordshop. 目前由新泽西州于 1986 年第 206 号最高法院的报告作出的决议先于最高法院。

⑤ 有关电影版权的内容,详见第二章有关盗版的 2.6.5 至 2.6.9 节。

4.7.3　对于作者和制作者是否有权授权或获得录像带首次出售后出租所得的报酬,其法律结果本质上与录音制品一样,尽管实现这些结果的法律手段也许不同。

4.8　关于音像制品出租的近期立法建议

4.8.1　最近,比利时采纳建议,制定了解决音像制品出租和租借①问题的法律。英国于 1987 年 10 月 28 日颁布的《权利法案》修正案提议引进出租权利。②

4.9　共同体层面的问题

4.9.1　由于各成员国法律情况不同,如果作者把盒式录像带从无出租控制权的国家带到有出租控制权的国家,显然会有困难。最近欧洲法院在 158/66 Warner Brothers Inc. and Metronome Video Aps v. Erik Viuff Christiansen 案例中所面临的诉讼主体正是这种情况。在这个案例中,丹麦的被告先在英国购买了一盒在丹麦既不允许出租也不允许销售的故事片录像带。不久后,原告华纳兄弟授予原告 Meronome video 在丹麦通过出租该电影进行营利的专有权利。法院要解决的问题是丹麦的版权所有者,有权在丹麦领土授权出租该电影的人,是否能够阻止在其他成员国购买一盒该录像带的人,在这些成员国,将进口的录像带用于盈利的出租行为不受到限制。根据其 1988 年 5 月 17 日的判决,因考虑到可能会严重影响电影通过公开演播或在电影院放映所获得的利润,法院根据委员会的建议给予了肯定的回答。此案例生动地展示了共同体是从音像录制品内部市场的运作角度看待此类问题的。

4.10　共同体音像制品产业的未来发展以及出租权的一般介绍

4.10.1　目前音像制品的发行与交易趋势表明,商业出租将会成为公众获得作品越来越重要的手段。不仅如此,由于出租与盗版、私人复制等问题相关,这种发展趋势对那些作品或表演被复制或录制的作者或表演者来说具有

---

①　1986 年 5 月 29 日由 Mr. Desmarets 及其他人提交至参议院的第 282 号议案。参见 1987 年 7 月 18 日由 Mr. Lallemand 及其他人提交至参议院的第 615 号议案。
②　《版权、设计和专利法案》(H.L.12)。

重大的经济意义。在缺乏法律依据支撑的情况下,版权所有者无法通过出租授权商业开发其作品,录制品创作者获得的回报相对其努力和投资而言会低得多,而中间人却能从他人的努力成果中获取不符合比例的利益。其造成的可能后果就是作品将会以一个较高的价格出售,因为版权所有者在首次销售中获取报酬,这种报酬将反映,也许只是部分反映这部作品此后会用作出租。但是从版权所有者的角度来看,此政策并不能提供一个令人满意的解决方案,因为首次销售的价格还受到来自其他方面的限制,尽管首次销售的高价格将会伤害那些原本只想购买而不是租借该录制品的消费者。

4.10.2　另一方面,如果版权所有者能够充分控制音像制品的商业出租行为,他们将能确保自己因对其作品出租所作的投入而获得充足的报酬。对商业出租行为进行控制也是出租公开表演的复制品来获得报酬的必要先决条件。为不同观众如医院中的病人、军营中的军人、船上的水手和监狱中的犯人提供娱乐,这些将会成为版权所有者补充性收入的来源。出租权应提供法律基础,以确保能获得补充性收入。同时,对出租的充分控制应有利于通过低价营销策略来鼓励上述需求并直接使消费者获利。最后,对出租市场的有效控制将有利于打击盗版,因为它将保证出租店不会交易侵权产品。

4.10.3　基于这样的联系,应牢记为共同体未来音像产业提供充足资源。正如委员会在其他文件①中已经作出的解释,如果欧洲音像节目产业想要迎接挑战,为新的音像媒介提供后者所需的材料,那么必须能够发掘利用新的资源。在这种情况下,一个能够确保版权所有者因其投资而获得充足回报的租借市场将扮演着重要的角色。

4.10.4　共同体已经提出各种补救措施来改善该状况,包括为所有的出租店颁发许可证,以及引入广泛的发行权应用于音像制品。这些补救措施可能已经超越了解决问题之所需。但是出租权将为共同体音像录制产业的发展提供必要的、坚实的法律基础,并且不会低估支持其他作者和表演者的文化政策的重要性。补救措施的优势还体现在,许多实际问题能够通过合同而不是通过法律本身得到解决,比如对出租的复制品、版税及其在不同类别的版权持有

---

① 特别是共同体广播政策,提请议会有关广播活动的指令,欧洲共同委员会公告,补充5/86点16及欧洲音像媒体产品产业行动纲要,COM(86)255终稿,1986年5月12日。

人之间的分配的利用。最后,在所有成员国普遍引入出租权能够确保在音像制品的出售方面,不会因成员国是否需要版权所有者授权商业性出租行为而出现人为的曲解。

4.10.5　欧洲法院在权利穷竭方面的决定,无论是在国家层面还是在共同体层面,与引入出租权都是相互兼容的。目前与条约的自由流通条款不相容的状况均涉及出于该目的对合法投放市场的商品的销售和再次销售,而不是版权支配下录制作品的出租。此外,在 Coditel[①] 一案中,法院认为不管版权作品通过连续表演,得到何种开发利用,首次表演并不穷竭版权所有者的权利。以出租方式开发利用音像录制品同以表演方式进行开发利用将引发同样的问题,尤其是版权所有者在控制作品连续的商业使用方面的合法利益。

4.10.6　综上所述,当前音像制品发行的发展状况表明,共同体的所有成员国引入出租权应是当务之急。应当赋予音像制品的作者和制作者以及永久刻录在音像制品中的表演者这种权利。如果有关利益方通过制定合同的方式解决,许多细节也许能在国家层面得到最好解决。例如,这会适用于如何在不同的版权持有人之间分配因授权出租而获得的版税收入,或以何种机制满足许可授权出租的需求。另一方面,为避免权利范围的边界过于宽泛,应在共同体层面对其进行定义。

4.10.7　在这种情况下,必须在出租权和目前德国法律规定的合理报酬权这两者之间作出选择。解决办法各有优劣,但是赋予出租权似乎是最合适的。技术手段的发展趋势是,录制和复制设备能够快速便捷地生产出质量不断提高的复制品,并且允许众多使用者使用预录制材料而不会使得盗版的情况恶化。这种趋势可能会使出租的产品拥有持续增长的市场份额。版权所有者通过提高产品的定价,特别通过特定计划来提高出租价格保护自己的能力是有限的。在任何情况下,较高的销售价格会伤害消费者,并往往刺激消费者自身从事出租和复制活动。基于商业考虑,包括一种形式的市场投放对另一种形式所产生的可能影响,授予出租权使得版权所有者决定他们的产品能够通过出租或出售的方式投放到市场的程度。从这一点来看,合理报酬权就远不能

---

① 如前文所述。

令人满意,并且会不可避免地涉及旨在对任何具体案例中合理报酬进行判定的程序的不确定性和复杂性。

4.10.8   根据成员国关于录制品复制的立法趋势,从制作录制品的该年年末算起,出租权的合理保护时间应为 50 年。

4.10.9   由于目前的问题是因商业性租借而产生的,因此无须扩大权利范围将自由出借包含在内,例如公共图书馆的出借行为。通过限制共同体商业租借的行为,成员国也需要酌情考虑对音像制品的非商业借阅作出合理的安排,比如出借给教育机构。

4.11   概要

4.11.1   委员会认为,即便频繁使用也不会损害到压缩光盘对市场的持续渗透,意味着作者、表演者以及录像带制作者,会因未经授权而被用作商业出租的录音制品,承担遭受经济损失的风险。

通过在所有成员国引入作者、表演者以及录音带制作者对录音制品的商业出租权,可以应对上述风险。

4.11.2   对于录像制品,有必要保证录制电影作品的制作者的经济利益,使其有权在电影院放映其作品和对其作品的商业出租的时间和地点进行选择。授权录像制品的商业出租的权利已在一些成员国立法中有所规定,此举应普遍推广。

4.11.3   在现阶段似乎没有必要引入一项一般权利,使作者能够控制其作品复制品在商业发行方面的其他元素。

4.12   结论

4.12.1   委员会打算基于《欧洲经济共同体条约》100A 条款向理事会提出建议,命令在共同体的所有成员国引入音像制品的出租权。该权利的内容是应该授权出租还是应该仅限于获得合理报酬的权利,欢迎就此问题发表意见。

4.12.2   同时欢迎就本章的结论发表意见,即其他有关更广泛的发行权的议题以及权利穷竭原则的和谐发展,并不要求共同体层面在目前提出立法提议。

4.13　提交时间表

4.13.1　关于第四章的意见应在 1988 年 12 月 1 日前提交至委员会。

第 五 章　计 算 机 程 序

5.1　受版权保护的客体

5.1.1　计算机程序是一组指令,其目的在于使得信息处理装置——计算机得以执行其功能。虽然关于计算机程序另有其他更为复杂的定义,[①]但这一简单的描述对于此处的讨论来说已经足够充分。

5.1.2　计算机程序通常打包在"预装件"中,其中还包含支持文件。此外,计算机程序的开发将会包括创建必要的预设计材料。程序、支持文件和预设计材料一起构成了"软件"。关于支持文件和预设计材料的使用权限和保护范围,其所适用的法律保护与计算机程序类似。

5.1.3　计算机程序具有不同种类,并有相应分类方式。

5.1.4　操作系统控制着计算机内部的运行,而应用程序执行用户的具体功能操作。如果应用程序所设计的服务对象是软件开发者等专业用户而非普通终端用户,则该应用程序通常被称为"工具"。直到不久前,应用程序通常需要在计算机投入使用前完成装载。但是,现在应用程序,如数据库管理程序,越来越普遍地被纳入计算机硬件中。操作系统与应用程序之间的区别变得日益模糊,且这一趋势仍将继续。

5.1.5　目标或机器代码程序以二进制表示,而源代码程序表现为其他形式,由计算机编译器自动翻译成二进制。

5.1.6　最后,程序可以根据其所依附的媒介来分类,包括纸带、穿孔卡片、磁带、磁盘、光盘以及集成电路"固件"等。

---

　　① 见计算机程序保护的世界版权组织模型条款中的定义,日内瓦,1978 年:"(1)'计算机程序'指一系列指令,当与机器可读的媒介结合时,能够使得具有信息处理能力的机器显示、执行或实现特殊的功能、任务或结果。"另见世界版权组织工作组有关计算机程序法律保护的相关技术问题,日内瓦,1984 年 4 月 30日(LPCS/WGTQ/I/3)。

5.1.7　除特别说明外,本章中"程序"的指代范围包括所有分类下的计算机程序。

5.2　经济、产业和技术背景

5.2.1　计算机软件对于共同体内经济、产业和技术前景来说至关重要。

5.2.2　首先,从量化的观点来看,世界软件产业规模已经很大,并将继续扩展。有关此产业及其发展的信息较为零碎。尽管如此,以下阐述将对软件产业的主要特点进行概括。

5.2.3　商业软件在1985年的销售额在300亿到390亿美元之间,其中390亿美元是根据发行成本调整之后的数额。① 由于这些数据并不包括一些用户出于个人使用目的的软件开发,所以这个产业的实际年度总产出还要大得多。

5.2.4　美国是最大的软件市场,约占世界市场总量的一半,比西欧市场大50％左右。美国软件进口相对很少,而出口规模巨大。随着近年来预装应用程序出口的显著增长,美国在世界市场的份额至少达到了70％。

5.2.5　日本软件市场目前相对较小,总量约50亿美元。日本独有的商业作风及语言问题反映在定制软件以及面向软件开发系统的大众市场的产业政策上都有着特殊的需求。如果该政策成功,日本将会在10年之内成为软件产业强国。

5.2.6　西欧软件市场在1985年总量达到95亿美元。其中54％(51亿美元)是由软件包销售贡献的。软件包销售增长十分迅速。其中用于微型计算机的软件包表现尤佳,目前年增长率达到30％,前几年的年增长速度更是达到了40％到50％。整体来说,目前欧洲的软件需求比美国更强劲,这刺激美国公司通过在西欧开设子公司和合资企业以增加软件的销售和开发。

5.2.7　事实上,西欧的主要软件供应商均来自美国。1985年,美国公司为西欧市场提供了65％到85％的系统软件,以及55％的应用软件。

---

① 美国商业部,《美国数据处理服务业的竞争评价》,1984年12月,第23—24页。美国技术评价办公室,《计算机软件:国际竞争方面》,1985年11月,Exhibits Ⅴ/Ⅷ。OECD - ICCP(87)6,软件和计算机服务的国家化,1987年3月发行,第5页和第27页之后的页数。

5.2.8　同样令人吃惊的是,计算机硬件制造商其实是整个产业最大的供应商,甚至包括软件包市场。在计算机硬件企业中,IBM 以西欧市场 41.5% 的份额独占鳌头(1985 年)。IBM 的主要竞争者有 Hewlett Packard、DEC、ICL 和 Bull,其市场份额均在 4% 到 4.3% 之间。紧接着是 Siemens、Olivetti 和 Nixdorf,市场份额在 3.3% 到 3.4% 之间。不生产硬件的公司都排名靠后,其中最大、最活跃的公司排名在第 10 到第 25,这些公司按照相对重要性排列分别为：Computer Associates、Software AG、Cullinet、Microsoft、Ashton Tate、Cincom、Lotus 和 Scicon International。

5.2.9　一些知情的评论家[①]认为,未来软件包市场将以舍弃定制软件和处理服务为代价的趋势发展,在 20 世纪 90 年代继续发展。不过,并非所有人都同意这个观点。事实上,一些软件企业,特别是法国的企业,认为如果他们通过提供比过去适应性和便携性更强的应用程序来满足日益增长的对综合解决方案的需求,企业和客户都会受益更多。这种程序通过增加可再次使用的程序元素或模块的数量,应当比过去生产速度更快、更廉价。在他们看来,供应商需要调集必要的技术并提供一系列的专业服务,如市场调研、商业咨询和用户培训等,从而实现附加值的最大化。其他成员国的发展情况表明这个观点极有可能是正确的。

5.2.10　不确定因素也普遍存在,即专利和免费接入标准之间的界限变化将影响软件供应商在市场中的地位。一方面,免费的国际标准将降低投资风险。这已经被 POSIX 所证实,POSIX 是 UNIX 或类似的操作系统与这些系统上运行的应用程序之间的一系列标准的接口。无论这个系统是什么版本,POSIX 的存在让独立软件制造商能够在知道其软件可以在一定范围的系统"安装"的情况下开发应用程序。与之相反,一些计算机制造商会限制自己产品操作系统的功能,从而促进自己的应用程序的销售。通过对其产品的界面信息进行保密,这些制造商可以延迟或阻止更有竞争力的软件的开发。正是基于这方面的考虑,在 1984 年,委员会坚持要求 IBM 承诺使其界面可在其他竞争产品上使用,并且公开相关界面的信息。也有观点认为这种"专有标准"

---

① 国际数据委员会,欧洲广播公司-软件服务市场,西欧,1985—1991 年。

扭曲了软件市场的竞争,但是因为关于软件活动的数据非常贫乏,所以扭曲的程度难以确定。不过,可以肯定的是,该观点所述关系重大,值得仔细研究。一些有关这个问题的重要方面将会在之后的 5.5.8 至 5.5.12 节中详加讨论。

5.2.11   无论哪种情况,毋庸置疑的是软件将在未来逐渐成为计算机系统最重要的元素,而硬件将日益同质化、标准化、可交互操作化。计算机系统对所有经济部门来说都极为重要。为了保持处在先进科技发展的前沿并保持竞争力,共同体将必须保证拥有一个具有竞争力和活力的软件产业。

5.2.12   然而现阶段的发展不容乐观,尽管一些欧洲企业在其具体的利基市场上非常成功,但整体来说,无论是在世界市场,还是共同体市场上,这一产业仍是美国供应商占据主导地位,特别是操作系统方面。美国计算机制造商在很多计算机硬件上拥有领先技术,而操作系统常常是和硬件一起提供的。软件和硬件的"绑定"必然将巩固其主导地位。在应用程序方面,用户们有更多的自由来选择供应商。因此,欧洲企业也在这方面可以更容易地投资并发展有竞争力的产品,由此增加其市场份额。

5.2.13   相对于主要竞争对手,共同体的软件产业起步较晚。因此,保证计算机程序和软件受到普遍、适当的法律保护就尤为重要,这也将有助于创造一个适宜投资和创新的环境,使得共同体能够追赶上竞争对手。另外,在有关保护的范围和收益的争论中也应当平衡好软件生产者的收益和可能附加于软件使用者身上的"机会成本"(即可获知的软件产品的类别和价格)。

5.3 法律对策

5.3.1   计算机和计算机程序已经发展多年,但直到最近,知识产权法律方面仍未取得显著的立法进展。部分原因在于,即使在不久前,整体上来说获取程序的用户群体大多数还仅限于那些与程序开发者有直接联系的专业用户。这使得许多问题要通过合同才能圆满解决。同时,在工业化领域,程序不仅受到合同的保护,而且更广泛地受到版权法或范围更窄的专利法的现存条款保护。这种法律保护的确切范围有时并不完全清楚,但是人们通常寄希望于判例法来满足其法律保护需求,此时那些可能没有必要的立法自然难以推进。另外,如果在现有的国家或国际文件基础上可以实现对于程序的保护,就能够规避将其置于更广泛立法改革的背景下可能遇到的风险。

5.3.2 据此,直到最近,成员国针对具体的软件问题倾向于应用和适用现有的法律,而不是促进产生新法。

5.3.3 对于专利法而言,共同的出发点就是将"该类"计算机程序视同其他形式的创新,例如数学方法和信息的展示方式,这些均是不可获取专利的发明。[①] 但是这一点并不能妨碍首次出现的程序专利保护。如果程序组成了发明整体的一部分且满足专利标准,那么是可以对程序授予专利并得到法庭支持的。例如,巴黎上诉法院在 1981 年裁定,一项能够对地球岩层的承载潜力等物理特征进行分析和记录的发明,不能仅因为其某些环节是由计算机程序[②]发布指令的就拒绝对其进行保护。在一些成员国中也采取了同样的方法。此外,欧洲专利办公室重新审视了专利保护程序,并在 1985 年采用了新的指导规则。该指导规则旨在确保一项总体上具有技术特征,且满足专利性标准的发明应被授予专利,即使该发明包括计算机程序。[③] 但是,这种限制性标准很难满足,许多耗费极大投资开发的程序,可能因为缺失技术特征而无法被授予专利,因为该发明没有导致物质世界中的物质或能源产生变化。即使计算机程序的确构成一项发明的一部分,且该发明具有技术特征,但是也可能没有达到获取专利所需的技术特征水平。在任何情况下,为了获得专利保护,都必须遵循程序并支付费用。这可能会导致潜在的专利持有人无法确保其作品获得法律保护。

5.3.4 专利法的这些限制凸显了版权广义上的潜在意义,即保护作者的权利和邻接权是在共同体成员国层面和国际层面上保护计算机程序的首要手段。在 20 世纪 50 年代和 60 年代,有些人对这种新型作品的"版权"保护提出了质疑。随着对于计算机程序与文学和艺术作品之间的相似性有了更加深入的理解,在国家层面和国际层面上,人们已经普遍认同抵制未经授权的复制行为以确保对于程序的充分保护对"版权"的创作者、持有人、使用者以及社会整体是有利的。

---

① 见《欧洲专利公约》(1973)第 52 条第 2 款,并在比利时、丹麦、德国、西班牙、法国、意大利、卢森堡和英国的法律中有所体现。
② 知识产权公报纪录片(PIBD),1981,Ⅲ-175。
③ 欧洲专利办公室主席的决议,1985 年 3 月 6 日。

5.3.5 事实上,对版权的推崇愈加强烈,因此,世界知识产权组织在 1983 年专家小组会议上秉承了始于 1979 年的工作,考虑国际层面上的计算机软件保护。会议认为目前尚不适宜订立一个赋予计算机程序特殊保护的专门条约。不过,该会议注意到主要负责《世界版权公约》撰写工作的世界知识产权组织和联合国教科文组织应进一步研究在现有版权法律下计算机程序可适用的法律保护,并且应以此为目标①召集成立一个政府专家委员会。

5.3.6 在此基础上,对于计算机程序的保护工作在国际组织层面上已继续有效开展。可以肯定的是,世界知识产权组织和联合国教科文组织在 1985 年 2 月召开的小组会议,对于基于版权法应用方面的保护体系未能取得一致意见,在尚未适用的领域引入版权保护的意愿上也未能达成一致。但是,这表明,针对计算机程序的盗版的版权保护举措已经存在于大多数工业化国家,几乎包括所有欧洲经济共同体成员国。

5.3.7 事实记录表明,在成员国中,将版权保护原则适用于计算机程序以及支持文件等其他软件形式判例已经不断被判例法认可。②

5.3.8 近年来,许多成员国已经提议或进行了相关立法,但本质上还是沿袭判例法的发展趋势而不是进行实质性的修改。

5.3.9 在德国,1985 年 6 月 24 日出台的法律③修改了版权法,将数据处理程序在法律权利保护上等同于文学作品。在法国,1985 年 7 月 3 日出台的法律④规定计算机程序应该在受到《版权法》保护的作品中予以描述,即使还是受限于特定条款,包括自创作期起 25 年内的期限限制。在英国,《版权(计算机程序)修正法案》于 1985 年⑤颁布,明确规定计算机程序受到版权保护。

---

① 专家委员会关于计算机软件法律保护的报告,日内瓦,1983 年 6 月,LPCS/11/6。
② 典型案例包括:法国,Babolat-Maillot-With v. Pachot(巴黎上诉法庭,1982 年 11 月 2 日);Apple Computer Inc. v. Segimex SARL(巴黎高等法院,1983 年 9 月 21 日);Atari v. Sidam(上诉法院,1986 年 3 月 7 日);德国,Visicorp v. Basis Software Gmbh et al.(慕尼黑地方法院);Sudwestdeutsche Inkasso KG v. Bappert and Burker Computer GmbH(联邦最高法院,1985);意大利,Atari Inc. and Bertolino v. Sidam Srl(都灵法庭,1983 年 7 月 14 日),Unicomp Srl. v. Italcomputers and General Informatics(比萨法庭,1984 年 4 月 14 日);荷兰,The "Logboekprogram" Case(赫腾堡地方法院,1982 年 5 月 14 日);英国,Sega Enterprises Ltd. v. Alca Electronics(上诉法院 1982)。
③ 1985 年 6 月 24 日关于版权领域法律条款修正之法律(1985 年 6 月 27 日的第 33 号官方期刊)。
④ 1985 年 7 月 3 日第 85 - 660 号关于作者、表演者、录音和录像制作者以及通讯企业的权利之法律(1985 年 7 月 4 日的官方期刊,第 7495 页以及下列等等)。
⑤ 1985 年《版权(计算机软件)修正案》1985,1985 年 7 月 16 日 C.14。

此后,西班牙在其完备的 1987 年《版权法》①中详细规定了计算机程序的版权保护。丹麦②、意大利③以及荷兰④都提出了类似的立法倡议。比利时⑤和卢森堡⑥也申明版权是保护计算机程序的适当工具。在葡萄牙,学界观点⑦认为计算机程序应包括在 1985 年《版权和邻接权法典》⑧中第 1 条"知识创造"中,虽然在第 2 条的举例中并未提及。只有在希腊⑨,对于保护软件的诉求仍存质疑之声。

5.3.10　简而言之,成员国通常认为计算机软件的法律保护应主要从广义上适用于版权法,同时专利法在有关计算机程序的发明案例中发挥更为有限和辅助性的作用。同样,人们普遍认为,合同法、商业秘密法和反不正当竞争法也发挥着重要作用,即便目前立法改革在这些领域并不被广泛认为是必要的。另一方面,批判性意见主要聚焦于版权法于计算机程序保护的适用,同时欧洲的争论目前集中在对于相关条款的修订,以加强对计算机程序的特征以及共同体产业在数据处理部门内外的需求的考虑。为了拓展软件产业的活动基础,共同体和成员国政府在遵循数据处理方面已纳入了 ISO/OSI 标准。对于那些需要充分利用内部庞大市场的产业来说,从共同体层面寻求一致保护的需求也更为明显。

5.3.11　为了利用庞大的内部市场,产业需要成员国具备类似的运营条件。诸如个人计算机的出现。这样的商业发展进一步强调了需要对于特殊法律条款以及对法律进行解读。小型计算机及其操作软件如同其他耐用消费品一样正在大规模投放市场。磁带和光盘形式的程序如同书籍或音乐专辑一样在柜台出售,开发商凭借合同保护自身的能力已被极大削弱。相比清晰、明确

---

①　见 1987 年 11 月 11 日第 22/87 号知识产权法第 91—100 条,1987 年 11 月 17 日第 275 号政府公报。

②　1988 年 1 月 14 日第 L.153 号法案,《版权法修正案》。

③　例如,与参议院长沟通的第 1746 号法律草案。1985 年 3 月 25 日。

④　荷兰代表于 1985 年 2 月在世界知识产权组织专家小组会议上的宣言。

⑤　1985 年 2 月,比利时代表在世界知识产权组织专家小组会议上的声明。

⑥　1986 年 11 月 26 日经济和贸易部(经济部长和中产阶级)对于会议提出的问题所作出的回答,第 39—40 号议会报告,1986 年 11 月 26 日,第 761—762 页。

⑦　见 Rebello 对国际著作权法的回顾,第 129 号,1986 年 7 月,第 16 页。

⑧　《版权和邻接权法》第 45/85 号法律,1985 年 9 月 17 日。

⑨　1985 年 2 月希腊代表在世界知识产权组织专家小组会议上所作的声明。

的法律条款(比如美国关于计算机程序的版权保护①),通过判例法和在一些司法区域的法律实践实现的法律演变,已经显示出越来越多的不足。不过应当注意的是,近年来美国的经验表明,即使颁布了具体的法律条款,仍然需要解决有关法律解释方面的问题。一个重要的例子将在下面的 5.5.11 节中进行讨论。

5.3.12　考虑到法律解释问题需要法庭假以时日才能解决,其他的重要议题可以通过议定或者仲裁程序的手段解决,如此可以很快地达成更详细的解决方法,并且在很大程度上考虑到利益直接相关者,美国有关 IBM 和 Fujitsu 的仲裁就是一个例子。②

5.4　迄今共同体参与情况

5.4.1　委员会多年来一直在关注共同体内外有关软件法律保护的进展,并参加世界知识产权组织委员会专家组会议及其他国际论坛。此外,委员会还向专家和相关利益组织咨询,包括主要的欧洲信息技术企业的代表、欧洲计算机服务协会(ECSA)以及欧洲计算机用户协会联盟(CECUA)。在此基础上,委员会认为发布关于计算机程序法律保护的指令,对于统一内部市场来说是十分必要的步骤。因此,在其《统一内部市场》白皮书③中,委员会于 1987 年末之前向议会提议发布了有关共同体成员国计算机程序保护的法律指令。尽管因为技术原因而有所延迟,但提议将会尽快提交议会。

5.5　版权:共同体倡议的焦点

5.5.1　指令应基于如下原则:

5.5.2　目前不要求针对专利法或是商业秘密法和合同法作出反应。对于专利法而言,如上所述,欧洲专利办公室在 1985 年修改了其在计算机程序领域审查的指导规则,明确了:拥有技术特征的发明,即使依赖计算机程序实现效力,也可被授予专利。成员国中也出现了类似进展。委员会认为此类演化

---

①　Pub. L. 96 - 517(1980 年 12 月 12 日)94 Stat. 3015。
②　仲裁报告,1985 年 9 月 15 日。美国仲裁协会委员会仲裁法庭关于 IBM-Fujistu Ltd.争议的解决声明。
③　文件 COM(85)310 终稿,149 点。

是有益的,并希望所有国家专利管理机构采用类似的开明方法。目前并不需要任何正式的共同体倡议。同样,对于商业秘密法和合同法而言,成员国的情况相对令人满意,目前并不需要共同体层面的立法行动。

5.5.3　尽管在计算机软件领域中,合同法的重要性经常被低估,但目前尚不需要有关合同法的立法倡议。对于软件供应商和用户的指导规则被证明是很有用的,同样,当商业实践得到广泛传播时,可能会产生具有独特效用的规则。欧洲计算机用户协会联盟和一些国家协会正在探索在该领域出台相关指导方案的可能性。

5.5.4　通过技术设备保护计算机程序的可能性也时而被提及。新近出现的设备可能比过去的设备更为有效。不过,现阶段的设备应用仍有待实践进一步检验。目前没有相关的共同体倡议。

5.5.5　关于版权和邻接权,基本的问题在于将其用于保护计算机程序在原则上是否是人们所期望的。对于这一问题的回答是肯定的。无论认为这种保护是不充分的还是充分的观点,都没有被实践证实过。

5.5.6　关于版权不充分的观点:事实上在不久前,欧洲的一些人表示版权保护是不充分的,需要一种真正的、类似专利权的垄断权。他们还表示版权存在局限性,是尚不充分的解决办法,特别是其"保护思想被表达的形式而不是思想本身"的原则。该原则若适用于计算机软件,可以得出这样一个结论:受到保护的是计算机程序而非程序的潜在逻辑和算法。在可以对基本概念作出不同解释的情况下,其他程序可以用新瓶装旧酒。这又使得一些人提议在版权之外同时采取新的保护方式,对涉及创新步骤的新算法赋予专有权。此种保护方式在很多方面类似于专利保护,两者都依赖于注册,都有 20 年固定的有效垄断期。[1]

5.5.7　然而,这一方法并未获得广泛认同。很多来自数据处理产业的声音质疑该种保护的可取性,特别是,程序的开发和使用可能会因为具有数学或科学特征的概念而形成垄断且在任何知识产权体系下都不受保护、存在失效的风险。因为有效算法的数量几乎可以肯定是有限的,所以程序开发和使用

---

[1]　见"对计算机软件保护的现状和建议",1984 年 6 月 21 日。工作组在知识产权研究所框架下创建的工作小组的报告。

的失效风险应该会更大。还有广泛的意见认为,如果作为"独立发明"的程序具有和现存程序几乎一样的功能,但是并没有抄袭且以不同的方式表现,也不存在"反向工程",那么将会严重破坏竞争。有趣的是,在近期半导体主要生产国在半导体设计保护方面也遇到了类似的问题,得出了同样的结论。

5.5.8 至于版权保护自身是否会因为过度保护而给数据处理产业竞争和计算机技术扩散造成损害,各国目前仍未给出最终答案,但是随着美国和欧洲获得更多经验,相信这个问题在不久之后会有解答。

5.5.9 例如,"访问协议"和界面问题已经出现。新开发的软件或硬件若要与市场上已经存在的软件或硬件兼容,它们都必须按照其首次表达时的确切形式加以使用。有观点认为,版权会导致人们不愿看到的垄断,不仅是访问协议,还有市场所依赖的系统。而对于竞争和产业政策来说都有益的兼容程序,如果不允许竞争者将其产品融入获得广泛支持的产品范围协定或界面中,比如国际标准,其发展就可能会受阻。如果协议或界面在技术上是可获得的,但是需要支付只有那些最大的竞争者才能负担得起的许可费,那么也会出现同样的结果。由于影响重大,软件的有效垄断在很大程度上是针对传播和产业的,至于将协议和界面从版权和类似保护范围排除的具体做法仍在利益方争论之中。①

5.5.10 类似的,有说法认为如果连最小程度的复制都不允许,版权保护将导致兼容系统的发展举步维艰。抛开访问协议和界面不谈,这将阻碍兼容系统的合法发展,也会破坏理想的竞争状态。对于软件系统和商务应用市场尤其如此。

5.5.11 目前,成员国的版权法允许程序开发者阻止其他人使用访问协议和界面或开发兼容程序的程度尚不清楚。在任何情况下,比如以上段落所述的状况,有关访问协议或界面的版权都可能会产生和加剧垄断,综合其他因素,因此可能出现相关竞争法的统治地位滥用。

5.5.12 很多情况下还取决于法庭如何在具体案例中设法解决抽象问题,以及如何在现存程序的版权持有人和独立开发其他具有类似功能的程序的个

---

① 日本《版权修正法案》第62号,1985年6月在第10条增加的段落中指出,算法、程序语言和规则排除在版权保护之外;同时,日本也尚未确定是否需要注册。

人之间找到利益的平衡点。当版权保护超越了客体或源代码的程序形式,覆盖例如程序描述等预装材料,那么保护的将会是思想,而不只是思想的表达形式。例如,解决特殊问题的数学公式可在程序中以很多不同的方式加以运用。每一种运用方式只要有相同的初始变量或输入值就能得出同样的结果。但是不同的运用方式其表现可能不同,甚至可能差异甚大。版权应当保护运用的方式,从而保护其在性能方面的特殊优势,而公式则允许任何人使用。随着法庭对受版权保护的客体的日益熟悉,法庭将能够发展计算机程序领域版权复制的判例法,就像在传统领域中那样。版权法庭判例在美国迅速增多,对于保护范围的解释也同样激增。现阶段,共同体还没有充分的经验能够使其得出版权法需要修改的结论。如果出现了问题,则依据相关知识产权法相应的非自愿许可条款或者全部或部分适用竞争和标准化政策予以解决。

5.5.13　委员会认为,从基本经济政策角度来看,通过版权或邻接权保护软件以防止复制行为的做法是正确的,应该获得共同体内所有成员国的赞同。在处理原则问题时,委员会需要关注哪些参数对于成员国的实践来说是必须的,从而确保系统内的充分融合。

5.6　现有版权制度的说明和修改

5.6.1　关于版权规定的说明和修改,以下内容需审慎考虑:计算机程序版权保护的可获得性,包括固定保护的受益人;保护的范围即受限和不受限的行为包括保障公平的条款以及其他免责条款等;保护的期限;著作权:包括雇佣作者和为获得报酬而自我雇佣的作者;计算机生成程序的可保护性和著作权;精神权利;证据问题。

保护的可获得性

5.6.2　共同体很多司法区域的司法判决已经认识到,计算机程序受到版权法①的保护,学界观点通常支持这一结论,但是仍然存在一定程度的不确定性,并且将一直持续,直到上诉最终法庭获得权威判决。在版权法有关保护计算

---

①　见 5.3.7 节注释。

机程序的明确指令的基础上,可以通过立法说明的方式来消除这种不确定性。

原创性和独立性智力贡献

5.6.3　不过,该指令本身并不一定能确保在所有成员国的统一基础上,保护所有的计算机程序免遭复制。在每一个成员国,一件作品必须是"原创的"才有资格享有版权保护,即它是创作者自己的智力成果而非复制品。但是在一些司法区,某些案例中可能还会要求更多,涉及实用性而非审美性功能的作品尤其如此。法庭可认定作品缺乏充分的创造性特点,而无法获得充分的版权保护。不过在一些案例中,这种"小变动"(德语是"kleine Munze")可以获得较低程度的版权保护,以保护其所包含的时间、人力和金钱①投入。

5.6.4　这一趋势在欧洲的其他地方要比在英国和爱尔兰更加明显。最近出现在德国和法国的最高法庭的两个判决中,该趋势有不同程度的表现。在德国,Inkasso 的案例②中,最高法院认为程序必须代表个人的、原创的、创造性的成就,这就要求通过对于相关信息和陈述的选择、收集、安排和划分得到的计算机程序形式要超过计算机程序开发过程中的平均水平。另一方面,在法国 Atari 案例③中,1986 年 3 月开庭审理的最高法院认为巴黎上诉法庭以没有体现表达的创造性且不具有引起有关文学和艺术版权的法律保护的必要审美特点为由错误地排除了一个计算机游戏程序。与审美标准无关,该程序本应当受到保护。

5.6.5　如果不同成员国的法庭对原创性标准的解释具有巨大差异,应当采取行动以避免扭曲结论。但在现阶段,过分夸大这一问题的严重性或担忧缺乏解决途径的时机还为时过早。

5.6.6　首先,就问题的严重性而言,Inkasso 案例中的分歧可能并不那么重要。完整地阅读判决可以发现法庭在很大程度上关注了可保护的程序和包含公共领域常见元素的受版权保护的客体之间的区别。如果判决适用于具体

---

①　见丹麦《版权法》第 49 条(第 158 号法及此后修正,1961 年 5 月 31 日)。根据该条款,"目录、图标和类似产品,其中包括大量经过编辑的信息,受到保护并反对未经授权的复制,保护期自产生之日起 10 年内有效"。
②　见 5.3.7 节注释。
③　见 5.3.7 节注释。

案例中,将常见共同元素排除在版权法的保护范围以外,那么德国的法律状况和其他成员国之间存在的分歧也并非很大。

5.6.7　如果显著的分歧持续存在,那么现成的方法是近期采用的有关半导体产品①拓扑图像的法律保护的指令。正文如下(第 2 条第 2 款):

> 半导体产品的拓扑图像应受到保护,只要它是创作者自己的智力成果,并且不是半导体产业的常见事物。如果半导体产品的拓扑图像包括半导体产业的常见元素,它应当在这些元素的组合作为整体的情况下,在满足如上所述条件的程度上受到保护。

与之相似的条款对于即将发布的关于计算机程序保护的指令似乎足够了。

作品的固定

5.6.8　程序大可以传统方式书写于纸上,但是正如上述,它也可以被存储在磁带或磁盘、光盘中,甚至作为微电路或芯片上的电荷模式的一部分。事实上,这些较为不易获取的形式正在成为软件录制的常用媒介。因此,版权法清楚地将版权保护延伸至以任何形式固定的程序。②

保护范围: 受限行为

5.6.9　在评价何种使用方式应被视为受限行为,得到作者的许可时,应考虑计算机软件的特殊性质及其典型的使用方式。适用于传统作品的受限行为并不总是完全适用于软件。因此,在清楚定义相关软件的权利时,要考虑是否需要采用特殊的条款。

受限行为: 复制、翻译、改编和使用

5.6.10　就传统权利而言,那些明显与软件相关的权利包括以任何可复制

---

① 《欧洲共同体委员会第 87/54 号指令》第 L24 号,1987 年 1 月 27 日,第 36 页。
② 需注意,根据半导体法令第 8 条,半导体产品拓扑的法律保护除了拓扑本身以外,不应延伸至体现在拓扑中的信息。

的材料对作品进行拷贝、复制或出版,包括将程序的一种代码转换为另一种代码的翻译过程在内的作品。使用计算机程序的一个特殊性,出于技术原因,它的正常使用必然包括以上操作过程。在一个典型的情况中,用户获取计算机程序,该程序存在于计算机可读的媒介如软盘或磁带上。软件供应商通常会建议用户制作该软件的复制品作为备份。由软件生产者分销的软件在安装完之后就没有用处了,留存它是以防计算机发生故障。要使程序受限必须将其转换到计算机的内存中,这意味着它必须被复制。在这个首次及完整的复制之后,程序还要被复制多次,尽管可能是部分被复制,只要程序在计算机上运行就会被复制:在程序由程序库转移至主内存时;在单个程序命令被转移至中央处理器(CPU)时;或当信息在屏幕上呈现或打印于纸上时。如果没有不断的复制、改编甚至翻译的可能,使用计算机程序是不可能的,也就必然要执行受限行为。

5.6.11　显然,根据许可协议授权使用程序意味着对于复制、改编和相关翻译的授权,否则就无法达到用户的预期目的。

5.6.12　另一方面,根据授权复制、改编和翻译的广泛权利,版权持有人有权根据版权法的规定,禁止出于某种目的、在某时间或地点对于程序的使用。例如,精密软件常常仅许可特定的个人计算机使用。一些制造者提供"位置"许可,即对位于同一个房间或在同一地域范围内的任何机器都提供程序运行许可。这些许可具有合理的理由,因为它们旨在确保许可人根据许可证持有人的使用程度以获得相应的许可费。如果没有这些许可,考虑到复制和多次使用的便利,那些只支付一项许可费的大用户会获取不公平的利润。

5.6.13　就大规模投放市场的软件包而言,这些权利尚不完善,事实上在实践中也很难实施。尽管很多供应商试图保持许可协定的性质,但是这种软件往往是被出售,而不是被许可使用的。对于用户的典型限制是,用户只能在某一时间在一台计算机上运行程序,用户有权将许可材料转移至第三方,条件是该用户不保留该软件的复制品,并且不再使用该软件。这反映了供应商需要阻止程序一次收费而被多人使用。另一方面,转移软件的授权有益于软件的销售——就像该类软件的市场性质,同时也在自由流通中维护公众利益。

5.6.14 简而言之,广泛使用的权利,程式化、复制、出租、改编和翻译的授权,对于软件在实践中的使用是适宜的。该权利提供了将版权持有人所获报酬同程序的使用挂钩的法律基础。同时,授权使用程序就意味着授权使用中所包括的所有行为。

受限行为:改编以改善

5.6.15 除了那些通常在使用程序过程中必须包括的内容,即那些由被授权的用户出于自身目的所作的改编外,我们还需要注意一些其他的改编。大部分的软件都在不断被用户改编以提高在特殊活动中的效率。另外,授权改编的权利可以被认为是版权的一般特征。需要在正当考虑用户和供应者之间利益的情况下采取权衡措施。版权持有人的授权对于那些与其权利相冲突的改编来说是必要的,例如,对程序的主要部分进行翻译使其能够在程序授权许可机器以外的其他机器上也可以使用的改编。另一方面,如果为提高效率而做的程序改编在用户和供应者之间的基本许可协定的范围之内,则应被视为是合法的,为实现正当使用程序的目的的用户有权对程序作出必要的改编。在此情况下,并不一定需要供应商的同意,或可提前假定同意。但是,软件供应商有权通过商业合同要求对任何改编拥有知情权,以便进行检查以确认是否包括在许可的基本范围内。用户改编程序后,供应商的后续服务、保持条款以及保证书均可修改。

出于私人目的的复制

5.6.16 共同体的成员国已经以各种方式、在不同程度上行使了《伯尔尼公约》第9条第2款的自由裁量权,在特殊案例中允许不经版权持有人许可对作品进行复制。关于私人复制也常常参考该条款。

5.6.17 但是,近期德国、法国和西班牙的立法将计算机程序排除在出于私人目的复制许可之外。背后的原因在于,在任何情况下,真正的出于个人使用目的的私人复制无法管理,而通过立法授予制作者必要的实质性权利,从而确保其抵制"半私人"复制的权利,这种复制可以被描述为组织或企业内、大学生之间、计算机协会的成员间的程序复制和交换。此外,有观点认为音像材料的私人复制是合理的,例如消费者需要改变支持,制作片段或编辑材料等,这些很少运用于计算机程序。在很多情况下,程序私人复制的真实目的仅仅是为获得"免费"的副本,而不是再次购买一个合法的副本。

5.6.18　这一论证似乎令人信服。因此,指令应该包括一个排除计算机程序私人复制的条款。同时,应当允许用户合法制作一份或多份备份及复制品。这样的一份或多份复制品在用户的程序使用权过期以后应予以销毁。

保护期

5.6.19　如果计算机程序受到和文学作品同样的保护,根据成员国的版权法,保护期的长度至少是作者死后50年。除法国之外,各成员国的做法基本如此。根据法国1985年7月3日出台的法律①第48条规定,计算机程序在其被创作之后享受25年的保护期。这一差别早晚会影响程序的自由流通。的确,因为法国的法律并不包括任何有关这一事项的具体条款,在1986年1月1日新法实施生效之前创作的程序的保护期较短。随着法国在20世纪50年代和60年代创作的计算机程序进入公共领域,这一议题很快受到重视,并带来一系列的实际后果。

5.6.20　对于保护期少于50年的案例来说,经常采用的出发点是计算机程序的特点,特别是作为公共设备、对于产业经济整体发展而言具有潜在战略意义的操作系统。在这种思维下,经常考虑的事实是,实践中很多应用程序的生命周期很短,表明投资有限,这种情况下如果采用50年的保护期是不恰当的。这种观点强调在考虑其功能特点的情况下,保护期不应长于对程序开发者而言能产生适当投资激励的最短期限。专利的保护期是20年,考虑到软件的功能和产业特性,采用相似的保护期是比较合适的。

5.6.21　支持50年保护期的观点强调了这样一个事实,即许多程序已经或很可能将要拥有的使用期远小于50年,但这本身并不成为提议一个更短保护期的必要理由。这同样适用于受到版权保护的其他客体。只要程序确实有

---

①　1985年7月3日第85-660号法律,法兰西共和国官方期刊,1985年7月4日,第7495页。

一定长度的有效生命周期,它们就有权受到保护,若它们失去了效用价值,那么就不会有人使用,仅此而已。另外,一些种类的软件,如操作系统,也拥有相当长的有效生命周期。希望看到绿皮书本部分的读者能提供有关程序、专有权的有用生命期的信息,特别是那些长于 25 年的。

5.6.22　除保护期长度的问题外,其计算方式也有待商榷。如果保护期从作者去世之日算起,实际中会遇到很多问题,因为尽管所有的商业权利都将被转移到作者所工作的企业,但程序通常是集合作品。由于第三方需要明确最后一位作家的去世日期,要得知何时保护期将要结束将非常困难。然而,从长远来看,这一议题可能将非常重要,应当考虑从程序的首次使用或首次投放市场日期而不是作者去世日起开始计算保护期。这样的计算方法更能反映软件的技术、产业或商业特点。

5.6.23　从软件产业在内部市场的运作来审视,最好是所有成员国能够统一特定程序的保护期。在计算保护期方面,从程序的创作之日作为起算点更有说服力。而对于保护期期限的长短,50 年还是更短的 20 年或 25 年应结合逆向思维综合考虑。如果未来的发展可以肯定版权保护不会对软件市场的竞争造成限制,那么在此程度上适用更长的版权期保护就是适宜的(见上述 5.5.8 至 5.5.12 节)。

作者身份

5.6.24　在作者身份方面,由雇员制作或委托制作的软件会产生类似于其他领域中集合作品面临的常见问题,如广告领域。但是,毋庸置疑,软件行业的性质使得作者身份的法律界定尤其复杂。共同体内法律出发点的标准化是理想的状态,但是,这并不是最重要的,因为考虑到经济权利,这一事项可以通过协议得到满意的解决,这一问题上没有一个统一的解决方案,并不会使计算机程序内部统一市场的实现受到严重影响。不过,如果在相关的司法区域至少有一个清晰的法律出发点,那么合同解决方式便会更加便于推进。因此,最好所有成员国能确保其法律在没有任何反面协定的情况下至少可以明确版权持有人是谁。在此类最低限度的条款基础之上,成员国对于使用何种方式解决问题仍然享有充分的自由,此类条款已在理事会关于半导体拓扑法律保护的指令中予以规定。① 该条款可以作为软件领域相应条款的参考。

计算机生成程序

5.6.25　在未来,计算机程序将越来越多地通过计算机的辅助而产生,而该计算机本身又通过程序执行某些编程功能。那么问题在于,对于从此过程中产生的程序而言,谁拥有版权：计算机的使用者、计算机编程者、计算机的所有者,或是所有这些人。

5.6.26　所有版权保护的基础都是原创作品中技能和劳动力的充分运用。委员会倾向于认为,使用编程计算机并将其用作主要工具的人,应被认为是版权保护所有者。这一规定的优势在于比较容易识别版权所有者。

精神权利

5.6.27　精神权利,即作者要求专利和反对对其作品进行损害性修改的权利。该权利目前尚未在解决实际问题中受到充分的关注。然而,考虑到精神权利不可分割的特性,其是否应当适用于集合作品常受到质疑,因为这类作品通常具有技术、产业或商业特性,并且易于受到连续的修改。在一个较长时期内,至少应当考虑允许通过协定转让权利,不过应注意到若要在法律框架内把计算机程序纳入文学作品的范畴,必然会需要修改《伯尔尼公约》。但是,目前无须在委员会框架指令内涵盖精神权利的条款。

保护的受益人

5.6.28　鉴于成员国认为程序受到《伯尔尼公约》或《世界版权公约》的版权保护,因此并不亟须在指令中涵盖有关受到保护的个人的条款。每一个成员国对于来自其他成员国的个人和本国的国民在版权保护方面应一视同仁。另一方面,这两个公约目前均尚未将计算机程序纳入严格意义上受到版权保护的范围。持有此种观点的国家会认为,在其法律下,程序的权利应落入当前多边安排范围之外的邻接权。

---

① 见上述引文,第3条第1款、第3条第2款和第3条第3款。

5.6.29   指令不需要寻求解决计算机程序应受到版权还是邻接权[①]保护的议题。但是如果将这个议题搁置一边,就必须解决受保护者的问题,因为该议题无法通过现存的多边安排予以解决。目前处理该问题的一个模式体现在有关半导体规定的第 3 条:与共同体具有特殊联系的个人的保护条款,结合将该保护延伸至其他人的机制。一个更激进的解决方案也许可以避免相对复杂的条款和程序,而不涉及将该保护归类为版权还是邻接权的问题,即成员国应保护《伯尔尼公约》和《世界版权公约》中所约定的国民和居民。对于在这些国家首次发行的程序,应当制定相应的条款。除了相对的简单性,这样一种方法还具有可以避免这些国家潜在争议的优势,然而,其代价是对一些不延伸互惠保护政策的国家授予保护。也欢迎利益方提出各种简单或更激进的可能的解决方法,例如对所有自然人和法人赋予国民待遇,不论其国籍或居住地。

证据的问题

5.6.30   同样还需要考虑有关证据的问题。版权法并不保护思想,而是保护思想的表达方式。因此,要获取复制的证据需要将陷入争议复制品和原作品的最终形式进行比较。通常情况下,这并不会产生问题:如果有必要的话,有管辖权的裁判法庭可以出于审查目的获取相关作品,然后就产品之间相似性的程度作出判决。然而,计算机程序可能有不同的版本,其中一些版本之间几乎没有明显的相似性。此外,版权持有人也许无法获得可以使其证明相似性的侵权程序的版本。例如,持有者的源程序可能已经由未知的计算机翻译成了一种客观代码,仅凭人眼来看是与版权持有人的客观代码或原程序完全不同的。在寻求中间救济时,这是一个需要全面探讨的难题。

5.6.31   对此问题有一个可能的解决方案,即只要版权持有人可以向法庭提供自己程序的不同版本,并确立了一个抄袭的初步事实,就可以将举证义务

---

①   邻接权和有关权利是相对现代的产物,将类似版权的保护延伸至版权本身并未包括的作品范畴。是否创立新的邻接权或将版权延伸至新类型的作品的政策决定取决于很多因素,其结果会随着时间和地点而发生变化。"一件特定作品在一国享受版权保护,但是在另一国可能仅享有邻接权。以照片为例。照片在法国享受版权的保护,但在其他国家则仅享有邻接权或有关权利。正式授予邻接权的其他权利,最终可能成为版权保护的受益方"(Francon,邻接权的国际保护,RIDA,1964 年,周年纪念号,第 410 页)。从立法者的角度出发,选择邻接权的一个明显优势在于,相比版权领域中固有的做法,它可以更加自由地采取具体的解决方法。

转移给被指控的侵权者。例如,版权持有人可以指出,依其申诉的侵权程序以相同的计算方法获得同样的结果,并且被指控的侵权者有途径获得或接触到版权持有人的程序。

5.7　概要

5.7.1　如 5.4.1 节中所述,委员会决定在完整的内部市场框架内优先考虑与计算机程序法律保护有关的议题,并随即提请一项关于计算机程序法律保护的指令。为此,委员会已完成了一些初步的咨询,已经确认在此领域尽早作出倡议的必要性。此外,所有收集到的信息和通过国际层面就恰当保护体系讨论获得的经验显示,委员会的方案应落实在版权和邻接权的框架内。

5.8　结论

5.8.1　委员会打算作为紧急事项,向理事会提交一项基于"保护计算机程序"第 101 号办法的指令建议。

5.8.2　关于指令的内容,特别是共同体的标准化政策,委员会愿接受关于以下问题的意见:

a）保护是否适用于以任何形式固定的计算机程序;

b）当程序是创作者自己的智力成果,且在业内并不常见,也即程序是原创时,该程序是否应当受到保护;

c）对于实现程序的关键,如准入协议、界面和方法,是否被特别排除在保护之外;

d）授权受限行为的权利是否包括广泛的使用权,此广泛的使用权或是程式化的,或是作为授权复制、出租、改编和翻译的结果;对于后面复制、出租、改编和翻译的授权,是否应该制定在任何情况下适用的具体条款;

e）是否允许程序的合法使用者完全出于其自身目的,在许可的基本范围内对程序进行改编;

f）是否应禁止没有版权持有人的授权而出于私人目的对计算机程序的改编,是否应允许合法使用者未经授权制作备份副本;

g）保护期是否应按照指令的规定,始于程序的创作之日,并延续恰当的

年限;是否需要在 50 年的保护期和 20 年或 25 年的保护期之间作出选择;

h) 计算机程序的作者问题,包括计算机生成程序的作者问题,在没有相反的合同安排的情况下,是否在很大程度上应交由成员国处理,并遵循确立作者的相关国内法;

i) 遵守《伯尔尼公约》或《世界版权公约》国家的国民,或这些国家内的企业,或所有自然人和法人不论国籍或居住地,是否应受到版权的保护;

j) 在侵权案件中,如果原告向法庭提供其可以获得的计算机程序的所有不同版本并证明相似性,有关复制的举证责任就应移交给被指控的侵权人,以及被指控的侵权人有权获得权利持有人的计算机程序。

5.9 提交时间表

5.9.1 考虑到立法程序有尽快开始的必要,委员会将尽快征集利益方对以上议题的意见。有关意见应于 1988 年 9 月 1 日前提交委员会。

第六章 数 据 库

6.1 受版权法保护的客体

6.1.1 本章使用的术语"数据库"是指,一系列通过电子手段存储、获取的信息。它可以全是文本材料,即现存的版权作品,在这种情况下数据库就类似于一个综合或专业图书馆。它也可以是作品选段的汇编,类似于选集或是记录中心,从中可以获得所需作品的部分内容。它还可以是公共领域材料大全,例如名单、地址册、价格表、编号。此时的数据库类似纸质版的目录、时间表、价格表和其他此类参考材料。最后,它还可能由单件篇幅长的作品的电子出版物组成,例如百科全书。

6.1.2 尽管电子出版和电子图书馆也频繁引起与数据库活动相关的类似版权问题,但与之相关的具体问题在本章中未予讨论。电子出版引发的问题涉及影印技术、信息管理和网络传输领域,这些已不在本章讨论的范围之内。同样地,电子图书馆涉及公共出租权的问题,其在第四章关于出租的一般讨论中或在第二章和第三章分别讨论的有关音像制品的盗版和家庭复制中已有描述,在本咨询文件中不再详述。

6.1.3 目前最常见的数据库使用方式是通过电子通讯媒介进行在线访问。因此,与信息源相距甚远的用户也可以访问该数据库。类似于音频压缩光盘,但是拥有无限数据存储能力的只读型光盘(CD Rom)在消费者市场的出现,使得消费者可以自行购买某种数据库的复制品,而不用再通过电子手段访问一个中央信息库。目前,这类光盘的主要目标市场是百科全书或是包含大量姓名和地址的名录等作品,但是未来几代允许用户与数据库进行交互的CD交互光盘将包含除数据以外的声音和图像。只有一张信用卡大小却包含相当于 20 卷纸质文本信息量的光学激光可读卡(optical laser-read cards)目前正在开发中。其他类型的可再用光盘,即 WORMS(Write Once-Read Many Times)正在生产中。同样正在开发之中的数字磁带录音机将被用作外部数据存储设备。

6.1.4 与以传统方式存储的纸质材料相比,数据库的优势很多。第一,数据库包罗万象,意味着指定类型的所有可用材料都可以存储在单一数据库中。第二,数据库允许选择性,意味着可以通过简单访问某个数据源,快速获得指定主题的相关信息,而不用在不相关的材料中进行搜寻。第三,数据库使用户能够访问难以在传统图书馆中获取的信息,因为持续更新的信息可以远程高速地提供给用户。广泛性、选择性和可访问性三者的结合确保数据库能够取得商业上的成功。

6.1.5 因为商业数据库在科技和工商业领域应用最为广泛,所以它常是原始数据本身,易于检索和更新的、具有价值的事实,而不是作品最初的书写形式。这个因素会影响数据库形成材料的筛选,因为在一些科技领域,从学术著作获取的简单公式足以提供核心信息。这意味着在一些类型的数据库的建设过程中,信息表达的形式不如信息本身重要。但是,汇编数据库的方式将会影响数据获取的速度和难易程度,决定其商业上的成功。

6.2 共同信息市场的建立

6.2.1 欧洲信息服务市场的创立非常重要,其目前因司法和语言的障碍而被分隔开。由国际出版商协会收集并于近期在联合国教科文组织/世界知识产权组织(UNESCO/WIPO)备忘录①中被援引的数据显示,数据库市场的发展如下:现存的、为公共使用的数据库的数量已经从 1980 年的 400 个增长至 1986 年的 2 901 个。1985 年电子出版在世界范围内的营业额已达 50 亿美元。其中,美国占总营业额的五分之四左右,但是德国、法国和英国产生的市场总值仅为 3.5 亿美元。如果共同体想在信息服务市场具有竞争力,必须消除成员国在信息自由流动方面的障碍。为了该市场的发展,委员会已建立一项专门政策和行动方案。② 基于委员对具体领域的提议,信息市场高级官员咨询组(SOAG)联合法律咨询组(LAB)正在审查影响这一市场的法律问题。法律咨询组由成员国的法律专家组成,他们根据自身能力行动,就跨境数据流动的相关法律问题向委员会提出建议。

6.2.2 私人性质的数据也会被纳入计算机数据库,这又引发了有关个人隐私和机密信息保护的问题。本章节仅讨论版权问题,数据保护相关问题不在本章节的讨论范围内。同样,关于数据库运营者对其系统中所含信息精确性的责任等相关问题亦不在本章节的讨论范围内。

6.3 运用数据库存储和检索信息产生的法律问题

6.3.1 有关数据库使用带来的法律问题目前在 SOAG 和 LAB 内部引发广泛讨论。因此,在目前阶段公布这些讨论的具体发现还为时过早,但是为了使那些目前未被直接咨询的利益方能够有机会就所述主要版权问题发表意见,将尝试给出一些一般性结论。在后续阶段,如有可能,委员会将就是否有必要改编现存法律递交其调查结果。

6.3.2 从版权角度来看,计算机信息系统的使用产生了三个方面的问题。第一,受保护作品整体或部分被纳入数据库是否构成受限行为。第二,在版权法律下,存储信息的检索是否构成受限行为。第三,应考虑如何充分保护数据的汇编。

---

① UNESCO/WIPO/CGE/PW/3-11,1987 年 9 月 14 日。
② 在共同体层面制定信息服务市场优先发展的行动方案和政策(文件 COM(87)360 终稿)。

6.3.3 一些国家①近期考虑如何在对它们现有的版权法的修订或修正的基础上保护数据库。建立和管理知识产权公约的国际组织长期以来也就知识产权的问题开展了讨论。

6.3.4 世界知识产权组织(WIPO)和联合国教科文组织(UNESCO)在《伯尔尼公约》和《世界版权公约》的框架内联合讨论了与计算机信息系统相关的主要问题,即通过计算机获取文学作品的问题。1982年,就通过计算机获取创作作品引发的版权问题,政府专家委员会第二次召开会议,采纳了一系列建议来解决在相关国家立法层面出现的版权问题。② 专家们认为无须修改版权公约,因为该解决方案可以在现存的那些公约原则框架内得到调和。1978年12月7日至11日,纸质文字政府专家委员会在日内瓦召开会议,对与数据库相关的一系列原则展开了讨论。委员会将对这些原则的讨论内容进行记录,这些原则的目标与本章的初步结论是可以广泛兼容的。

信息的存储

6.3.5 因为世界知识产权组织和联合国教科文组织先前的工作成果,共同体的所有成员国均达成共识,即从版权角度来看,在计算机信息系统中使用受版权保护的作品从广义上来说是和版权相关的。将作品全部整合到计算机信息系统将会构成一种形式的复制,此行为应先得到作者或其权利继承人的许可,除非该复制属于成员国版权法中受限行为的一种公认的例外情况。鉴于计算机信息系统通常旨在为存储的信息提供广泛的可获取路径,成员国法律中对特定用途的受限行为的常规免责,如私人使用或公平使用,与信息系统中版权作品的存储几乎是没有联系的。

6.3.6 同样清楚的是,可以对已出版作品和作者相关的书目、索引、参考文献以及类似信息进行自由汇编,因为该类信息的使用并不意味着对作品进行了全部或部分的复制。

6.3.7 在某些司法领域,就现存版权作品的书目信息可以在何种程度通

---

① 参见美国1976年的《版权法》第101条,以及《版权法修正案(部分)》的第12b条,1986年5月23日,日本。也可见以上的第2条。

② UNESCO/WIPO/CEGO/II/7,1982年8月13日。

过引用片段、内容摘要或概述等方式加以补充,已有提起诉讼的情况。尽管只是普遍相关问题中的一例,但出版社、数据库的建立者、信息汇编者和数据库运营者对其尤为感兴趣。一些专家表示很开心看到该法律状况已在最大程度上得到了阐明,但也表示从经济角度来说,不应过分夸大该问题的现实意义。但是,主要或完全由学术著作和科技出版物的摘要构成的数据库确实存在。在未经作者或其权利继承人许可的情况下,是否能够将摘要纳入数据库尚未可知,这会为该类数据库的发展带来负面影响。然而,不要低估解决这类问题遇到的实际难题,像从现有作品中引用或借用权利的合理范围。这些问题可能只能通过广义上的立法予以解决,由判例法确定其在具体情况下的适用范围。

存储在计算机数据库中作品的检索

6.3.8　一些司法区域将涉及直接录制(下载)的所有数据库信息检索形式视作一种受限行为。但是,检索可以以不同方式进行,在一些司法区域,学术观点认为用户获取存储材料的不同方式之间存在明显区别,主要的区别在于视觉展示和打印件。打印件一向被视为复制品,而视觉展示因有时相当于在图书馆或书店简单阅读一本书的某页而不被认为是受限行为。但是,成员国法律立场的不同所带来的实际影响似乎相对有限。

6.3.9　到目前为止,因为预先假定作者授权的数据库存储是受限行为,所以在征求作者许可时,作者自然会修正以不同方式检索其作品的条件。事实是,根据某类具体作品的所有或大部分作者的集体协议,这些条件通常会更多地得到修正,但这并未改变在实践中存储和获取作品受到一项协定制约的基本原则。一些利益方因此认为,就目前而言,提议最大程度阐明法律以达成更一致的信息检索解决方案是没有必要的。然而,其他观点认为就协议进行谈判是不容易的,尽管该协议考虑到存储信息以后能够得到广泛使用。作者和其权利继承人在其他领域可以实施合理的控制,例如通过复制品的销售、出租或公开表演等方式获得版税,同样,很难去判断存储在数据中的给定作品的实际利用程度。欢迎用户和数据库操作者就在该领域是否有必要引入共同体行动发表看法。

6.4 保护数据库，禁止复制

6.4.1 现行的国家立法和国际公约认为数据库的保护同存储作品的特点相关，与汇集信息的数据库本身无关。因此，对于全文数据库而言，单件作品的存储，如百科全书，其作者的归属是明确的，即无论作品以传统方式还是电子形式出版，作者都享受同样的版权保护。对于存储多件作品或其节选而言，《伯尔尼公约》第 2 条第 5 款有相关规定：

> 文学或艺术作品集，例如百科全书和选集，因其内容的选择和安排，构成智力创作成果的，应受到保护，且不应损害该作品集组成部分中每一件作品的版权。

因此在成员国享受版权保护的作品，在其整体或部分被整合至数据库时，将继续享受保护。当享受保护的作品选段因其简洁性无法受到版权法保护或是该题材完全不受版权保护且已经处于公共领域时，难题就出现了。

6.4.2 处于公共领域的作品类型通常包括官方文本、法律和行政文件、公众和法律诉讼记录等。保护期满的作品也被认为处于公共领域。所有这些类型作品构成数据库受版权保护的客体，需要进行一定程度的技能投入和投资对其进行汇编。特别是汇编将会被设计用来确保能够便捷获取信息，并创造能够吸引某类特殊用户群体的特性。

6.4.3 在某些情况下，数据库可能并未对材料进行"筛选"，而是将所有可用的出版材料囊括在一个详尽的数据库中。同样的"安排"可能会受限，当技术要求以最易于获取信息的方式整理信息时，例如以首字母或时间的顺序排列。

6.4.4 但是，在某些司法领域，该类信息的汇编可能受到版权的影响，这取决于汇编的原创性和创造力水平和具体国家立法中对原创性和创造力水平的要求。这方面的问题类似于在计算机程序中讨论的问题（第五章：5.6.3 至 5.6.7 节）。

6.4.5 在一些国家，专门的汇编并不受到真正的版权保护，因为该类作品被认为并非是完全原创的或是具有创造性的,但是也可以存在另一类对复制的短期保护。例如在丹麦的某案例中,根据丹麦《版权法》第 49 条,目录、表格和与汇编信息类似的作品,可以在未经作者(汇编者)的许可下,自出版之日起享受 10 年的保护期。在其他国家,被视为因创造性不充分而无法享受版权保护的作品将处于公共领域之中。

6.4.6　同样,在一些司法区域,已经出版的作品版本中存有一项权利,该权利高于作者在已出版作品内容方面的权利。在爱尔兰(1963 年《版权法》第 20 条)和英国(1956 年《版权法》第 15 条)中,关于出版版本的拓扑安排的保护,自版本首次出版之日起存在 25 年的保护期,反对未经授权的传真复制。

6.4.7　因此,有人向委员会提出,对数据汇编的投入可能不会引起版权保护,但有必要引入保护来抵制未经授权的复制。"信息经纪业",即贩卖和出售包含事实信息的数据库的确是一个快速发展的产业,需要明确的法律保护促进其发展。相应地,委员会考虑是否提议引入措施,赋予作为汇编的数据库一定限度的保护。

6.4.8　首先应当考虑的是,谁应是这类保护的受益者。其次,必须认真考虑保护的范围和受限行为,以免计算机信息的获取受到不合理的限制。最后,应仔细考虑是否应将出于私人目的的下载普遍当作受限行为。

6.4.9　此类保护并不会限制信息的获取,因为在数据库中包含的材料已经受到版权保护的情况下,版权的适用范围将不会延伸至《伯尔尼公约》第 2 条第 5 款就汇编权给出的保护范围之外。因为作品的简洁性、缺乏创造性,或因其性质,或因其保护期已失效,应用普通版权法时并未产生保护的情况下,数据库操作者应获得保护来应对汇编模式的复制的做法仍是可取的。它将赋予制作者类似于录音卡片制作者的权利。后者通常有具体法条赋予的权利来保护其在录制方面的自身利益,而不管他所录制的作品是否是受版权保护的作品。[①] 目前,数据库的制作者可能不具备此类权利,即使数据库内容本身受到版权的保护。

6.4.10　为了打击数据盗版,此权利可能是一种重要的手段。未经授权的

---

① 见第二章,2.6.10—2.6.18 节。

数据复制通常更多地会涉及多位作者的作品。单个作者即使有这方面的知识，可能也无法确定是否发生了侵权，并且只有对其作品进行商业开发时才会考虑不太重要的侵权行为。然而对于数据库操作者来说，侵权是十分重要的。数据库操作者比作者更容易发现侵权，而且如上所述会急于作出反应。所以，在数据库的操作者和作品构成汇编数据库部分内容的众多作者之间，没有必要存在一种紧密的合同关系。与集体主体，如科技文献等特殊领域的出版商或作者，签订合同，是一种常见的解决方案。

6.4.11　对于录音制品的制作者，同样说法得出的结论是，为了打击盗版，应在录音业普遍引入制作者权利。这是为数据库操作者引入相应的权利所必要的一步，使他们可以行使自己的权利，追查未经授权的复制。

6.5　存储在光盘和磁带中的数据

6.5.1　随着光盘或卡片市场以及在数字磁带上存储数据的市场的扩展，保护以此类来源存储和获取的数据将日益重要。数据库可能与其他类型的录制音像材料一起被投放到市场。本章 6.3.1 至 6.4.9 节规定的法律原则在理论上可以适用于以任何方式进入市场的数据库。但是，相对于用户与数据库操作者具有直接的合同关系，在使用条件具有法律约束力的协定下获取数据库的这种情况而言，在光盘、磁带或卡片上出售的数据库在实际操作中更加难以实施权利。目前，新技术带来的冲击引发了更多与录音制品私人复制相关的、迫在眉睫的难题，这些问题已经在第三章家庭复制中进行了讨论。无论数据代表的是一件录音制品或是一件文学作品，以数字形式保存在光盘或磁带上的录制数据都依赖于同一技术。最终为保护数字录音制品保留的解决方案在原则上同样能很好地适用于以光盘或磁带形式的商业化数据库。

6.6　概要

6.6.1　在计算机信息系统中全部或部分存储版权作品会带来一系列法律问题，针对这类问题，目前最合适的解决方案似乎是通过法律手段来保护数据库中本身受版权保护的汇编作品。旨在解决现有难题的专门法律途径尚未成熟。

6.6.2　委员会也在考虑对于数据库本身汇编模式的保护是否应延伸至由

不受版权保护的材料所构成的数据库。如果相比其他方式而言,版权保护能最大程度地体现数据库汇编所代表的大量投资,那么在这种情况下才应采取该行动。

6.7　结论

6.7.1　委员会欢迎了解以下内容的各方提出意见:

a) 数据库中作品的汇编模式是否应该受到版权的保护;

b) 除建立可能的合同关系之外,保护汇编模式的权利是否应该被延伸至由不受版权保护的材料所构成的数据库,且这种保护是否是版权或是一种特有权利。

6.8　提交时间表

6.8.1　有关以上内容的意见应于1989年1月1日前提交委员会。

第七章　共同体在多边和双边 对外关系中的作用

7.1　对外关系:多边和双边

7.1.1　共同体保护版权的措施并不都与法律措施或法庭诉讼有关,也包括对外关系这一领域的行动。在双边和多变关系中,共同体均可以从其内部市场的运行着手,维护版权人的利益。运行内部市场的举措有两方面,有效发挥现有知识产权的效力,以及建立公认的最低保护标准。在上述语境中,多边关系指共同体与国际组织、区域性组织以及其他组织的双边关系,不管这种关系是建立在共同体与一个单独的非成员国之间,或者是共同体与区域性或非成员国团体之间。当然,在一些情况下,双边和多变关系是紧密联系的,例如对纺织品设计的保护。鉴于对知识产权的管理会直接或潜在地影响贸易,要消除国际贸易间的障碍和扭曲的关系,共同体须按照欧洲经济共同体有关建立共同商业政策的第113条款来采取行动。

7.2 多边关系

7.2.1　目前已有不同的国际组织进行了关于版权及相关内容的多边讨论和协商。其中最重要的是联合国内的专门机构，如世界知识产权组织、联合国教科文组织、关税和贸易总协定、欧洲议会、经济合作与发展组织（OECD）。同以上机构的协作下，共同体和委员会行动的性质根据相关组织的行动而有所不同。很多重要的行动和举措已经在以上不同章节中进行过讨论。以下段落旨在总结每一个相关组织的主要特点。

世界知识产权组织（WIPO）

7.2.2　在版权方面，国际协商和讨论最主要的论坛是 1967 年根据 WIPO 公约建立的联合国特设机构——世界知识产权组织。世界知识产权组织执行《伯尔尼公约》的行政事务，承担或参与其他旨在促进知识产权和邻接权保护的国际协定的管理职责。委员会与世界知识产权组织签署了工作协定，互相交流出版物，以及相互参与由世界知识产权组织和委员会分别组织的会议。委员会以观察员身份参与了世界知识产权组织在共同体层面行动措施的会议。

7.2.3　根据欧洲经济共同体第 116 条之释义，世界知识产权组织是具有经济性质的国际组织。因此，与共同市场的特殊利益相关的所有事务，成员有责任只在世界知识产权组织的框架下进行共同行动。直至最近，特别是基于目前修订版的《巴黎公约》，共同体限定了其在工业版权领域的行动。但是，有关版权和相关受版权保护的客体的议题要求作出同样的反应，这仅是时间的问题。此外，半导体拓扑的法律保护指令已经为共同体与世界知识产权组织的关系开启了一个新阶段。世界知识产权组织将首次采取行动，准备一项多边协议。该多边协议会涉及对所有成员国具有约束力的共同体法律，并且已经囊括了相关议题。因此，议会于 1987 年 4 月 24 日决定共同体应参与该条约的筹备工作，在该情况下，委员会将表明共同体对于指令范围内问题的立场且委员会已经采取了相应行动。世界知识产权组织的管理机构已经提出了以下问题，即：共同体参与未来旨在采用集成电路保护的多边协议的外交会议问题,以及欧洲经济共同体成为未来协议方的可能性问题。但世界知识产权组织的相关权力机构尚未作出决定。考虑到共同体进一步就版权及邻接权,甚至其他形式的知识产权的立法可能性,在世界知识产权组织中进一步发挥作用,这对于共同体而言非常重要。

联合国教科文组织(UNESCO)

7.2.4 在某些领域,联合国教科文组织的行动也涉及版权保护,要么与版权直接相关,如与《世界版权公约》有关的组织机构的行政责任;要么由于其教育、科学和文化事务中一般涉及版权的利益有关。因此,近年来,联合国教科文组织与世界产权组织联合举办了关于使用计算机或计算器创作作品、[1]卫星直播的版权和相关表演者的权利、[2]音像作品和录音制品中录音制品制作者和广播机构的权利的会议。[3] 联合国教科文组织在 1987 年与世界公约组织的合作中,对于戏剧和音乐作品,特别是应用艺术和印刷作品的保护,已经相当重视。还为应用艺术作品和印刷品的保护建立和运营了相关的数据库。委员会将会继续按照共同体的思路发展,并在资源允许的情况下参与讨论。此外,如果出现在共同体能力范围内的问题或涉及共同体市场特殊利益的问题,委员会将给予成员恰当的提议。

关税及贸易总协定(GATT)

7.2.5 在多边贸易谈判东京回合中,与知识产权相关的贸易在关税及贸易总协定中被多次提及。在此情形下,1979 年欧洲共同体和美国提议建立商业仿冒协定,这具有非常重要的意义。各利益代表团,包括欧洲议会,虽然就此事进行了非正式讨论,但并未在东京回合谈判中达成任何书面协定。直到 1982 年假冒商品贸易的议题才列入关贸总协定的议程,部长们发表声明,要求理事会决定在关贸总协定框架下对假冒商品贸易采取联合行动是否合适。

---

[1] 政府委员会关于使用计算机进行作品创作问题的报告,UNESCO/WIPO/CEGO/II/7,1982 年 8 月。
[2] 专家组关于经由卫星直播广播的版权方面的报告,UNESCO/WIPO/CGE/AWP/4,1986 年 6 月 30 日。
[3] 专家组关于音像作品和录音作品的报告,UNESCO/WIPO/CGE/AWP/4,1986 年 6 月 30 日。

有关该议题的工作尚未得出结论。

7.2.6 关贸总协定缔约方部长于 1986 年 9 月在乌拉圭埃斯特角城举行会议,决定发起新一轮的多边谈判,其中包括"与贸易有关的知识产权协定,包括仿冒商品贸易"。有关内容如下:

> 各成员,期望减少对国际贸易的扭曲和阻碍,并考虑到需要促进对知识产权的有效和充分保护,及保证实施知识产权的措施和程序本身不成为合法贸易的障碍。认识到,为此目的,需要制定有关下列问题的新的规则和纪律……认识到,需要一个有关原则、规则和纪律的多边框架,以处理冒牌货的国际贸易问题……期望与世界知识产权组织以及其他有关国际组织之间建立一种相互支持的关系。

7.2.7 在本章中,共同体和委员会补充了如下目标:

(i) 为了避免贸易相关问题,对假冒生产国际贸易的商品或本国市场的产品,都应采取措施确保知识产权的有效实施。为此,在边境(有关进出口产品)地区也要与本国市场一样,建立起适当程序,以采取快速有效的行动;

(ii) 知识产权受现有的本国法律保护,也应通过关贸总协定一般适用的原则加强保护。实行"国民待遇"和"最惠国待遇"原则,可避免本国权利人和国外权利人之间或在国外权利人之间存在歧视,包括在实体性标准、实施程序及可获得救济方面存在的歧视。此外,颁布解决争端的制裁性条款,能确保协议各方尊重并履行其国际义务;

(iii) 合约国应在更广泛的意义上坚持和尊重保护知识产权的国际公约,包括但不限于旨在保护工业产权的《巴黎公约》及《伯尔尼保护文学和艺术作品公约》;

(iv) 对于由实体性标准不足或过量导致的问题,可通过关贸总协定法律体系内基本适用的标准酌情考虑,参考标准包括但不仅限于现有国际公约的标准;

(v) 对于合适的、在国际上被认可的有关知识产权保护规则,包括对新的创造活动的保护规则(例如软件、半导体),应予以详细阐述。应当鼓励所有国家积极参与修正或详述相关国际组织现有的法律和新颁布的公约。

经济合作与发展组织(OECD)

7.2.8　基于乌拉圭回合谈判,[①]经济合作和发展组织贸易委员会也参与考察和讨论了知识产权法对国际贸易的影响,尤其是向其成员国分析了该组织和发展中国家的实际情况和立法情况。该组织也关注自身的版权问题,尤其是跨境信息流方面的问题。在跨境信息流的问题上,该组织调查了其成员国内阻碍信息自由流动的版权规定。未来,涉及共同体利益的版权议题还可能涉及音像服务的国际贸易。此外,1987年秋将在"改进国际游戏规则"主题下召开有关跨境数据流动的高层次会议,信息、计算机和通讯政策委员会已经为此次会议做了准备工作并草拟了报告,以适应跨境信息流影响下的法律环境。委员会正在参与大会组委会的工作,特别是与国际贸易有关的工作,并会在恰当之时对跨境信息流问题提出建议。

国际劳工组织(ILO)

7.2.9　虽然委员会尚未直接参与国际劳工组织有关版权的讨论,但该组织在为卫星电视和雇员争取权利所付诸的努力值得肯定与感谢。

欧洲理事会

7.2.10　欧洲理事会乐于参与与版权各方面直接相关的会议,特别是大众媒体指导委员会及其专家小组委员会的会议。从会议上获得的信息对委员会自身的工作很有益处,例如,有关有线和卫星电视领域的工作。而其他受到普遍关注的问题也从此浮现,例如声音和音像录制作品的私人复制问题、视听作品的隐私问题等。

7.2.11　委员会的观点是,欧洲理事会在版权领域开展的工作与共同体提出的倡议是互补的。一方面,拥有更多成员国的欧洲理事会处理常见问题时,通常在更多的成员国中寻求建议,偶尔也会通过国际公约解决;另一方面,在

---

① 见7.2.5—7.2.8节。

共同体成员国这一范围内,共同体设法利用《条约》的直接适用条款和《条约》赋予其机构的立法权和其他权力,为商品和服务,包括受版权保护的商品和服务,建立一个真正的单一市场。在对作品的保护上,与欧洲理事会这样一个大型组织相比,成员国本国的法律要最大程度的优先和深入落实保护的力度。在欧洲理事会这一更大型的组织内,解决问题的常用途径能够得到公认。在处理同样的事件时,我们希望看到的是采取适合的措施解决,且这些措施能够与共同体的措施形成协调一致的整体。

7.2.12　相应地,委员会计划与欧洲议会就版权领域共同关注的议题继续合作。委员会将在其资源允许的程度上参加相关的会议,并邀请议会秘书长作为代表参加由委员会自身部门组织的类似会议,例如已召开的跨境电视领域会议。而在围绕盗版和私人复制音像制品主题近期召开的会议筹备工作中,委员会提出的两项建议在 1988 年 1 月 18 日被部长委员会采纳。①

7.3　双边关系:一般状况

7.3.1　当多边组织和公约在原则上陈述解决知识产权和其实施问题的最充足的框架时,必须认识到现行的有关版权的国际公约尚未在尽可能大的国际范围内实现有效版权保护。在处理受版权保护的客体的新形式的问题上,如半导体设计和软件也未取得成功。

正是这些原因,除了多边关系背景下的作品以外,关于单个国家或一组国家存在的问题需要在双边层面上进行解决。这些问题主要与三个领域相关:

—— 缺乏保护知识产权的充分的具体的标准;

—— 在存在这些标准的地方缺乏有效的实施措施;以及

—— 国民待遇原则对于共同体版权持有人的适用性。

7.3.2　双边关系如此受关注,以至于不论何时有关版权和邻接权的问题出现,共同体都会(且已经)采取行动。近年来,这类问题日益频繁出现。

---

① 委员会部长对成员国关于声音和音像盗版复制的第 R(88)1 号建议,委员会部长对于成员国关于在版权和邻接权领域打击盗版的政策的第 R(88)2 号建议。

7.3.3 因此,当 1984 年美国议会考虑并颁布法律来保护半导体设计[1]时,共同体基于其利益很可能受到影响而作出声明。随后,共同体对美国市场的欧洲半导体生产者采取了过渡期保护,以指令的形式法律保护半导体拓扑图。[2]

7.3.4 第 3 条第 7 款规定应该指出对版权保护延伸至来自非成员国的个人,以使共同体能够在整体上采取行动,实行保护的程序已经于近期首次启动。[3] 在半导体设计领域,未来成员国与非成员国的关系将在指令涵盖具体规定的基础上有所发展。

7.3.5 至于日本,可以参考该国早期在 1984 年提出的倡议,通过立法以各种手段限制计算机软件可获得的保护。共同体代表欧洲利益再次对日本当局提出了抗议。日本政府的决议被广泛报道,这一决议不在于为了软件而创建一种具体的法律保护形式,而意图在修改版权法,之后于 1985 年公之于众,此为共同体乐见的发展。[4]

7.3.6 为了更完整地阐述双边关系问题,近期,另外两个涉及非成员国国家的例子可作为参考。

7.3.7 共同体于 1986 年夏基于,一份代表共同体及成员国向尼日利亚政府作出的陈述关涉了一系列知识产权的问题,包括有必要加强法律,以抗击版权侵权行为。

7.3.8 早在 1987 年,马来西亚当局向委员会咨询有关该国知识产权保护的新草案。根据草案条款,对马来西亚国民、居民以及在马来西亚首次出版作品的版权保护的限制,受到了共同体版权持有人的极大关注,也引起了马来西亚当局对于这一问题的关注。如果有必要的话,共同体还会进一步采取行动。

7.3.9 韩国通过美韩双边协定,赋予共同体国民和企业在知识产权和工

---

① 1984 年《半导体芯片保护法案》。

② 1986 年 12 月 16 日议会《第 87/54/EEC 号指令》,《欧共体公报》,第 L24 号,1987 年 1 月 27 日,第 36 页。见美国过渡期保护通知,《欧共体公报》第 C284 号,1985 年 11 月 7 日。

③ 议会作出自 1987 年 11 月 7 日起生效的决定,基于互惠将权利延伸至在美国的自然人和法人以及英国负责其对外关系的英国附属国,《欧共体公报》,第 L313 号,1987 年 11 月 4 日,第 22 页。

④ 法律修改了部分版权法,1985 年 6 月 14 日第 62 号。

业产权领域与美国国民享有同等权利。在这之后,1987 年 11 月初委员会代表团与韩国政府就知识产权保护,包括版权保护在内进行了类似的双边协定谈判。但这些谈判尚未达成结果。韩国政府拒绝遵守以往的承诺,这一做法后果是共同体国民在韩国的司法管辖区域内遭受到歧视待遇。1987 年 12 月 18 日,议会同意委员会关于暂停对于来源地是韩国的产品的一般关税优惠的提议。① 只有进一步谈判可行时,与韩国的谈判才会重启。

　　7.3.10　除此类具体问题,委员会和与共同体有重要贸易或其他联系的特定国家以及国家团体之间也召开了临时会议,以讨论知识产权领域中出现的问题。不过到目前为止,上述会议关注的是版权之外的领域,也未尝试以系统方式发展这种干预形式。

　　7.3.11　近年来,有关盗版和仿冒的问题日益严重。显然,在共同体内部采取行动,或是在边境采取行动,均不能有效解决这些问题,而应该在共同体双边关系的框架下更系统地采取行动。这一行动需要共同体利益方的持续合作,也不能仅以确保共同体版权人受到尊重为目标,更要解决目前受关注的问题。例如,需要对计算机软件②和半导体产品提供充分的法律保护。

7.4　现有安排下的双边关系

　　7.4.1　共同体已经和亚洲、拉丁美洲、地中海、非洲、加勒比海和太平洋地区的国家建立了双边协定网络,由此创建了合作的多样化框架。无论是正式的形式或其他形式,这一框架充分涵盖了经济合作,特别是在知识产权保护方面的议题。

　　7.4.2　在这些协定框架下举办的定期会议,为成员国讨论产业间遇到的问题提供了机会。有时加入谈判并达成正式的双边协定非常有用。尽管这一方式尚未系统化,但不应丢弃,特别是对于那些与共同体保持正式合同关系的国家。毫无疑问,它们感兴趣的是与共同体达成一项协定,而不是与一些或所有成员国达成一系列分散协定。

---

　　①　1987 年 12 月 18 日《第 39132/87 号议会规定》(EEC),《欧共体公报》,第 L369 号,1987 年 12 月 29 日,第 1 页。
　　②　见第二章 2.2.31 节及第五章 5.3.5 节和 5.3.6 节。

7.4.3　考虑到某些贸易伙伴的微妙特点和敏感性,有时需要以更加非正式的方式应对知识产权议题。例如,委员会近期已同意审查贸易伙伴国的国内法律,以明确其可能存在的问题或缺漏。已经设想到了培训官员的计划及其他协助。另一个用于讨论这些议题的论坛由欧洲及其亚洲合作伙伴建立的位于每一个国家首都的联合投资委员会构成。这些委员会试图定期识别和解决任何一方可能遇到的难题。

纺织和服装产业的设计问题

7.4.4　纺织和服装领域已经有了一个新开始,预示和指明了版权未来的发展方向。

7.4.5　考虑到背景因素,共同体纺织业和服装业领域对产品设计和贸易标识的保护有很大的兴趣,尤其是在发展中国家受到的保护。自 20 世纪 70 年代开始,该产业面临来自新工业和贸易指向型国家低成本生产的巨大压力,这一竞争形势已经导致低价进口不断增加。而低价进口与消费减少已造成产业实质性缩减和产业重组的后果。为改变这一渐增趋势,除技术创新之外,共同体行业还重视营销高质量产品、采取贸易标识保护、提供创新的设计和模型。然而,共同体现发现这一过分自信的策略是存在风险的,甚至可能使企业,特别是来自发展中国家的出口企业,复制其未经授权的设计和商标,这便会对共同体企业带来反作用。从事复制行为的企业节省了发展、设计自己品牌和模型的成本,这些成本常常占到总生产成本的 10%。这种非法行为损害了共同体在世界市场和共同体内部市场上的业绩。

7.4.6　鉴于此问题的严重性,共同体首先寻求并实现了在多边协定第四延伸草案中引入承认问题严重性和解决问题必要性的条款。[①] 随后,共同体和单个贸易伙伴之间的双边纺织品协定明确证实了这一认识。

7.4.7　接着,共同体利用双边协定的一般协商条款提出问题,尤其基于充分的、被证实的事实案例。在寻求问题共同的、可接受的解决方法时,不可否认这类实际方法是有帮助的。但是,这类问题也有其他特殊的困难。比如,要

---

① 《关于纺织品国际贸易安排的延伸协定》,第 27 条,1986 年 7 月。

证实侵权生命期短的设计是有难度的。在很大程度上,这一方法的成功取决于共同体产业的合作和在适合的事件中精心的准备。

7.4.8 最后,在此情况下,未来在双边纺织协定框架下的让步会受到知识产权领域伙伴国家合作的约束,尤其包括设计、模型和商标。

7.5 《洛美公约》

7.5.1 考虑到事实上和潜在的重要性,共同体和非洲、加勒比海和太平洋地区(ACP)国家的关系值得一提。

7.5.2 尽管公约并未专门规定对于版权的保护,它的确允许共同体为了保护工商业产权(第 132 条)而禁止进口。虽然其为反对进入共同体的非法进口提供一定保护,但并未处理与非法复制相联系的问题。

7.5.3 但是,公约的确提供了关于针对可能由任何合同方提出问题的信息和咨询的框架。该框架将允许共同体应对涉及加勒比海和太平洋地区国家的具体案例。

7.5.4 发展中国家,特别是最不发达的国家在协调知识产权的所有者与它们自身迫切发展的需求时,面临很多具体的问题。在此情况下,应考虑在《洛美公约》第三章之后是否应对这些问题给出更清晰的轮廓。

7.6 新的贸易政策工具

7.6.1 为了打击非法商业实践,共同体现有可支配的资源:新的贸易政策工具。[①] 采用新的贸易政策工具的一个主要考虑是,对于第三国意图消除造成损害的非法商业行为,为共同体提供与过去措施相比更快速、更有效、更广泛的反应程序。

7.6.2 非法商业行为被定义为归因于第三国、不符合国际法或是"普遍接受规则"的国际贸易行为。因此,这一政策的运用并不限于那些在国际惯例法或国际协定(尽管为协定成员)框架下国家不遵从其义务的案例。因此,当条约仍在疑虑中,又不全然遵循国家惯例法的宣言,新的贸易政策工具能够被用

---

① 1984 年 9 月 17 日《第 2641/84 号关于反对非法商业活动加强共同商业政策保护的议会规定(EEC)》。

来反对本身不是缔约方，但其他很多国家是缔约方的多边条约的国家。如果一个国家实行了不受约束的条约所禁止的行为时，则该国家没有违背国际法。但可以认为该国家违背了"普遍接受规则"。在新政策中，没有必要让成员国遭受到违反法律义务或其他指控：新政策中的相关条款是，如果存在"不符合国际法或通常接受规则"的行为，共同体就可以采取行动。

7.6.3　"普遍接受规则"的概念并未在新的政策中定义，但显然是与那些参与国际贸易的国家相关。因此毋庸置疑的是，关税和贸易总协定的条款能够应用于非关税和贸易总协定成员国的国家贸易活动。① 在此基础上，评价其他的多边协定，从而看出其成员所占的世界贸易份额是否与其在 GATT 成员国账户中的量级相同。如果是这样，该类协定中囊括的规则应被认为是在国际贸易领域中被"普遍接受的"。

7.6.4　关于对《伯尔尼公约》(77 国)、《世界版权公约》(81 国)、《巴黎公约》(96 国)和 GATT(92 国)的成员国的调查显示如下内容。

表 I　特定国际协议中成员国的出口、进口和世界贸易所占比例

国际协定	出口占世界总量的%	进口占世界总量的%	国际贸易占世界贸易的%
GATT	80	81	81
Berne	66	64	65
UCC	82	81	81
Paris	88	88	88

资料来源：国际货币基金组织(IMF)和联合国组织(UNO)，1985 年数据。

7.6.5　然而，从与国际贸易关联的标准来看，在这些国际公约中，《伯尔尼公约》的成员国参与度最高，约占整体的三分之二。《世界版权公约》和《巴黎公约》的每一个成员在世界贸易中所占的份额要比关贸总协定的成员大。

7.6.6　参与国际贸易的国家似乎已"普遍接受"《伯尔尼公约》、《世界版权公约》和《巴黎公约》的管制。如果这项新政策可以用于反对非协定缔约国不遵守协定的行为，那么这项政策也可适用于以上三个公约中的案例。

①　见布尔乔亚和劳伦特：该"新贸易政策"：进一步消除国际贸易壁垒，欧洲法律季刊，第 1 号，1985 年 1—3 月，第 52 页。

7.6.7　如果所发生的非法商业行为都归因于第三国,那皆在该新政策的适用范围内。因此,该多边公约认定知识产权或工业产权的侵权行为,甚至是反复侵权行为,当然,仅仅被公约认定是不够的。第三国作为个体的对立面,其所承担的责任必然会以各种方式履行。例如,由隶属于国家的团体或组织(比如国家贸易组织)引发了系统性的侵权,因为这些团体或组织为国家行政机构的一部分,所以需要国家来负责。即便与国家没有直接关联,但在特定条件下,不尊重公认的知识产权或工业产权也会被归因于特定的国家。即使与国家缺少直接联系,在一些条件下,不尊重公认的知识产权或工业产权也归因于某个特定的国家。例如,非法行为猖獗与泛滥的国家,反复要求其行动但又坐视不理的国家,不颁布任何适用法律的国家,颁布法律但未施行的国家。

7.6.8　在利益方看来,在非法商业行为损害共同体产业的情况下,任何个人或协会都可以代表其所在的产业或成员国向委员会提出申诉。所造成的损害必须在共同体内或是在出口市场上造成的。在某些领域,目前后一种可能性更大,例如书籍出版方面,其大部分损害①实际上发生在外部市场。申诉先进入共同体内部的磋商程序,当有足够的证据时便可以发起审查程序,这一审查程序的确立以共同体官方期刊上刊登的正式通知为准。这一正式通知应指明相关的产品和国家,以及对所收到信息的概括,还需指明利益方的观点、为公众知悉的时间和要求口头听证的时间的期限。

7.6.9　在审查程序结束时,如果出于共同体的利益必须采取行动来消除非法商业行为造成的损害,那么可以采用商业措施。这些措施包括:暂停或撤回任何由商业政策谈判导致的特许权、提升现存关税义务、引入进口费用或限制进口数量、修改进口或出口条件、修改影响与有关第三方的贸易的措施等。但是,只有在尊重国际义务且协商或解决争议的国际程序先行履行之后,共同体才能采取这些措施。事实上,一般来说,由新政策建立的程序必须明确地与所有现行的国际义务和程序保持一致。

7.6.10　在知识产权领域,尤其是版权方面,新的政策将会在未来扮演重

---

①　见第二章,2.2.2、2.2.3节。

要的角色,特别是对那些商品与服务侵权现象或多或少施行绥靖政策的国家而言。1987 年 3 月,国际唱片协会对印度尼西亚提起了诉讼,诉讼正是基于上述的情况。据称,在印度尼西亚境内,未经授权情况下复制装载声音的载体的行为是被允许的。正是由于印度尼西亚国内缺乏对共同体作品的保护,所以才对共同体工业造成严重损害。① 经过与印度尼西亚当局磋商,该国承诺在录音制品保护互惠的基础上,授予共同体国家国民待遇。在这之后,该诉讼程序完结。在共同体和印度尼西亚之间进行的双边协定谈判将巩固对录音制品的保护,并延伸至整个版权领域的保护。若这一手段在未来发生效力,产业不仅要做好准备如何利用此手段,还要小心地应对诉求及将相关的信息向委员会汇报。因此,这一手段的价值很大程度上取决于受到不利影响的利益方作何反应。

如果未来这一政策要发挥实际效力,相关产业不仅要做好准备利用它,还要准备小心应对诉讼,并与委员会交流相关信息。因此,这一政策的价值,很大程度上取决于受到不利影响的利益方如何回应、如何展开全方位合作。

7.7　概要

7.7.1　就此情况而言,不能仅在单边、双边或多边的语境下来看待版权。版权被置于一个多维度的世界中。多边努力的成败及正在进行中的关税贸易总协定的新一轮回合谈判不会影响共同体的双边努力。但反过来,这些多边努力会与相关利益方如何自主地使用新政策产生相互影响。共同体多边的、双边的及自主的举措之间的互为关系构成了本章的基础。

7.8　结论

7.8.1　委员会欢迎各利益方对以下问题发表意见:

a) 在国际背景下,重视从不同层面加强对知识产权的保护;

b) 知识产权法尤其是关于版权这一法律的有效实施、改进以及有所改进的实质性标准促进了关贸总协定的原则发生了改变;

---

① 《欧共体公报》,第 c136 号,1987 年 5 月 21 日,第 3 页。

c) 更系统化地利用多边关系,以更好地保护非成员国权利持有人的知识版权与产业财产,尤其是涉关版权领域的财产。

7.9 提交时间表

7.9.1 有关第七章的意见应在 1988 年 12 月 1 日之前提交委员会。

关于计算机程序的法律保护

（非强制性出版的法案）

欧盟理事会
理事会《第 91/250/EEC 号指令》
1991 年 5 月 14 日

欧洲共同体理事会，鉴于《确立欧洲经济共同体条约》，特别是其中第100a 条，鉴于欧盟委员会[①]的建议，鉴于在与欧洲议会[②]的合作中，参照欧洲经济和社会委员会[③]的意见。

鉴于目前计算机程序尚未在所有成员国的现有法律中得到明确保护，且即使某成员国已有计算机程序保护，其属性也各不相同。

鉴于计算机程序的开发需要投入巨大的人力、技术和财政资源。然而相比独立开发成本，复制计算机程序的成本却极低。

鉴于计算机程序在社会各领域发挥着越来越重要的作用，因此也被认为对欧共体的工业发展至关重要。

鉴于成员国在对计算机程序的法律保护方面存在一定差异，而这些差异会对共同市场的运作产生直接的负面影响，如果成员国单独提出关于计算机程序的法律保护的新立法，很有可能会进一步加剧这些差异。

鉴于需要通过共同努力以消除由已有差异所产生的负面影响，并防止产生新差异，与此同时，对于不会实质性地影响共同市场运作的差异，不在消除或防止的范围内。

鉴于在欧共体法律框架中有关计算机程序的保护，可相应地确立出几个

---

① 《欧共体公报》第 C91 号，1989 年 4 月 12 日，第 4 页及《欧共体公报》第 C320 号，1990 年 12 月 20日，第 22 页。

② 《欧共体公报》第 C231 号，1990 年 9 月 17 日，第 78 页及 1991 年 4 月 17 日决议（还未在《官方公告》上公布）。

③ 《欧共体公报》第 C329 号，1989 年 12 月 30 日，第 4 页。

方面的限制：首先，各成员国对计算机程序的保护应当做到与对文学作品的版权法保护相一致；其次，明确保护什么人和什么物应该被保护，计算机程序专利权人应当能够依赖专有权，以此去授权或者禁止某些行为，以及确立该权利保护的时限。

鉴于根据本指令，"计算机程序"这一术语应包含任何形式的程序，包括被纳入硬件中的程序；如果计算机程序的前期编程设计工作能在后期促进计算机程序的生成，那么这一术语也应包含前期编程设计工作。

鉴于认定计算机程序是否为原创作品的标准，不应由该程序质量及审美价值作为评估的标准。

鉴于欧共体成员国将全力以赴，共同促进国际标准化。

鉴于计算机程序的功能在于促进同一计算机系统中的其他构成要素与用户进行交流合作。为此，需要通过所有有效的方式促进逻辑上的、物理上的互联互动，使硬件、软件的所有因素与其他硬件、软件相协调，使硬件、软件的所有因素与用户相协调。

鉴于在计算机程序中，通常把介于硬件、软件概念之间，且提供上述互联互动的组成部分称为"界面"。

鉴于通常将功能性的互联互动称为"互动性"，可将"互动性"定义为交换信息和共同使用互动所得信息的能力。

鉴于避免疑问，在此必须明确说明：仅计算机程序的表达式受到本指令规定的版权保护；计算机程序中任意部件组成部分（包括其界面）的创作思想和原理，并不受相应保护。

鉴于根据版权准则，计算机程序的逻辑、算法及程序语言在一定程度上包含创作思想和原理，这些思想和原理并不受本指令规定的版权保护。

鉴于根据成员国的立法、司法以及国际版权公约，上述创作思想和原理的表达式受版权保护。

鉴于根据本指令，"租赁"系指计算机程序或其副本在一段有限的时间内供他人使用以营利；此术语不包括公共借阅，因此公共借阅不在本指令保护范围内。

鉴于作者的专有权是防止他人未经本人授权而复制其作品的行为，但该权利也存在例外，如合理使用者为了使用计算机程序而进行必要的技术复制是允许的。

鉴于为使用已经被合法购买的计算机程序副本而进行的必要的加载和运行等行为,以及对其错误进行修正的行为并不能被合同禁止;在缺少具体合同条款(包括针对计算机程序副本何时被售卖的具体条款)的情况下,该副本的合法购买者可依其目的,实施其他任何使用计算机程序副本的必要行为。

鉴于有权使用计算机程序的人,为了对其进行必要的使用、观察、研究和功能测试,应限制该权利在不侵犯该计算机程序版权的范围内。

鉴于下列行为构成对作者专有权的侵犯:获得计算机程序副本后,未经授权,对其进行复制、翻译、改编及转换代码形式。

鉴于可能存在以下情况:第 4 条第(a)项和第(b)项中规定的代码复制及其形式转化,对于获取必要信息、实现独立创建的计算机程序和其他程序间的互动性是必不可少的。

鉴于只有在上述情况下,当拥有计算机程序副本使用权的个人或其代理人所进行的复制和翻译行为是合法公正的,因而上述行为无须专有权人的授权。

鉴于此项特例的目的是:使不同制造商提供系统部件能够在一个电脑系统中相连,从而共同发挥作用。

鉴于上述专有权的合理使用不能侵害专有权人的合法权益,或与计算机程序的正常开发相冲突。

鉴于为与《伯尔尼保护文学和艺术作品公约》中的条款保持一致,版权的保护期限为作者有生之年及其死后 50 年。对于匿名作品或笔名作品,保护期自合法公之于众之日起 50 年。

鉴于在版权法中,在适当情况下对计算机程序的保护不应损害其他保护形式。任何违反第 6 条或是违反第 5 条第 2 款和第 3 款中有关的免责条款,均被视为无效。

鉴于本指令的规定不得违背《条约》中第 85 条和第 86 条中竞争规则的适用性。如果主要供应商拒绝提供信息(即本指令规定的为实现互动性的必要信息),则其违背了竞争规则的适用性。

鉴于本指令的规定不应违背已颁布的欧洲共同体法律中关于电信部门的出版界面以及《理事会决定》中关于信息技术和电信领域标准化方面的具

体要求。

本指令不影响和损害按照《伯尔尼公约》就本指令未涵盖的要点国内法律的实施效力。

现通过以下指令：

第1条 保护客体

1. 根据本指令的规定，成员国应给予计算机程序版权保护，正如文学作品在《伯尔尼公约》中受到版权保护一样。本指令旨在规定"计算机程序"这一术语应包括前期编程设计。

2. 根据本指令的规定，保护应适用于计算机程序的任意形式的表达式，但是构成计算机程序及其界面的所有组成部分的创作思想和原理，均不在本指令版权保护的范围之内。

3. 如果计算机程序为原创，即其为作者本人的智力创作成果，则该计算机程序应受到保护。仅此唯一标准适用于确认保护资格。

第2条 计算机程序的作者身份

1. 计算机程序的作者应是创建程序的自然人或自然人组织，或是依据成员国立法被指定为权利持有者的法人。一旦汇编作品被一个成员国的立法所认可，则依据该成员国立法，作品创建者应被认为是该作品的作者。

2. 计算机程序由两人以上合作创作，专有权由合作作者共同享有。

3. 为履行职责或执行本单位交付的工作任务而创建的计算机程序，该作品的所有经济权利由本单位享有，合同另有规定的除外。

第3条 保护的受益人

依据适用于文学作品的国家版权立法，保护对象应是所有具备资格的自然人或法人。

第4条 限制性行为

根据第5条和第6条的规定，第2条中规定的权利持有者的专有权，应包括行使或授权以下行为：

（a）以任何方式或任何形式对计算机程序进行永久或暂时、全部或部分的复制。诸如加载、显示、运行、传输或是对计算机程序进行必要的存储等复制行为，均应获得权利人的授权。

（b）在不侵犯程序改编者权利的前提下，许可行使改编、重组及其他对计算机程序的更改和复制的权利。

（c）包括租赁在内的以任何形式向公众发行计算机程序初始件或副本的权利。由权利人亲自或获得其同意，在欧洲共同体内对计算机程序副本进行首次销售后，该计算机程序的副本在欧洲共同体内的发行权即穷竭，但对该程序或其副本的进一步租赁的控制权除外。

第5条　限制性行为的免责

1. 在缺乏明确的合约条款情况下，当合法收购者按照其预期目的，必须使用计算机程序，则第4条第（a）项和第（b）项中的行为无须权利人授权（包括错误修正行为在内）。

2. 如出于使用必要，持有计算机程序使用权的个人对副本进行备份，此行为不在合同禁止范围内。

3. 拥有计算机程序副本使用权的个人，无须权利人的授权即应享有以下权利：为了确认构成该程序所有组成部分的创作思想和原理，个人有权观察、研究或测试程序功能，并同时有权加载、显示、运行、传输或存储程序。

第6条　逆向编译/解码

1. 为了获取必要信息，以实现独立创建的计算机程序和其他程序间的互动性，第4条第（a）项和第（b）项中的代码复制及其形式转化是必不可少的。因此如满足下列条件，则无须权利人授权：

（a）由许可方，或拥有程序副本使用权的人，或为获得授权的代表实施这些行为的；

（b）在此之前，上述第（a）项中的实施者未能随时获取为实现互动性的必要信息；并且

（c）这些行为仅限于在原始程序中对实现互动性而言是必须的。

2. 第 1 款的规定在以下情况中不允许获取信息：

（a）在实现独立创建的计算机程序的互动性之外的其他目的；

（b）对实现独立创建的计算机程序的互动性并非必要；或者

（c）被用于开发、生产或售卖计算机程序及与此类似的行为，或被用于任何其他侵犯版权的行为。

3. 根据《伯尔尼公约》的规定，本条不得被解释为可应用于以下行为：不合理地侵害权利人的合法权益，或与计算机程序的正常开发相冲突。

第 7 条　特殊保护措施

1. 在不违反第 4 条、第 5 条和第 6 条的情况下，针对个人违反以下第（a）项、第（b）项和第（c）项中所列的任一行为，成员国可根据各自的国内立法采取适当的救济措施：

（a）任何明知或者有理由认为其为侵权复制品，而仍将该产品投入流通的行为；

（b）以营利为目的，持有明知或者有理由认为计算机程序为侵权复制品的行为；

（c）以营利为目的，持有或将计算机程序投入流通，以及任何在未经授权而删改或规避用于保护计算机程序的技术设备的行为。

2. 对于任何侵权计算机程序的复制品应根据成员国相关法律予以没收。

3. 对于上述第 1 款第（c）项中的任一行为，成员国可对其进行任何形式的扣押。

第 8 条　保 护 期 限

1. 保护期为作者有生之年及其死后 50 年内，若为合作作者共有的作品，作者死后的保护期应从最后死亡的作者死亡时算起；根据国内法中的第 2 条第 1 款规定，如果计算机程序为匿名和笔名作品时，或者该作品的作者为法人时，则该计算机的保护期限自其公之于众后 50 年。但这种期限应从死亡或者所述事件发生之后次年的 1 月 1 日开始计算。

2. 在本国法律中规定了长于前述的保护期限的各成员国,允许其维持这种时限直到其对版权作品的保护期限以一个更普遍的方式与欧共体的法律相协调。

第9条 其他法律条款的继续适用

1. 本指令的规定不应违反任何其他法律规定,如有关专利权、商标、不正当竞争、商业秘密、半导体产品的保护以及合同法的相关法律。任何违反第 6 条或是违反第 5 条第 2 款和第 3 款规定中的免责合同条款,均被视为无效。

2. 本指令的规定也应适用于符合以下条件的程序: 在 1993 年 1 月 1 日前被创建,并且不违反在该日期之前缔结的任何法案和权利。

第 10 条 最 后 条 款

1. 成员国应于 1993 年 1 月 1 日之前施行与本指令相符的法律、规章及必要的行政规定。

成员国一旦采用这些措施,应包含对本指令的引用,或在其正式出版之际应附有此类参考。参考的方式应由成员国自行规定。

2. 成员国应将他们自己国家法律关于本指令涉及部分的规定传达给委员会。

第 11 条 适 用 范 围

本指令适用于所有成员国。

本指令于 1991 年 5 月 14 日制定于布鲁塞尔。

理事会主席

J.F. Poos

关于《欧洲经济共同体和智利共和国合作协议》①
生效日期的信息

互换文书标志着上述协议生效的必要程序已经完成。该协议于 1990 年 12 月 20 日签署于罗马,并已于 1991 年 4 月 30 日完成订立。根据第 21 条,本协议于 1991 年 5 月 1 日生效。

---

① 《欧共体公报》第 L79 号,1991 年 3 月 26 日,第 1 页。

关于出租权、出借权以及知识产权领域中与版权相关的权利

（非强制性出版的法案）

欧盟理事会
理事会《第 92/100/EEC 号指令》
1992 年 11 月 19 日

欧洲共同体理事会,鉴于《确立欧洲经济共同体条约》,特别是其中第 57 条第 2 款条约、第 66 条及第 100a 条,鉴于欧盟委员会的建议[①],鉴于在与欧洲议会[②]的合作中,参照欧洲经济社会委员会[③]的意见。

鉴于成员国的相关法律和实践,在为版权作品和出租权、出借权提供的保护中存在着诸多差异,这些差异会造成贸易壁垒和不正当竞争,并且阻碍内部市场的正常运作与发展。

鉴于成员国引入全新且不同的法律,或当国家判例法对此类法律的解释不尽相同时,法律保护中的差异很可能变得更大。

鉴于依据《条约》第 3 条第(f)项,以及《条约》中第 8a 条所陈述,为了创建一个无内部边界且存在良性竞争的统一市场,这些差异应该被消除。

鉴于版权作品的出租权和出借权以及有关权利的保护日益重要,尤其是对于录音制品和电影的作者、表演者和制作者而言日益重要。

鉴于盗版日益成为严重的威胁。

鉴于出租权和出借权充分保护了版权作品及相关权利的保护主体,同时录制权、复制权、发行权及面向公众广播与传播的权利也充分保护了相关权利

---

① 《欧共体公报》第 C53 号,1991 年 2 月 28 日,第 35 页及《欧共体公报》第 C128 号,1992 年 5 月 20 日,第 8 页。
② 《欧共体公报》第 C67 号,1992 年 3 月 16 日及 1992 年 10 月 28 日决议(还未在《官方公报》上公布)。
③ 《欧共体公报》,第 C269 号,1991 年 10 月 14 日,第 54 页。

的保护主体,这对欧共体的经济和文化发展至关重要。

鉴于版权及相关权利保护必须适应新的经济发展,诸如新开发形式。

鉴于创造性和艺术性作品的作者与演员必须有足够的收入,作为进一步从事创作和艺术工作的基础,创造性和艺术性作品的投资,尤其是投资唱片录制和电影制作成本高、风险大。

鉴于只有给予相关的权利人充分的法律保护,才能有效保证其获得收入和投资回报。

鉴于在很大程度上自由职业者所从事的多为具有创意性、艺术性和创业性的活动,因此在欧共体内为其提供统一的法律保护,可以促进此类活动的顺利发展。

鉴于在某种程度上,服务业主要由创意性、艺术性和创业性活动构成,因此在欧共体统一的法律框架内应订立同样的法规以促其发展。

鉴于大多数成员国的版权和相关权利保护的法律是以国际公约为基础的,而为了不与国际公约相冲突,成员国的法律也应依国际公约的规定去制定。

鉴于针对出租权、出借权及与版权的相关权利,欧共体的法律体制应作如下规定:成员国为某些权利人组织授予出租权和出借权,并进一步为相关权利保护领域内的某些权利持有者组织订立录制权、复制权、发行权及面向公众广播与传播的权利。

鉴于就本指令而言,有必要界定"出租"和"出借"的概念。

鉴于为了明晰概念,出租和出借的某些可用形式不在本指令所指范围内。例如:以公开演出、广播、展览或供现场参观使用为目的,提供唱片或电影(不论是否伴随声音的电影、音像制品或动态影像);本指令中的"出借"不包括向公众开放的机构间的"出借"。

鉴于根据本指令,向公众开放的机构的出借行为没有直接或间接的经济或商业收益,出借的所得金额未超过支付该机构运营所需的必要成本。

鉴于引入确保作者及表演者获得不可放弃的合理报酬的制度十分必要,作者和表演者可以委托版税征收协会管理这项权利。

鉴于在合同订立之后的任何时候,可一次性或者分次支付合理的报酬。

鉴于作者和表演者对录音与影视作品贡献的重要性,需要考虑到合理报酬的问题。

鉴于通过规定具体的法律安排，至少有必要对作者公共出借的权利予以保护；然而，任何基于本指令第 5 条的措施必须遵守欧共体法律，尤其是《条约》中的第 7 条。

鉴于第二章的规定，不禁止成员国将第 2 条第 5 款所陈述的推定，拓展至此章中"专有权"的概念；此外，第二章的规定也不禁止成员国在条款中提供一个可予驳回的推定（指有关表演者专有权的"开发授权"的可驳回推定），此推定应与《保护表演者、录音制品制作者和广播组织的国际公约》的保护条款相一致（以下简称"罗马公约"）。

鉴于成员国可以为版权相关权利人规定比本指令第 8 条所规定的更全面的保护。

鉴于在有关版权领域内，行使统一的出租和租借权，以及协调一致的保护，不得以变相限制成员国间贸易或者违反媒体行销年表的规则进行，此年表即为《裁决》中的 Société Cinéthèque v. FNCF。①

现通过以下决议：

第一章　出租权和出借权

第 1 条　协 调 对 象

1. 根据本章的规定，成员国应参照第 5 条作出以下的规定：授予或禁止版权作品的原件及复制品的租借权利，以及第 2 条第 1 款中所陈述的其他权利。

2. 就本指令而言，"出租"系指在有限时期内，为谋求直接或间接的经济或商业获利提供作品。

3. 就本指令而言，"出借"系指在有限时期内，通过向公众开放的机构、不为谋求直接或间接的经济或商业获利而提供作品。

4. 本条第 1 款所述的权利，不应因以下行为而被视作权利穷竭：任何售

---

① 　案例 60/84 和案例 61/84，ERC 1985 年，第 2605 页。

卖或发行版权作品的原件和复制品的行为,以及第 2 条第 1 款中规定的行为。

第 2 条　权利人及出租权、出借权的保护主体

1. 授予或禁止出租和出借的专有权应属于:

—— 拥有其作品的原件及复制品的作者;

—— 拥有表演录制权的表演者;

—— 拥有其录音制品的制作人;

—— 拥有其电影原版和复制品的电影首录权的制作者。就本指令而言,"电影"是指不论是否伴随声音的电影、音像制品或动态影像。

2. 根据本指令,电影及音像制品的主要导演应被视为其作者或作者之一。成员国可规定其他人为该作品的共同作者。

3. 本指令不包括有关建筑和实用艺术作品的出租权和出借权。

4. 本条第 1 款中的权利可被转让、特许或被授予许可协议。

5. 在不违反本条第 7 款的前提下,当表演者以单独或集体的形式与一位电影制片人签订了一份电影制品合同,根据第 4 条,若本合同中的表演者转让其出租权应被推定为违反合同条款。

6. 成员国可针对作者作出与本条第 5 款相似的推定。

7. 成员国可规定假如该合同涵盖了第 4 条所述的合理报酬,表演者和电影制作者就制作电影作品合同的签订具有授予出租权的效力。成员国也可规定,参照第二章规定的权利使用本款。

第 3 条　计算机程序的出租

本指令不得违反 1991 年 5 月 4 日颁布的《理事会第 91/250/EEC 号指令——有关计算机程序①的法律保护》中第 4 条第(c)项的规定。

第 4 条　不可放弃的合理报酬权

1. 凡作者或演员已将其录音作品或电影的原版或复制品的出租权转让或

---

① 《欧共体公报》第 L122 号,1991 年 5 月 17 日,第 42 页。

让与录音或电影制作者,作者或表演者仍应保留因出租而获得合理报酬的权利。

2. 作者或表演者不得放弃因出租而获得合理报酬的权利。

3. 对获得合理报酬权利的行使,可委托给代表作者或表演者的版税征收协会。

4. 成员国可规定版税征收协会是否并且在多大程度上管理其宣称征收到的报酬,以及该报酬可被谁索取和征收的问题。

第5条　专有公共出借权的克减权

1. 如果作者至少获得了公众租借的报酬,那么成员国可以违背第1条中有关公共租借的规定。考虑到促进自身文化的目标,成员国应该能够自由终止这种报酬。

2. 当成员国不适用第1条提出的涉及音像制品、电影及计算机程序的专有出借权时,成员国至少应为作者提供一项报酬。

3. 成员国可依据本条第1款和第2款,免除报酬支付中规定的某些类别。

4. 与成员国合作的委员会应在1997年7月1日前拟定一份关于在欧共体中公共出借的报告,并将其提交给欧洲议会及理事会。

第二章　与版权相关的权利

第6条　录　制　权

1. 成员国应对表演者许可或禁止录制其表演的专有权作出规定。

2. 成员国应对广播机构许可或禁止录制其广播作品的专有权作出规定,无论这些广播节目是通过有线还是无线传输(包括电缆和卫星传输)。

3. 如果节目仅通过广播机构的有线广播进行传输,电缆分销商不享有本条第2款中提到的权利。

第7条　复制权(已废除)

1. 成员国应规定授予或禁止直接或间接复制以下作品的专有权:

—— 就表演者而言,对其表演录制品的复制;

—— 就录音制品制作者而言,对其录音制品的复制;

—— 就拥有电影首录权的电影制作者而言,对其电影原版和复制品的复制;

—— 根据第 6 条第 2 款的规定,就广播机构而言,对其录制的广播作品的复制。

2. 本条第 1 款中的复制权可被转让、特许或被授予许可协议。

第 8 条　广播权和传播权

1. 成员国应对表演者授权或禁止通过无线广播和向公众传播其作品的专有权作出规定,但本身即为广播形式或已被录制成录音制品的演出除外。

2. 出于商业目的出版或复制录音作品,并通过无线广播或面向公众传播该录音作品,成员国应规定一项权利以确保使用者支付单份合理报酬,并确保相关表演者和录音制品制作者共享报酬。在表演者和录音制品制作者间无协议的情况下,成员国可规定共享报酬的条件。

3. 成员国应对广播机构授权或禁止如下行为的专有权作出规定:通过无线广播转播其广播内容,或在公众可及范围内面向公众免费传播广播内容。

第 9 条　发 行 权

1. 成员国应规定以下专有权:

—— 对表演者而言,关于其表演录制品;

—— 对录音制品的制作者而言,关于其录音制品;

—— 对电影首次录制的制作者而言,关于其电影的原版及复制品;

—— 对广播机构而言,关于第 6 条第 2 款所述的对其广播内容的录制。

通过出售或其他方式使公众获得以上作品包括其复制品的专有权,称为"发行权"。

2. 除非是由权利人或经其同意后在欧共体内首次销售作品,否则本条第 1 款中所涉及的作品在欧共体内的发行权不会穷竭。

3. 发行权不得违反第一章,尤其是第 1 条第 4 款的具体规定。

4. 发行权可转让、特许或被授予许可协议。

第10条　权　利　限　制

1. 在下列情况下使用作品,成员国可对第二章中的权利作出限制:

(a) 个人使用;

(b) 摘录使用新闻报道;

(c) 广播机构通过自己的设施为自己的广播节目进行的短暂录制;

(d) 仅出于教学或科研目的的使用。

2. 除本条第1款的情形外,任何成员国可与其在文学作品和艺术品的版权保护所作的规定一样,对保护演员、录音制品的制作者、广播机构和首录电影的制片人同类权利作出限制。然而,仅在符合《罗马公约》的情况下才能规定强制许可。

3. 第1款第(a)项不应损害任何现行或未来关于个人使用复制品而支付报酬的立法。

第三章　保　护　期　限

第11条　作者权利的期限(已废除)

为不影响进一步的协调一致,本指令所涉的作者权利在《伯尔尼保护文学和艺术作品公约》规定的保护期结束前不会失效。

第12条　相关权利的期限(已废除)

为不影响进一步的协调一致,本指令所涉的表演者、录音制品制作者以及广播机构的权利在《罗马公约》规定的各自的保护期结束前不会失效。本指令所涉及的首次录制电影的电影制作者的权利在首次录制年结束后算起的20年的保护期结束前不会失效。

第四章　一 般 条 款

第13条　适 用 期 限

1. 本指令应适用于本指令所涉及的所有在1994年7月1日前在版权和相关权利领域仍受成员国法律保护的,或在该日符合本指令规定的保护标准的版权作品、演出、录音制品、广播以及电影的首次录制。

2. 本指令的适用不应妨碍任何在1994年7月1日前实施的开发行为。

3. 成员国可规定,根据本指令第2条第1款中,被证明出于此目的已提供给第三方的,或已在1994年7月1日前被获得的作品,即可视为权利人已授权出租或出借该作品。然而,该作品若有数字记录,成员国应规定权利人应因出租或出借该作品而有权获得足够的报酬。

4. 成员国无须在以下作品中适用第2条第2款的规定:1994年7月1日前制作的电影或视听作品。

5. 成员国可以规定适用第2条第2款的日期,但该日期不得晚于1997年7月1日。

6. 本指令不得违背本条第3款,并且依据第8款和第9款,不得影响在其通过日期前订立的任何合同。

7. 成员国可规定根据第8款和第9款,于1994年7月1日前根据实施本指令的国家规定获得新权利的权利人同意使用作品,他们将被推定转让新的专有权。

8. 成员国可以规定第4条中不可放弃合理报酬权开始生效的日期,但该日期不得晚于1997年7月1日。

9. 对1994年7月1日前订立的合同,第4条中不可放弃合理报酬权仅可用于已于1997年1月1日前提交申请的作者、表演者或其代表人。当权利人无法就报酬水平达成一致时,成员国可规定合理报酬水平。

第14条　版权和相关权利的关系

本指令对版权相关权利的保护,不应以任何形式影响对版权的保护。

第15条 最 后 条 款

1. 成员国应不晚于 1994 年 7 月 1 日之前施行与本指令相符的法律、规章及必要的行政规定。同时,各成员国应立即传达委员会的这些规定。成员国一旦采用这些规定,应包含对本指令的引用,或在其正式出版之际应附有此类参考。参考的方式应由各成员国自行规定。

2. 成员国应将他们自己国家关于本指令涉及部分的主要规定传达给委员会。

第16条 适 用 范 围

本指令适用于所有成员国。

本指令于 1992 年 11 月 19 日订立于布鲁塞尔。

理事会主席

E. Leigh

关于协调某些涉及适用于卫星广播和有线
电视转播的版权以及邻接权的规则

欧盟理事会
理事会《第 93/83/EEC 号指令》
1993 年 9 月 27 日

欧洲共同体理事会，鉴于《确立欧洲经济共同体条约》（以下简称为《条约》），特别是其中第 57 条第 2 款和第 66 条，鉴于欧盟委员会①的建议，鉴于在与欧洲议会②的合作中，参照欧洲经济和社会委员会③的意见。

1. 鉴于《条约》中订立的欧共体的目标包括，在欧洲人民中建立一个更加亲密的联盟，并且在隶属于欧共体的各国中建立更加密切的关系，并通过共同行动消除欧洲分裂的危险，以确保欧共体国家的经济发展和社会进步。

2. 鉴于《条约》规定建立一个共同市场和一个无内部边界的地区，为实现上述目标而实行的措施包括：清除影响服务自由流动的障碍，建立制度以防止扭曲公共市场竞争。为此，理事会将通过指令，协调成员国中有关个体户从事的活动的法律、法规或行政行为。

3. 鉴于在欧共体中跨国的广播传输，尤其是通过卫星和电缆的广播传输，是同时实现欧共体政治、经济、社会、文化和法律的目标的重要方式之一。

4. 鉴于理事会已采用了 1989 年 10 月 3 日《第 89/552/EEC 号指令》中旨在协调某些在法律、法规或成员国的行政行为中关于广播电视活动④的规定，此项举措为促进欧洲电视节目的发行和制作，也为广告和赞助、少数群体保护

---

① 《欧共体公报》第 C255 号，1991 年 10 月 1 日，第 3 页及《欧共体公报》第 C25 号，1993 年 1 月 28 日，第 43 页。
② 《欧共体公报》第 C305 号，1992 年 11 月 23 日，第 129 页及《欧共体公报》第 C255 号，1993 年 9 月 20 日。
③ 《欧共体公报》第 C98 号，1992 年 4 月 21 日，第 44 页。
④ 《欧共体公报》第 L346 号，1992 年 11 月 27 日，第 61 页。

和答辩权等提供了相应法规。

5. 鉴于目前与版权相关的国家法规和某种程度上的法律不确定性之间的一系列差异，仍阻碍了跨国卫星转播和对其他成员国的有线电视节目转播。这意味着权利人面临着其作品被无偿使用的威胁，或被各成员国的专有权持有者个人阻止利用其权利。法律不确定性尤其直接阻碍了欧共体中电视节目的自由传播。

6. 鉴于出于版权目的，目前作出了直接通过卫星的公众传播和通过通讯卫星的公众传播的区分；因为当前的技术条件使得两种类型卫星的个体接收成为可能且易于承担，因此没有理由再采取不同的法律处理方式。

7. 鉴于目前法律的不确定性进一步阻碍了节目的自由广播，无论是经由一个信号可被接收的卫星广播仅直接影响了单个传输国的权利，还是所有接收国的权利；出于版权目的，通讯卫星和直接卫星被一视同仁处理，这种法律的不确定性现在影响到了几乎所有欧共体中由卫星播放的节目。

8. 鉴于进一步的法律的确定性是欧共体内广播自由流动的先决条件，但在跨国传播和通过有线网络转播的节目中这种法律确定性处于缺失状态。

9. 鉴于授权合同收购权的发展已经有效推动创建理想的欧洲视听区。应确保这种合约协议的延续，并且尽可能促进其在实践中的应用。

10. 鉴于目前尤其有线电视运营商不能确定它们实际上已经获得该协议项下的所有节目权利。

11. 鉴于不同成员国的各方并非具有同样的义务，这种义务是禁止在缺乏正当理由的情况下，拒绝就电缆分配的必要收购权进行谈判或者允许此类谈判失败。

12. 鉴于根据《第 89/552/EEC 号指令》，必须在参考版权的基础上补充关于单一视听区创建的法律框架。

13. 鉴于必须结束现存在于成员国的区别对待通讯卫星传输节目的现象，这样，整个共同体的主要区别就在于作品和其他受保护对象是否向公众传播。这同样确保了平等对待跨国广播供应商，无论它们是否使用直接广播卫星或是通讯卫星。

14. 鉴于应该在欧共体层面定义面向公众的卫星传播的概念，以消除阻碍跨境卫星广播的收购权的法律不确定性。该定义应同时明确传播行为发生于何处。为避免累加应用多部有关单一广播行动的国家法律,该定义是必要的。

鉴于面向公众的传播仅仅是当在广播机构的控制下和在其职责范围内,将节目传送信号引入由卫星至地球的不间断的通讯链时在成员国内发生的,有关节目信号的正常技术程序不应被看作广播链的中断。

15. 鉴于在成员国中通过卫星向公众传播时,基于合同的专有广播权的收购,应遵循成员国所有版权和版权邻接权的立法。

16. 鉴于本指令基于合约自由原则,将继续限制这些权利的开发,尤其考虑到特定的传输技术手段或特定的语言版本。

17. 鉴于为商定收购权利的付款金额,利益相关各方应考虑广播的所有方面,诸如实际观众、潜在观众和语言版本。

18. 鉴于本指令中的原属国原则的应用,可能会对现有合同带来问题。如有必要,根据本指令的精神,本指令应该为现有合同提供五年适应期限。因此,即表示原产国原则不应适用于 2000 年 1 月 1 日前到期的现有合同。如届时,各方仍对合同有兴趣,原各方有权重新谈判合同条件。

19. 鉴于现有国际合作生产协议必须被解释为经济用途,并在当事人签字时所设想的范围内。过去的国际合作生产协议往往没有明确具体解决通过卫星与面向公众传播的问题,此问题是本指令所包含的开发的特殊形式。许多现有国际合作生产协议的基本理念是沿着各合作生产者的领土线划分开发权,由其分别独立行使合作生产中的权利。作为一般规则,当一个合作生产者授权面向公众的卫星传播时,会损害另一个合作生产者开发权的价值,对现有协议的解释通常建议后一合作生产者必须事先同意前一合作生产者对于面向公众的卫星传播的授权。当语言版本或面向公众传播的版本(包括配音或字幕),和在协议中分配给后一合作生产者的领土内广泛理解的语言重合时,会损害后一合作生产者的语言专有权。当面向公众的卫星传播涉及仅由图像(不含对话或字幕)构成的作品时,应该在广义上理解专有权的概念。有必要制定明确的规则,以防国际合作生产协议在有关本指令所指的面向公众的卫星传播的具体情况下,没有明确规范权利的划分。

20. 鉴于非成员国的面向公众的卫星传播,在一定条件下被认为是在欧共体成员国内发生的。

21. 鉴于有必要确保在所有成员国内,对作者、演员、录音录像制作者和广播机构的保护程度一致,并且这种保护不受法定许可制度的限制。只有这样,才能确保任何在共同市场中保护水平的差异不会造成不当竞争。

22. 鉴于新技术的出现很可能影响使用作品和其他受保护主体的质量和数量。

23. 鉴于根据这些发展,本指令授予规定范围内的所有权利持有者保护的水平尚待考虑。

24. 鉴于本指令所设想的统一立法需要确保对作者、演员、录音录像制作者和广播机构的保护的法规的高度协调一致。

这种协调一致不应允许广播机构利用保护水平的差异,通过搬迁活动损害视听作品。

25. 鉴于在 1992 年 11 月 19 日订立的《第 92/100/EEC 号理事会指令》中,为了通过卫星向大众传播,在知识产权领域[①]中提到某些版权邻接权的出租权和出借权,为版权邻接权提供的保护应与其保持一致;尤其是它将确保演员与录音制品制作者通过卫星向公众传播其表演或录音作品,以获得合理报酬。

26. 鉴于第 4 条的法规没有禁止成员国扩展《第 92/100/EEC 号指令》中第 2 条第 5 款的推定至第 4 条所提及的专有权,并且,根据第 4 条中演员的专有权,第 4 条的法规没有禁止成员国提供可驳回的开发授权的假定,只要这种假设与保护表演者、录音制品制作者和广播机构的国际公约相一致即可。

27. 鉴于源自其他成员国的有线转播是一种从属于版权、一定情况下从属于版权邻接权的行为,因此有线运营商必须获得传输节目各部分中每一位权利持有人的授权。按照本指令,除非是在现有法律许可方案情况下存在暂时的例外,否则均应该以合同协议的方式授权。

28. 鉴于为了确保合同安排的顺利运作,不因节目个体部分的持有权利的局外人干预而受到质疑,应该制定一系列有线转播的特殊性所要求的行使专

---

① 《欧共体公报》第 L346 号,1992 年 11 月 27 日,第 61 页。

有集体许可权的规定。这样许可权可以保持完整性,且仅在该权利的行使在一定程度上被法规调整时,对有线转播的许可权仍然可以转让。本指令不影响精神权利的行使。

29. 鉴于在第 10 条中提供的免责不应限制权利持有者选择将其权利转移给集体,进而在有线服务商为其有线转播支付的报酬中直接获得相应的份额。

30. 鉴于关于有线转播授权的合同安排,应该通过附加手段来加以促进。寻找总体合同之结论的一方,应该有义务在其立场上提交对协定的集体建议。此外,任何一方均有权利在任何时候请求公正的调解人的协助,调解人的任务是协助谈判并可以提交建议。任何建议和反对意见都应当适用于相关各方,且应遵循适用的法律规则,尤其是现有国际公约中的相关内容。最后,如无适当理由,有必要确保谈判的顺利进行,或个体权利持有者正常参加谈判。这些旨在促进权利获取的措施并未质疑获取有线转播权的合同性质。

31. 鉴于在过渡期,成员国可以在其境内保留本国现有的具有司法管辖权的机构,来处理广播机构不合理地拒绝节目的公众有线转播权的情况或广播机构提出不合理的条件限制的情况;应保证有关各方所享有的权利可以被该机构听证,且该机构的存在不应阻碍有关各方向法院提出诉讼的正常途径。

32. 鉴于共同体的规则不需要兼顾所有事务,共同体规则的作用也许与一些不具商业意义的例外有关,且只能在单一的成员国的边界以内体现。

33. 鉴于在以协议为本的基础上,应该制定最低规则,建立和保证跨国界卫星广播和在其他成员国的同步有线转播自由而不受干扰。

34. 鉴于本指令不应该对版权和邻接权领域内的进一步统一造成阻碍,也不应该影响到该等权利的集体管理;成员国规范版税征收协会行为的可能性,不应该损害有关本指令规定的权利的合同谈判自由,自由谈判发生在符合一般或者特殊国家法规的关于竞争法或防止垄断滥用的法律框架之内,这一点是不言自明的。

35. 鉴于应该由成员国在本国法律的基础上采取法律的和行政的手段,来补充和完善达到本指令目标所需的总体条款,只要这些补充内容不与本指令的目标背道而驰,并且与共同体之法律相一致即可。

36. 鉴于本指令不影响《条约》中第 85 条和第 86 条竞争规定的适用性。

现通过以下决议项：

第一章　定　　义

第1条　定　　义

1. 根据本指令，"卫星"是指任何运营频段的卫星。根据《电信法》，卫星要么用于公众接收广播信号；要么用于封闭的、点对点通信。但是在后一种情况中，个人接收信号的条件必须类似于前一种情况中的条件。

2.（a）根据本指令，"通过卫星向公众传播"是指在广播机构的控制和职责范围内，引进载有节目的信号的行为，其目的在于该信号被公众接收从而形成一个由卫星返回地面的不受干扰的通信传播链。

（b）卫星公众传播的行为只发生在这样一些成员国中，在广播机构的控制和职责范围内，它们将载有节目的信号引入一个由卫星返还至地面的不受干扰的通信传播链的成员国中。

（c）如果载有节目的信号被加密，那么广播机构在给公众提供解密方法或征得同意的情况下，才可通过卫星向公众传播。

（d）当卫星公众传播行为发生在一个非成员国，且该国的保护达不到在下述第二章规定的程度时，

（i）如果载有节目的信号自某一成员国内上传至卫星，通过卫星向公众传播行为将被认为发生在那个成员国中，本指令第二章规定的权利将不适用于作出上传行为的个人；或者

（ii）如果不是由成员国上传，而是在某个成员国的广播机构通过卫星向公众传播，该行为将被认为是发生在共同体内主要机构所在地的成员国中，并且本指令第二章规定的权利不应适用于该广播机构。

3. 根据本指令，"有线转播"是指，对来自另一成员国的（通过有线或无线，包括使用卫星且旨在让公众接收的电视或广播节目的）原始传输进行同步未经改变和删节的有线或微波系统转播。

4. 根据本指令，"版税征收协会"是指任何将管理或者施行版权或版权邻

接权作为其唯一目的或主要目的之一的组织。

5. 根据本指令,电影或音像作品的主要制作者应被认为是作品的作者或作者之一。成员国可以规定其他人为合作作者。

第二章　节目的卫星广播

第 2 条　卫星广播权

成员国应为作者提供一种授权版权作品通过卫星向公众传播的、符合本章规定的专属权利。

第 3 条　卫星广播权的获取

1. 成员国应该确保第 2 条提及的授权(卫星广播权)只能通过协定的方式获得。

2. 成员国可以规定:在一个版税征收协会和一个关于给定类别作品的广播机构之间形成的集体协议,可以被延伸至其他相同种类作品的非版税征收协会成员的版权持有者,条件是:

—— 通过卫星向公众传播是由卫星通过同一个广播机构同时播放地面广播,并且

—— 非版税征收协会成员的版权持有者有权在任何时间排除集体协议延伸其作品并以个人或集体方式行使其权利。

3. 第 2 款不适用于电影作品,包括类似以电影制作过程创作的作品。

4. 当一个成员国的法律规定允许按照第 2 款规定延伸集体协议的权利时,该成员国要告知委员会哪一家广播机构获得了法律授予的权利。委员会应将这一信息公布在欧洲共同体的官方公报(C 系列)上。

第 4 条　表演者、录音制品制作者和广播机构的权利

1. 出于通过卫星向公众传播之目的,表演者、录音制品制作者和广播机构的权利应依据《第 92/100/EEC 号指令》第 6 条、第 7 条、第 8 条和第 10 条的规

定而给予保护。

2. 根据第 1 款,《第 92/100/EEC 号指令》中的"无线广播"应该理解为包括通过卫星的公众传播。

3. 对于第 1 款中提到的权利的行使,《第 92/100/EEC 号指令》的第 2 条第 7 款和第 12 条应该适用。

第 5 条　版权和邻接权的关系

本指令下对版权邻接权的保护,不应以任何方式影响版权保护的完整性。

第 6 条　最　低　保　护

1. 成员国可以为版权邻接权的版权持有者提供比《第 92/100/EEC 号指令》第 8 条中的要求更高的保护。

2. 在适用本条第 1 款规定时,成员国应遵守第 1 条第 1 款和第 2 款的定义。

第 7 条　过　渡　性　规　定

1. 鉴于在行使本指令第 4 条第 1 款所指权利时,《第 92/100/EEC 号指令》的第 13 条第 1 款、第 2 款、第 6 款、第 7 款可以适用。《第 92/100/EEC 号指令》第 13 条第 4 款、第 5 款如作适当变动,也可适用。

2. 根据第 14 条第 1 款所述日期,关于作品和其他受保护客体的开发的协定应自 2000 年 1 月 1 日起服从第 1 条第 2 款、第 2 条和第 3 条,如果该协定将在此日期之后到期。

3. 当一项国际合作生产协定在第 14 条第 1 款所述日期之前达成,如果一方是成员国的合作生产者,另一方是一个或多个来自其他成员国或第三方国家的合作生产者,而该协议明确规定了在合作生产者之间,通过地理区域对关于所有公共传播方式的开发权进行划分的系统,且没有区分适用于卫星公众传播的安排和适用于其他传播手段的条款这两者间,且合作制作的卫星公众传播将损害其中之一的合作制作者或其权利受让人在给定区域的专有权,尤其是语言专有权时,其中一个合作制作者或其权利受让人在授权卫星公众传播时,应征得该专有权的版权持有者(无论是合作制作者或权利受让人)的事先同意。

第三章　有 线 转 播

第8条　有线转播权

1. 成员国要确保源自其他成员国的节目在其领地内经有线转播时,遵守适用的版权和邻接权,并且这样的转播是基于版权持有者、邻接权持有人与有线运营商之间个人或集体的协议。

2. 尽管有第1款之规定,成员国可以保留该法律许可体系直至1997年12月31日,只要该法律许可体系是由1991年7月31日国家法律执行或明确规定的。

第9条　有线转播权利的行使

1. 成员国应确保版权持有者或邻接权版权持有者许可或拒绝授权给有线运营商有线转播的权利,可以仅通过一个版税征收协会来行使。

2. 当版权持有者没有将权利管理转移至一个版税征收协会时,管理相同种类作品权利的版税征收协会将被视为有权管理其权利。当管理该类作品的版税征收协会多于一个时,版权持有者可以自由地选择由哪一个版税征收协会来管理其权利。本款提到的版权持有者具有根据有线运营商和受托管理其权利的版税征收协会之间的协定赋予的与委托版税征收协会的权利持有人相同的权利和义务,且他可以在一定期间内,即自包含其作品或其他版权保护客体的有线转播发生之日起不少于3年,要求该等权利被成员国予以规范版权持有者。

3. 成员国可以规定:当一个版权持有者授权作品或其他版权保护客体在其领土内初始传输,那么该版权持有者将被认为已经同意不以个人的形式行使其有线转播权利,而只能按照本指令的规定来行使他的权利。

第10条　广播机构对有线转播权利的行使

成员国应确保第9条不应用于广播机构本身的传输行使的权利,无论该权利是否是其自身的,或是被其他版权持有者和(或)邻接权持有人转移给它的。

第 11 条　调 解 人

1. 如果关于广播的有线转播未达成任何协定,成员国应确保任何一方都可以寻求一个或更多的调解人的协助。

2. 调解人的任务是为谈判提供协助。他们也可以向各方提出建议。

3. 根据本条第 2 款所述,如果没有人在三个月的期限内提出反对意见,应视为所有各方都能接受该项提议。应给相关的各方提供提议及其相关的反对意见的公告,并符合关于法律文件送达的适用规则。

4. 调解人的选择依据是,其独立性和公正性不受怀疑。

第 12 条　防止谈判立场的滥用

1. 成员国应通过合理的民法或行政法的手段,确保各方善意地开展关于有线转播授权的谈判,并且在没有正当理由的情况下不会阻止或妨碍谈判。

2. 在第 14 条第 1 款所述日期之时,如果一个成员国的转播权利被不合理地拒绝或由广播机构提供不合理的条款时,而该国在本国领地内有对上述事务具有管辖权的机构时,则该国可以保留该机构。

3. 本条第 2 款的规定将在自第 14 条中所述日期开始的八年过渡期内有效。

第四章　一 般 条 款

第 13 条　权利的集体管理

本指令不应影响成员国对版税征收协会行为的规范。

第 14 条　最 后 条 款

1. 成员国应在 1995 年 1 月 1 日前使符合本指令的必要的法律、法规和行政规定生效。就该条而言,成员国应立即告知委员会。当成员国采取这些措施时,其中应提到本指令,或在官方出版时附加这样的援引。援引的方式由成员国决定。

2. 成员国应与委员会协商与本指令内容有关的本国法律的规定。

3. 在 2000 年 1 月 1 日之前,委员会将一份关于本指令实施情况的报告提交给欧洲议会、理事会和经济社会委员会,如果有必要的话,还应就其在录音和录像业上的发展和改进提出进一步的建议。

第 15 条　适 用 范 围

本指令适用于所有成员国。

本指令于 1993 年 9 月 27 日订立于布鲁塞尔。

理事会主席

R. Urbain

协调版权和相关特定权利的保护期限

欧盟理事会
理事会《第 93/98/EEC 号指令》
1993 年 10 月 29 日

欧洲共同体理事会,鉴于《确立欧洲经济共同体条约》(以下简称为《条约》),特别是其中第 57 条第 2 款、第 66 条及第 100a 条,鉴于欧盟委员会[①]的建议,鉴于在与欧洲议会[②]的合作中,参照欧洲经济和社会委员会[③]的意见。

1. 鉴于保护文学和艺术作品的《伯尔尼公约》以及保护表演者、音像制品制作者和广播组织的《罗马公约》只规定了其中涉及权利保护的最低期限,任由缔约国自由授予更长的保护期;鉴于某些成员国已行使该权利;鉴于另外某些成员国还未成为《罗马公约》的缔约国。

2. 鉴于不同国家法律中对版权和邻接权的保护期限的规定各有差异,因而阻碍商品的自由流动和服务的自由提供,扭曲了共同市场的竞争。因此,为了内部市场的平稳运行,各成员国的法律应当得到协调,使整个共同体内的保护期限达成一致。

3. 鉴于在共同体层面上需要协调的不仅仅是保护期限,还应包括相应的实施安排,例如各保护期限开始计算的日期。

4. 鉴于本次指令的规定不影响成员国适用《伯尔尼公约》第 14a 条第 2 款、第(b)项、第(c)项、第(d)项和第(3)款的规定。

5. 鉴于《伯尔尼公约》规定的最短保护期,即作者在世时以及去世后 50 年,目的是为作者及其两代子嗣提供保护;鉴于共同体国家民众的平均寿命增

---

① 《欧共体公报》第 C92 号,1992 年 4 月 11 日,第 6 页及《欧共体公报》第 C27 号,1993 年 1 月 30 日,第 7 页。

② 《欧共体公报》第 C337 号,1992 年 12 月 21 日及 1993 年 10 月 27 日决议(还未在《官方公报》上公布)。

③ 《欧共体公报》第 C287 号,1992 年 11 月 4 日,第 53 页。

长,以致该期限不足以覆盖两代人。

6. 鉴于为了抵消世界大战对使用作家作品造成的影响,一些成员国已授予超过作者死后 50 年的保护期。

7. 鉴于一些成员国已经采用了在合法出版或合法向公众传播后 50 年期限的邻接权保护期。

8. 鉴于乌拉圭回合谈判《关税与贸易总协定》(GATT)已采用录音制品制作者的保护期限应该在首次出版后的 50 年。

9. 鉴于所确立的权利被认为是共同体法律保护的一般原则之一。因此,统一的版权与邻接权的保护期,不能削减对共同体内目前的版权人的保护效力。为使过渡性措施的影响降到最低并使内部市场得以在实践中运行,应当在长远考虑的基础上协调保护期。

10. 鉴于在 1991 年 1 月 17 日跟进《欧共体关于版权和邻接权领域的工作绿皮书》的沟通中,由于版权和邻接权是智力创造的基本保证,委员会强调了在更高层面上协调此类权利保护的必要性,且强调这些保护保证了作者、文化产业、消费者和社会的整体利益,使创造力得到维护和发展。

11. 鉴于为了建立高效保护机制,同时满足内部市场需求和有益于共同体内文艺创作和谐发展,版权的保护期应当调整为作者死亡后 70 年,或作品合法地向公众开放后的 70 年,邻接权的保护期应当调整为作者死亡后 50 年或上述提及的事件发生之日起算的 50 年。

12. 鉴于根据《伯尔尼公约》第 2 条第 5 款,因为内容的选择和安排而构成智力创作的作品集,将受到保护;不侵犯版权的汇编作品,可能有特定保护期对其适用。

13. 鉴于有一个或多个自然人被确定为作者的情况下,保护期应当从最后一位作者死后计算,而整个或部分作品的作者身份问题,国家法院会加以裁决。

14. 鉴于保护期应当如《伯尔尼公约》和《罗马公约》中所规定,上述第 7、11 及 13 款所规定的期限应从作者死亡日或上述款项提及事情发生日起算,但这种期限只能从死亡后或所述事件发生后次年 1 月 1 日开始计算。

15. 鉴于 1991 年 5 月 14 日《欧盟理事会第 91/250/EEC 号指令——关于

计算机程序的法律保护指令》①第 1 条规定：依据文学作品在《伯尔尼公约》中的意义,各成员国应对计算机程序进行版权保护；该指令协调了共同体内的文学作品的保护期限；鉴于该指令第 8 条仅仅是对计算机程序的保护期限的条款性安排,现在应当相应地废除。

16. 鉴于 1992 年 11 月 19 日《欧盟理事会第 92/100/EEC 号指令——关于出租权、借阅权和知识产权领域的版权邻接权指令》②第 11 条、第 12 条只规定了最低保护期限,限制了进一步的协调；鉴于该指令对此作出了进一步协调；上述条款因此应当废除。

17. 鉴于各成员国对摄影作品的保护是不同制度下的客体保护；为了充分协调摄影作品的保护期,尤其是那些因其艺术、专业特点而在内部市场十分重要的作品,有必要在该指令中定义其所应具备的原创水平；在《伯尔尼公约》定义中,如果是作者本人的智力创造反映其个性,而无价值、目的等判断标准的考量,则摄影作品被认为是原创作品；其他摄影作品的保护应由国家法律管辖。

18. 鉴于为了避免邻接权保护期限的差异,有必要在整个共同体内为邻接权保护期的计算规定统一的时间起点。表演、录制、播送、合法出版以及面向公众合法传播,也就是说使邻接权能够被公众理解的所有适当的方法,无论它们在哪里进行,都应当纳入计算保护期限的考量。

19. 鉴于广播组织广播的权利,无论这些广播是通过有线、无线,包括光纤或卫星传播,都不应该是无限期的。因此有必要从某个广播的第一次播出开始执行保护期。这一规定是为避免相同广播内容再次被执行新一轮保护期而设置的。

20. 鉴于各成员国应该继续自由维持或引入与版权相关的其他权利,尤其是重要出版物和科学出版物的版权保护。但为了确保其在共同体内的透明度,成员国有必要在引入新权利时向委员会通报。

21. 鉴于澄清指令中的协调不适用于精神权利,是有益的。

22. 鉴于对于《伯尔尼公约》认为的来源于第三国家的作品,以及其作品作者不是共同体国家国民,假如它们在共同体的保护期限没有超过本指令中规

①　《欧共体公报》第 L122 号,1991 年 5 月 17 日,第 42 页。
②　《欧共体公报》第 L346 号,1992 年 11 月 27 日,第 61 页。

定的期限,那么应对比保护期限。

23. 鉴于不是共同体国家国民的版权人也受到国际协议的保护,邻接权的保护期应该与该指令一样,但它不应该超过版权人所属国家的规定期限。

24. 鉴于保护期的差异不得引起成员国与其国际义务之间的冲突。

25. 鉴于为使内部市场运行顺畅,该指令应从 1995 年 7 月 1 日起执行。

26. 鉴于各成员国应对以下事务自由采取有关规定:解释、变更和进一步执行有关利用受保护作品和其他客体的合同,该等合同应在本指令扩展保护期限之前订立执行。

27. 鉴于已有权利和合法可得利益是共同体法律秩序的一部分,各成员国可规定,尤其在某些情况下,依据本指令当版权及邻接权的作品权利穷竭,该作品进入公共领域时,善意使用者有权使用这些作品而无须支付相应报酬。

得出以下决议项:

第 1 条 作者权利持续期

1. 根据《伯尔尼公约》第 2 条,文学或艺术作品作者权利应为作者在世时以及死后 70 年,与作品合法发表的日期无关。

2. 根据第 1 款,如果作品是合作作品,该权利期限应当以最后死亡的作者的死亡时间计算。

3. 匿名或笔名作品的保护期限为作品合法公布后的 70 年。然而,当采用笔名的作者身份被确认,或在上款规定的期限内公开身份,则适用的保护期限应以第 1 款为准。

4. 当成员国提供了对集合作品版权的特别规定,或者对一个法人被指定为版权人的特别规定,保护期限应根据第 3 款的规定计算,除非作为创作者的自然人在作品的发表版本中确定。本款不影响确认了作品特定贡献的作者的权利,第 1 款、第 2 款适用于此贡献认定。

5. 当作品以卷、部分、分期连载、期刊或片断发表时,保护期从作品合法公布时开始,各部分保护期应分别计算。

6. 当作品保护期未从作者死亡时计算,并且作品没有在创作之后的 70 年内合法公布,保护应当终止。

第2条　电影和音像作品

1. 电影或音像作品的主要导演应被视为其作者或作者之一。成员国可以自由指定其他合作作者。

2. 电影和音像作品的保护期限应于以下最后一名在世人员死后 70 年届满,无论这些人是否被认定为共同作者：首席导演、剧本作者、专门用于电影或音像作品的对白的作者和音乐的作曲者。

第3条　邻接权持续期

1. 表演者的表演权应于演出之日后 50 年届满。然而,如果在此期间演出以固定形式合法发表或合法向公众公布,权利期限应于第一次较早的发表日期或公布日期后 50 年届满。

2. 录音制品制作者的权利应于录制完成后的 50 年届满。然而,如果在此期间录音以固定形式合法发表或合法向公众公布,权利期限应于第一次较早的发表日期或公布日期后 50 年届满。

3. 电影制作者的权利应于电影固定制作后的 50 年届满。然而,如果在此期间影片以固定形式合法发表或合法向公众公布,权利期限应于第一次较早的发表日期或公布日期后 50 年届满。"电影"一词指电影、音像作品或其他动态影像,无论有无声音。

4. 广播组织的权利应于广播第一次播出后 50 年届满,无论该广播是通过有线、无线、电缆、卫星等任一种媒介播送。

第4条　未发表作品的保护期

作品版权保护期满后,任何发布者若是首次合法地向公众发表或发布之前未面世的作品,则该发布者享有等同于作者的经济权利。对于这一权利的保护,是从作品首次公开或向公众发表之时算起,有效保护达 25 年。

第5条　重要的和科学类出版物

成员国可保护进入公共领域的重要的和科学类出版物。其最大保护期限为出版物首次合法发表后 30 年。

第 6 条　摄影作品的保护期

属于作者智力创造的摄影作品应当依据第 1 条给予保护。这是认定其获得保护资格的唯一标准。成员国可为除此以外的其他摄影作品提供保护。

第 7 条　对第三方国家的保护

1. 当作品原产国依据《伯尔尼公约》属于第三方国家,且作品作者不是共同体国家国民时,则成员国承认的保护期应在作品原产国规定的保护期届满时,但不得超过第 1 条的规定。

2. 如果成员国承认给予保护,第 3 条规定的保护期同样适用于非共同体国民的版权人。但是,在不影响成员国国际义务的前提下,成员国认可的保护期不应超过版权人所属国家规定的保护期,且不超过第 3 条规定的保护期。

3. 自本指令通过之日起,具有国际义务准许长于第 1、2 款规定的保护期的成员国,可以继续保留该保护期,直至缔结有关版权和邻接权保护的国际协定。

第 8 条　指 令 生 效

本指令规定的条款自指令颁布后一年的 1 月 1 日起生效。

第 9 条　精 神 权 利

本指令不应违背各成员国精神权利管理的相关条款。

第 10 条　适 用 时 间

1. 在第 13 条第 1 款规定的日期之时,已经采取了长于本指令规定期限的保护期的成员国,本指令对缩短该成员国已有保护期限无效。

2. 依据第 13 条第 1 款规定的日期,本指令规定的保护期应适用于满足《欧盟理事会第 92/100/EEC 号指令——关于出租权、借阅权和知识产权领域的版权邻接权指令》规定的保护标准的所有作品和素材,该作品和素材是符合版权和邻接权的国家条款规定,且至少被一个成员国所保护。

3. 本指令不应当影响第 13 条第 1 款中规定日期之前的对任何作品的使用行为。成员国应当采取必要的条款尤其保护第三方的既得权利。

4. 成员国不需要对 1994 年 7 月 1 日以前创作的电影和音像作品适用第 2 条第 1 款的规定。

5. 如果该日期不晚于 1997 年 7 月 1 日,成员国可决定第 2 条第 1 款适用的日期。

第 11 条　技 术 调 整

1.《第 91/250/EEC 号指令》第 8 条特此废除。

2.《第 92/100/EEC 号指令》第 11 条、第 12 条特此废除。

第 12 条　通 知 程 序

各成员国应立即通知委员会有关任何准许新的邻接权的政府计划,包括其引入的基本依据和预设的保护期。

第 13 条　一 般 条 款

1. 各成员国应在 1995 年 7 月 1 日之前实施符合本指令第 1 条到第 11 条的必要的法律、法规和行政规定。当成员国采取这些规定时,应当包括对本指令的参考,或在正式发布时附上该参考。制定参考的方法由成员国决定。各成员国应向委员会传达本指令管理领域涉及的本国法律文本。

2. 各成员国应当自本指令公布之日起实施第 12 条。

第 14 条　适 用 范 围

本指令适用于所有成员国。

本指令于 1993 年 10 月 29 日制定于布鲁塞尔。

理事会主席

E. Urbain

信息社会的版权和邻接权绿皮书

欧洲共同体委员会
布鲁塞尔,1995 年 7 月 19 日
COM(95)382 最终版

目　　录

第　二　章

概　　述

1. 如果信息社会能顺利发展,那么许多新诞生的产品或服务必能充分地从信息高速公路中获益。新产品和新服务必须在一个与国家、共同体和国际层面一致的管制框架之中才能不断发展壮大。毫无疑问,为了顺应这些可能产生的多样化的新需求和前所未有的新问题,法律必须予以修改。其中之一就是修改知识产权法律以适应环境。作为对信息社会挑战的有效回应,内部市场规则提供了面向信息社会的政策方法,并已提出一个可靠与一致性的框架。

2. 通过信息高速公路提供的新产品和新服务,要么是利用现有作品,要么是创造新作品。现有的受保护的材料经常需要经过重新加工才能被数字化传播;而创造新作品和新服务则需要巨额投资。如果没有投资,提供的新服务将十分有限。样式多、范围广的新服务也将促进基础设施的建设。至少对个体消费者提供以休闲和教育为主要导向的服务来说,如果没有捐助,基础设施的投资就毫无意义。在数字化环境下,只有作品和其他客体的版权和相关权得到充分保护,为促进新服务投资提供支持的创造性努力才有意义,也才能得以实现。

如果在网络上提供了服务又采取正确的措施,那么确保作品和其他受到保护的客体在未得到版权人许可的前提下,在不侵犯版权人利益的情况下被复制、改变或者使用将会是非常困难的。这是数字化技术的特殊性造成的。与传统版权保护环境相比,数字化技术使得大量数据的传播和复制极为简便。

3. 鉴于网络传播的特性,如在成员国之间,甚至更大范围内实行对作品的全面保护,将会阻碍信息社会的创新发展。而考虑到要证实作品是否被使用的难度,以及明确作品在更大范围内被用作商业用途的难度,有必要对版权及相关权保护再协商,至少在某些领域,需要再行商榷。

已有的关于版权和相关权的四项指令是共同体范围内的协调标准。近期也将会通过另一项关于数据库的合法保护的指令。该指令将为信息社会服务业的发展提供一个适当的法律框架,在此框架内联盟内部协调的重要性超过了单一的商业协作。

目前以下问题亟须解决:已有的协调共识是否足够;以及哪些领域(至少是受到信息社会较大影响的领域)需要进一步的协调。

版权和相关权赋予版权人专有权,许可或禁止对其作品和其他受版权保护客体的使用和复制;除非该规则各国通用,否则必将对相关产品或服务的自由流通造成阻碍。由于国内法保护的权利局限于自身领土范围内,只有成员国间的法律达成协调,才能减少这种限制。此外,共同体也应竭力在版权和相关权领域协调一致,否则,新服务市场也会继续呈现分裂状态,这必将阻碍产业的发展,使之无法开发本国以外更广阔的市场来实现获利。

4. 一些诸如关于专有权和权利使用的普遍性问题也应被讨论到。这些普遍问题涉及准据法和权利穷竭的议题。专有权问题涉及复制权、向公众传播中"公众"的界定,以及对不同类型的数字传播中适用的专有权研究。在此要辨别数字传播与数字广播的差异,也需要对精神权利作深入探讨。最后,关于权利的使用,将探讨权利实施、身份识别系统与技术保护的问题。

5. 为了确保委员会能制定出关于版权和相关权的实施方案,还需进行大量而广泛的磋商,并且利益相关方也要参与到磋商进程中来。广泛参与将提高委员会工作的透明度。由于实施方案本来就是在必要的领域和范围内提供的,所以这些工作同时也会受到辅助性原则的指导。

序　言

1. 本绿皮书发布的初衷是探讨在信息社会发展语境中,明确版权和相关权方面的政策取向和有待商榷的问题。

2. "信息社会"一词取自欧盟委员会白皮书《增长、竞争、就业——21世纪的挑战与出路》。委员会在书中得出结论:"我们必须……集中欧洲的力量,充分利用合作的增效作用,早日实现建设高效的欧洲信息基础设施的目标。"①

3. 在白皮书得出结论之后,由 M. Bangemann 担任主席的工作组在 1994年 6 月科孚岛举行的欧洲议会上递交报告。② 报告中提到:"技术的进步使我们能够处理、存储、检索、交流任何形式的信息,无论是所说的、所写的、所看到的,都不受距离、时间和数量的限制。"报告认为知识产权是建立信息社会所需管理体系的基础部分,具有特殊地位。工作组认为:"知识产权的保护必然带来全球化和多媒体的新挑战,欧洲和全球都必须继续把保护知识产权提升到一个至关重要位置……欧洲已做好准备,保证对知识产权保护的重视,并保持高水平的保护。"

4. 委员会随后通过了名为《欧洲的信息社会之路:计划下的行动》一文。③文件为委员会的行动设定了框架,对诸如专业学术主题讨论指明了方向。文件指出,版权和邻接权虽已得到一定程度的重视和关注,但需要重新考虑已有规则及可能需要的新规则。1994 年 9 月工业与电信部长会议同意了该思路。

5. 得益于数字传播技术的成熟,网络现已运用于商业、教育与研究,故而信息社会已蔚然成为现实。更需要指出的是,网络的演变发展让知识传播更开放,然而在网络上流通的大量内容中,目前只有一部分受到知识产权的保护。

① ISBN 92‑826‑74 24‑X‑1994,第 115 页。
② 欧洲和国际信息社会与科学欧洲议会关于信息社会高层次团体的建议,布鲁塞尔,1994 年 5 月 26 日。
③ 委员会向理事会及欧洲议会之通讯,委员会向经济和社会委员会以及区域委员会之通讯,COM(94)347 终稿,布鲁塞尔,1994 年 7 月 19 日。

6. 信息高速公路在日后将承载越来越多的作品和其他受到保护的客体，技术和法律保护将变得越来越重要，但也不能因此对提供信息的网络使用行为制造障碍。数字传播技术仅仅是传播的方式之一，其他如书本这样的媒介还将继续以实用的、相对低成本的方式传播信息。因而为了使信息社会充分发挥其潜力，相关利益人之间（包括版权人、制造商、批发商、服务使用者以及网络运营商）必须维持利益平衡。

7. 本绿皮书主要关注在信息社会的新产品和新服务中适用版权和邻接权时产生的问题，包括与权利的适用紧密相关的法律和技术。事实上，在对信息社会的各项研究中，委员会已经大量探讨了包括使用者身份等影响该产业的广泛议题，委员会因此决定在此次研究中更多关注版权和邻接权持有人的问题。

另一方面，绿皮书未考虑网络及网络上提供的服务之外的版权问题，包括传播规则（通信标准）与传播界面（通信接口）。委员会认识到这些问题的重要性，并且已经在共同体的现行管理条款中作出处理，（如《欧洲议会关于计算机程序法律保护的第 91/250/EEC 号指令》）。

本绿皮书未涵盖信息社会中可能产生的广义知识产权的所有问题，未涉及关于专利权、商标、设计权、专有技术和商业秘密的问题。

委员会已经展开了关于信息社会服务的管理框架等方面的研究。除了已解决或待解决的关于个人隐私和数据保护问题之外，委员会还将发布关于数字加密法律保护绿皮书、内部市场商业通讯绿皮书，以及用于确保国内有关该主题的法律与内部市场原则相一致的透明度保障机制。最后，委员会已经在共同体层面提议就媒体所有权发起新的探讨和磋商。此外，新视听服务发展绿皮书将探讨如何促进新视听服务的发展、促进文化同一性和语言多样性的发展，以及如何保护公共利益。

8. 本绿皮书分为两章。第一章描述了信息社会应当如何才能发挥功能，指出信息社会发展对欧洲共同体的重要性，以及如何协调单一内部市场的法律框架等问题。由于信息社会相关问题的紧迫性，本章试图探索并明确信息社会产生的议题。

第二章选取与版权和邻接权有关的九个主题，分为三个部分。这些主题既有由利益相关方提出的，也有委员会认为保障信息社会良好运行应该优先考虑并予以重视的。就每一部分技术与法律问题,委员会提请利益相关方发表其看法。

9. 委员会对各部分的概述以目前对信息社会的研究和资料为基础,是暂时性的。每一部分结尾处列有存在争议的问题,并在全书末尾处再次全部列出。

本绿皮书只是磋商进程中的一部分。利益相关方,包括相关组织和政府需要对其中提出的问题发表看法。反馈和意见可仅针对部分问题,应于1995年10月31日前寄送至以下地址:

European Commission

Directorate-General XV

Internal Market and Financial Services

Unit XV/E‐4

Rue de la Loi/Wetstraat 200

B‐1049 Brussels

电子邮件地址:E4@DG15.cec.be

第 一 章

1.1　绿皮书的必要性

1.1.1　版权和邻接权:共同体的基础性考量

10. 版权和邻接权的保护对单一内部市场至关重要,且对共同体的文化、经济和社会同样意义深远。

a) 单一内部市场

11. 出于保障产品和服务自由流通的需要,信息社会知识产权保护是事关共同体内部基础性利益的问题。生产商和供应商在其产品和服务的版权和相关权得到保护的同时,必须继续使共同体作为一个统一的市场进行运转。

版权和相关权赋予版权人专有权,许可或禁止对作品和其他版权客体的使用和复制;除非这项规则各国通用,否则必将对相关产品或服务的自由流通造成阻碍。国内法律商定的权利受自身领土范围的限制,只有成员国间的法律达成一致,这种限制才能减少。

12. 信息社会提供机遇、鼓励创造、促进传播、积极促成使用及其他类似行动,成员国之间的法律差异阻碍了产品和服务贸易的问题日趋严重,信息社会中作品可以大量地以非物质的形态传播亦加剧了这一问题,这意味着此前所适用的规则将经常变动,以利于自由提供服务。

因此,在尊重辅助性原则的基础上,为了保证商品和服务的自由流动,欧盟有责任制定出关于版权和邻接权的规则。为了避免竞争扭曲,造成某些特定成员国的企业占有优势,版权和相关管理的规则将包括成员国在法律规则上的协调一致,以及相互间的承认与认同。

b) 文化维度

13. 版权和邻接权对欧洲共同体文化政策起着基础性的作用。在信息化社会,特别是在多媒体产品中,在文化领域中,尤其在传播知识、传播欧洲文化和历史、促进文化交流和艺术创作、认识共同文化遗产的价值等方面,(《欧盟条约》第 128 条第 4 款)必须予以充分考虑。同时,在信息社会提供的服务中,文化内容将作为一个主要部分发挥其作用。

14. 通过信息高速公路,欧洲文化遗产被大量利用来创造产品和服务。除了文化遗产的固有价值外,受市场影响,文化遗产还具有经济价值。经济复苏对共同体文化领域的促进是很有必要的。

15. 对文化遗产及其创作群体的有效保护,主要通过版权和邻接权实现,因此,保护版权和相关权是欧盟文化发展的基础。在消费链中,一旦文化作品被利用,从作者到公众的每一环节,相关艺术家和版权人都应因此获得报酬。版权人的收入源自其作品促进了共同体思想和文化的传播和发展。只有随着信息社会的需要改进法律,才能有效保护作者、表演者和其他版权人。至关重要的是,为了信息社会与欧洲文化协调发展,必须在保护欧洲文化遗产、知识产权法与可行的经济开发与利用之间达到良性平衡。

c) 经济维度

16. 保护版权和邻接权是为文化产业竞争奠定基础的法律框架中的重要组成部分。只有合理保护版权和邻接权,创新和创意产业的投资动力才充足,这也是提升欧洲产业附加值和竞争力的关键。显而易见,只有明确成果不会被不正当地窃用,并在版权和邻接权的保护下享受投资带来的收益,企业才会投资于创新活动。

近年来,各成员国已对版权和邻接权的经济重要性作了各种研究,从中得出相似的结论。版权和邻接权受到保护的领域,其产量和附加值增长迅速,增长率常常高于整体经济的增长率。举例来说,音像市场的实际年增长率达到6%,并持续以该增长率增长。① 以更广阔的视野来看,涉及版权和邻接权的领域总共约占共同体国内生产总值的 3%到 5%。

17. 保护版权和邻接权涉及产业众多,其中信息产业和娱乐产业排在首位。毫无疑问,在诸如出版、音像产业、电影业等领域,其创新能力和竞争力在很大程度上取决于版权和邻接权的保护体系。技术革新与信息社会的来临为这些领域(例如电视、出版、音乐、软件等等)带来了广阔的发展前景。鉴于新的传播形式和复制形式在全球的迅速发展,共同体需要慎重考虑版权和邻接权在新环境中的重要性。

d) 社会维度

18. 白皮书对西方经济中不断增长的趋势进行了探讨,即西方经济越来越趋向那些以技术、专有技术和创新为基础的具有高附加值的服务业。欧洲的竞争力越来越依赖于能够产生新产品和新程序的创新性设想,这必将产生新的就业机会。在此,必须要重点考虑版权和邻接权。在新服务发展和传播的环境下,涌现出大量的就业机会,特别是劳动密集型产业,应该被充分开发利用。白皮书强调建立必要的法律框架条件,以促进信息服务业顺利发展。

1.1.2　国际层面的考量

19. 新信息基础设施——"信息高速公路"的出现和建立,以及新产品和新服务的产生,促使大多数欧洲共同体的主要贸易伙伴开始考虑信息社会带来的经济、法律和社会问题。

20. 信息社会带来的问题在各阶层中产生了全球性影响,并在欧盟成员国内外和一些专门的国际组织中引发了一场大范围的国际争论。这一全球现象寻求(至少在某些领域)国际回应和解决办法,并构成了世界性的挑战。

---

① 见记录 I, ISBN 92 - 826 - 74 24 - X - 1994,第 122 页。

21. 在 1995 年 2 月 25 日至 26 日于比利时布鲁塞尔召开的 G7 峰会上,与会者认为:必须对经由基础设施传播的创新内容提供高标准的法律保护与技术保护。与会官员们一致认为应通过单一国家内部的、双边的、区域性的、国际的包括世界知识产权组织(WIPO)的共同努力来制定这一标准,以保证知识产权和技术保护框架能够确保版权人在全球信息基础设施(GII)这一通信框架中享有技术和法律手段控制其产权的使用。

22. 特别是一些成员国以及部分第三国早已通过重视立法参与到应对信息社会的进程中了。虽然各国对于版权和邻接权的立法来源于不同的法律传统,但为了发展需要,都采取了相似的方式应对。

就成员国而言,一个显著的例子就是法国文化部创立的 Sirinelli 委员会所从事的工作。该委员会致力于研究当今新技术带来的知识产权领域的法律概念和含义。瑞典和芬兰也进行了类似研究。

23. 共同体之外,日本商贸产业省(MITI)向政府递交了关于多媒体对现存知识产权体系法律意义的两份临时文件。美国克林顿政府已经成立小组,设计和实施其"国家信息基础设施"的政策,负责知识产权方面的工作组在 1994 年 7 月发表了一份绿皮书,白皮书也将于近日发布。加拿大和澳大利亚也就该问题发表了不同的意见。国际上也就相关利益方问题进行了讨论与磋商。

24. 该问题也受到了国际组织的重视。世界知识产权组织(WIPO)已对新技术对版权和邻接权的影响持续观察了一段时间,组织了数次会议与研究,特别指出:要在考虑新技术环境基础上制定有关版权的示范法。1989 年 10 月,世界知识产权组织的行政部门决定起草关于《伯尔尼公约》的协议,这是自《巴黎法案》之后使版权和邻接权来适应技术发展的又一次努力。一份对表演者与录音制品制作者进行保护的"新文件"也在筹备之中。这两份文件都将巩固国际上现有的版权和邻接权规则。此外,对版权领域中数字技术产生的影响也存在一些争论。

25. 联合国教科文组织(UNESCO)和经济合作与发展组织(OECD)也对这些变化带来的技术和法律问题加以探讨。

26. 世界贸易组织成员经由乌拉圭回合谈判缔结了《与贸易有关的知识产权(包括假冒商品贸易)协定》(《TRIPS 协定》),协定规定了知识产权保护的

核心基础规则。另外,应注意到《与贸易有关的知识产权协定》(TRIPS)第 9
条与《伯尔尼公约》的条款之间的联系。除了《伯尔尼公约》第 6 条再次聚焦精
神权利外,《与贸易有关的知识产权协定》(TRIPS)的成员必须遵守《伯尔尼公
约》第 1 条至第 21 条之规定。此外,《与贸易有关的知识产权协定》(TRIPS)
的第 14 条对表演者、录音制品制作者和广播机构提供了专门保护。计算机软
件也被作为文学作品受到保护。对数据和其他材料的编辑,无论是计算机语
言或其他形式,只要其内容的选择或安排构成了知识创作,都将得到保护。
《与贸易有关的知识产权协定》(TRIPS)也对出租权作出了限制和规定。

1.1.3　欧盟的持续行动

27. 绿皮书将在各领域引发持续的磋商,上文提及的 Bangemann 报告就
是一个典型的例子。这是全球化趋势的一部分,同时也是欧洲共同体对版权
和邻接权已有工作的延续。

28. 这不是共同体第一次对新技术发展带来的问题进行法律和经济分析。
近几十年来,为了维持作者保护与其作品传播之间的平衡,世界范围内现行的
法律系统为了适应技术变革的结构性挑战都已反复进行了调整。

29. 1988 年,委员会认识到该问题的重要性,发布了《关于版权和技术挑
战的绿皮书》。[①] 该绿皮书从共同体自身利益出发,对新技术发展带来的紧迫
问题作出法律和经济上的分析。共同体当时致力于建立一个单一内部市场,
对版权人提供高水平保护。与此同时,基于被保护作品和服务构建的市场仍
能良性运转,委员会指出:"实际上,新技术需要废除国家边界,那些以领土为
范围制定的国内版权法显得越来越过时。"

委员会注意到了技术和版权发展进程的重要性,并对这些问题提出了实施
方案。重要的是,委员会在 1988 年的绿皮书中对数据库的专门立法进行了展
望,这比其所有成员国均超前。绿皮书已成为利益相关方磋商和听证的基础。

在绿皮书引发反响之后,《绿皮书的延续:委员会在版权和邻接权领域的
工作程序》于 1991 年 1 月通过。新的绿皮书旨在从共同体层面明确优先行动
的方案。[②] 委员会指出,必须按照两条标准:"第一,对版权和邻接权的保护必

① 《版权和技术挑战的绿皮书:亟待行动的版权议题》,COM(88)72 终稿,1988 年 6 月 17 日。
② 《继续绿皮书:委员会在版权和相关权领域的工作程序》,COM(90)584 终稿,1991 年 1 月 17 日。

须更强;第二,采用的方式必须尽可能地全面。"委员会强调"必须积极应对将会影响到单一内部市场建立的方方面面",并且"面对新技术的挑战,若只限于共同体成员国作出回应,将只能解决一部分问题"。

30. 关于应对技术挑战的政策,迄今为止已颁布了四项关于版权和邻接权的指令。由于指令提出了实质性规则并创造了立法环境,因此都与目前的讨论紧密相关。

31. 1994 年的绿皮书旨在促进欧洲的音像产业,①因此也提到了新技术对现有法律框架的挑战,以及有利于服务业发展的环境需求。

32. 1994 年 7 月 7 日至 8 日,关于信息社会知识产权保护调查问卷得到答复后,委员会对相关当事人举行了一场听证会,该答复也被广泛传播。②

33. 在信息社会,保护版权和邻接权的后果具有不确定性,1994 年 7 月 7 日至 8 日的听证会认为应该仔细考虑目前的状况。多数与会者认为,信息社会对市场上的产品和服务,无论是数量还是质量都产生影响;认为信息社会对知识产权保护体系的影响有限,只是渐进式的改变,而谈不上是对现有权利的根本性变革。绝大多数与会者强调版权和邻接权有潜力去适应技术变化,技术发展史能说明这一点(比如音标拼字法、摄影、电视、卫星、激光录音制品等的出现)。

34. 与会者对于如何有效保护版权人利益的问题非常感兴趣。然而必须认识到,版权人的权利和使用者的利益之间仍应保持平衡:既要保障某类版权人增加的权利,也不应阻碍诸如公共图书馆等公共设施发挥其功能。通过这次听证会,利益相关方特别强调了对权利的识别与管理问题,并分析了现有法律环境,鉴于此,坚决反对强制许可证制度的扩展。

各方普遍赞成建立受保护作品的识别系统。虽然相关当事人似乎仍然对个人的权利范围不明确,但是在新的识别技术出现后,这一情形将变得明朗。很明显,新识别技术将有助于个人的有效控制,但是与此同时,大范围复制与传播也为版权人带来新困惑。

无论是许可新产品、新服务的开发,还是保障版权人感到满意的保护,现

---

① 《关于加强欧洲节目产业欧盟视听政策的策略选择之绿皮书》,COM(94)96 终稿,1994 年 4 月 6 日。

② 《信息社会版权相关权相关利益方的答复》,ISBN 92 - 827 - 0204 - 9。

有的权利看似足以应对。然而要强调的是,随着一些概念进入新领域,必须要对现有权利进行相应地修正。复制权、公共传播权以及出租权都可能呈现出新特点。与会者关注权利穷竭问题,特别强调现有规则并不适用于信息社会中碎片化的服务。

最后,一些与会者强调,对于可适用于版权和邻接权开发利用的法律而言,必须存在一定程度上的法律确定性。在精神权利的问题上,意见出现分歧:版权人希望加强对精神权利的法律规定,而信息社会的潜在服务供应商则将其视为一种阻碍。

35. 听证会中提出的建议都将在绿皮书中予以考虑,并准备进行更深入的探讨和磋商。

36. 根据委员会的建议,目前既需要评估经由信息高速公路引发的服务业发展现状和规模,也需要评估共同体已经达成一致的保护体系的意义。

37. 此外,还必须探讨成员国的现行法律对版权和邻接权保护程度的差异,是否阻碍了内部市场商品和服务的自由流动,是否应该为了促进欧盟信息社会的发展而消除这些差异。

38. 已有的实践也为委员会在有关信息社会的各种技术和法律论坛中讨论这些问题提供了参照标准。这也为在研究框架之下发起的第四次研究项目提供了更好的指引。

39. 必须理解的是,本绿皮书并非对那些在很多方面尚不清楚的问题提供明确的解决方法,而是提出问题或是一些可能的实施建议,从而获得更好的解决问题的方法。

1.2　鉴别重要议题

1.2.1　新的挑战

40. 信息社会的发展及其对版权和邻接权体系所造成的影响尚不明确。大部分不确定性源自信息社会发展过程的持续性和动态性。尽管技术发展路线颇为清晰,但其实际影响并不明确。

41. 不仅如此,事实上正在出现大量新服务。即使不清楚新服务的最终形态,但沿着经济和法律进程的大致轮廓,也已经可以初步描述其雏形。需谨记的是,无论目前消费者对新服务的接受如何犹豫不决,消费者最终一定会将这些技术运用自如。

a) 新服务的性质

42. 信息社会提供的新服务处于信息技术、电信与电视的融合与交叉领域,其共同特点就是数字化。

43. 这些服务能够存储大量的作品和数据,同时易于获得。其内容包括以下的一项或几项:

● 传统作品和其他客体,有些仍受保护,有些属于公共领域;

● 多媒体产品,即不同类型的数据和作品的结合,例如图片(静态或动态的)、文本、声音和软件。

这些服务通过一个共同因素,即交互性的理念而连接在一起,从而允许内容本身能够发生变化。交互性的必要程度仍需进行探讨。大多数此类服务都经由数据库生成。新服务的另一特点就是,消费者可能要为其使用支付费用。

44. 需要注意的是,点对点的新服务区别于传统的一点对多点的电视节目;在传统节目中,消费者大多处于被动地位,而新服务则是满足使用者的要求,使之直接操控节目的走向。

45. 新服务提供广泛的远程服务:

● 电子办公;

● 电子银行;

● 电子购物;

● 媒体(电子报纸);

● 娱乐,借助类似程序库(需要视频);

● 休闲服务(例如公众参与的交互游戏,其场景可随故事进程变换,虚拟博物馆);

● 体育传输服务(例如观众可以决定摄像机的拍摄角度,以及天气预报等实用服务);

● 教育节目,“电子教学”;

● 远程旅游(例如利用这类服务探访考古现场);

● 赌博频道。

46. 从现今市场发展趋势可以看出，新服务将主要运用于五个领域：

- 职场，包括私人领域和公共领域，运用适当的应用程序（如办公自动化、财务信息等）；
- 信息和教育，包括实践层面的运用（比如教学）；
- 远程购物；
- 保健（远程治疗，家庭监测）；
- 娱乐休闲（游戏和电视节目将具有重要作用）。

这些领域在今后如何发展并不清楚，但从初期来看，似乎职场上的应用程序相比大众休闲市场的应用程序发展得更快。

如今，多媒体产品（如只读光盘、交互式光盘、视讯光盘等）市场每年约产生一万亿欧元的价值，并有望在今后 5 年至 6 年以每年 16% 的速度增长。[①]

对欧洲光盘发行所作的分析，会发现其数据透露出目前市场主体的偏好（见下表）。

1994 年光盘发行的十大领域

	标题数量	占总发行的百分比（%）	1993 年至 1994 年增长率（%）
大众文化、娱乐	1 043	19.0	73.8
艺术、人文	724	13.2	61.9
教育、培训、职业规划	631	11.5	48.8
信息技术、计算机程序	510	9.3	47.8
广告、设计、市场营销	429	7.8	53.2
商业、企业	426	7.7	60.7
语言、语言学	417	7.6	61.6
犯罪、法律、立法	399	7.3	34.3
科学、技术	386	7.0	37.8
地图、地理	322	6.0	26.7

资料来源：信息市场观测资料，1993—1994 年报告。

b) 跨境服务

47. 经济分析表明，共同体中的信息社会发展的可能性及信息社会提供服务的可行性，有赖于新的管理框架能有效地解决和促进利基市场的一揽子服

[①] 参见记录 I，ISBN 92 - 826 - 74 24 - 1994，第 107 页。

务创新。考虑到创新服务的成本,服务在实行起来时应瞄准比单一国内市场更广阔的市场才能获利。创新服务的成功很大程度上取决于在可承受价格内提供大量的可获得的不同服务。人们需要"一揽子服务"以满足需求,从而确保对网络的最优使用。

48. 除非"一揽子服务"的供应商能够以一种全球畅通的方式进行传播,从而降低成本,"一揽子服务"才能获利。服务必须能在共同体之中自由流通,可以到达所有成员国的利基市场,这些市场加总才能实现规模经济。成员国必须对所有潜在市场的传播和利用前景提供能够获利的法律保障,并且鼓励所需的大量风险投资。

49. 除非相关的法律体系明确可靠,否则服务供应商将不愿意投资新服务。为了实行一揽子策略,一揽子投资的投资者必须确信有专门设立的简单明确的法律规定对其提供保障。强迫服务供应商根据服务提供的最终目的地而采用 15 个成员国不同的管理制度,无疑任务艰巨,而且也为产业投资设置了法律上的障碍。

c) 新的市场结构

50. 新的市场结构很大程度基于以下假设:信息社会仍只处于初期。然而,曾发生的渐进式的增长早已对供求的结构和关系产生了显著影响。

尽管如此,大量的不确定性会减少甚至停止消费者的消费行为,会影响消费者对技术发展和新服务的接受度,这些问题将会继续讨论。

51. 就供给而言,新兴产业的主要特点是市场上产品和服务的多元化,其结果是产生了大量的、针对特定目标市场的个性化服务。

其次,这也导致了产品和服务的生产中心从传统的小公司转向了主营制造、电信或信息技术的大公司,它们将独自承担沉重的设计成本和运行风险。这一趋势使得新兴产业提供的服务要尽可能广泛地向市场传播。这就导致了节目制作公司和网络运营商(如电缆、电信等)的合并浪潮。全球经济版图迫使这些企业不断提高其竞争力。

52. 需求的首要特点是使用者数量的增长。新型服务的发展带来了个性化消费行为:消费者拥有十分广泛的选择,并能控制服务内容。视频点播、按次计费频道以及其他新的互动式服务都依赖于消费者主动的个性化需求。使用者可以协商提供的内容,改变或自己存储现有的数据和内容。

53. 信息社会只有得到消费者支持才能够维持。仍有很多问题阻碍信息社会向前发展。

54. 创新和市场营销不足以保证消费者接受新产品、改变消费习惯。厂商必须进行调整,以一个较低廉诱人的价格向大众提供服务,消费者才能购买原来很多人支付不起的新接收设备。但在对消费者准备以其收入中的多大比例来购买新服务的可行性研究中,结论比较模糊。

55. 因为要付出成本,所以家庭利用新服务的增长速度相对缓慢,这会影响企业所提供服务的性质与目的:在"企业对企业"阶段,因为企业已经拥有必要的设备,具有相对明朗的盈利前景,新服务在最初将更多偏向教育或娱乐的大众应用。

对于特定的新技术而言,欧洲市场的价值似乎低于其他市场。从表中可以看出,下表涉及的几项技术1992年在欧洲家庭的普及率远远低于美国。

1992 年欧洲与美国家庭新技术的普及情况

	家庭设备的普及率(%)	
	欧　洲	美　国
光盘设备	0.5	3.1
录　像　机	54	68.3
移动电话	3.2	10.7

资料来源:信息市场观测资料,1993—1994 年报告。

显然,技术发展并未停止,特别是随着全球范围内在线收入可观地增长,技术在持续进步、迅速地发展。下表将说明这一趋势。

1988 年至 1992 年全球在线工业收入

	1988 年(百万欧洲货币单位)	1989 年(百万欧洲货币单位)	1990 年(百万欧洲货币单位)	1991 年(百万欧洲货币单位)	1992 年(百万欧洲货币单位)	占 1992 年总量的百分比(%)
经纪业	2 698.2	3 055.8	3 385.3	3 580.9	3 847.7	44
贷款	1 405.2	1 468.9	1 493.8	1 521.8	1 633.6	19
财务信息与研究	1 051.8	1 160.1	1 301.2	1 426.7	1 591.0	18

	1988 年 (百万欧洲 货币单位)	1989 年 (百万欧洲 货币单位)	1990 年 (百万欧洲 货币单位)	1991 年 (百万欧洲 货币单位)	1992 年 (百万欧洲 货币单位)	占 1992 年 总量的百 分比(%)
法律	399.0	509.7	577.5	611.5	649.7	7
职业技能	354.5	446.4	499.9	529.0	568.6	7
最终消费者	90.3	123.8	205.3	295.5	398.5	5
市场营销	8.2	12.9	19.3	26.7	34.4	>1

资料来源：市场观测资料,1993 年报告。

56. 共同体并不对以上描述的可能后果进行预测,而是清晰地罗列那些有助于形成信息社会初期政策的各种论点。信息社会的成功将特别依赖于共同体能否提供适宜的基础设施,依赖于能否以基础设施为基础发展内容并进而促进产品和服务创新与合理使用。本绿皮书主要通过保护产品和服务的版权和邻接权来解决这一基本问题。

1.2.2　版权和邻接权的保护现状

57. 新信息基础设施的发展,以及基于此创造和承载服务和产品的发展,将会进一步深化信息社会的演变进程。

58. 版权和邻接权的演进史就是法律适应技术发展的历史,法律为适应技术发展而作的改动有时有质的变化。现有体系是多年来对模拟技术的思考和实践积累的结果,也源于这样一种境况：因为市场彼此分隔,难以实现作品的跨境传播;这为按地域保护版权和邻接权的策略奠定了坚实基础,此后才出现了对并发利用的保护程序。

59. 尽管大多数版权和邻接权的法律体系中的适用性存在差异,但一些关键的概念和原则却可以普遍使用。可合理预期的是,新技术并不影响这些概念和原则的本质,但在当前环境中被赋予了新的含义;一些基本原则并没有彻底改变,但有了不同的含义和情境。下列例子仅用来证明这一点。

(1)"作者"的概念在欧洲大陆及普通法律体系中都是核心概念,但在普通法的审判中,排除了作者必须是自然人的原有规定。

新产品和新服务的出现在某些方面改变了作品的创作方式。传统意义上完全运用原始材料、或多或少独立工作的工匠般的作者概念,已被新的创作方式所颠覆。新产品和新服务大多是多人参与、运用多种技术的结果，个人贡献难以区分。多媒体产品仅是其中的一个例子。创作权越来越普遍地属于主导产品生产、负责艺术和财务责任的法人。

（2）"原创性"是版权保护必然考量的因素，但除了共同体内已达成一致的一些领域，如软件和摄影外，其他领域的原创性的标准至今只限定在国内法中。

新产品和新服务大多是对现有作品的改编或解释。因此必须提出，什么程度的改编和解释不侵犯原有作品的保护？新产品和新服务应受到什么程度的保护，并会对版权和邻接权体系带来什么后果？

（3）作品的"首次出版"概念也用于多部国际条约，考虑到作品的特殊位置对其加以保护（如《伯尔尼公约》的第 3 条）。而如今，创造和传播都在网络上发生，很难判断作品的具体位置。

（4）作者和其他版权人专享许可或禁止他人使用其作品的权利，也享有对作品的新形式进行传播和开发利用的特权。如今作品被广泛地开发利用，是否意味着应把权利直接降至报酬层面？还是冒着作品轻易就能被复制而产生的危险，而不再强调这一权利？

（5）"合理使用"或"私人使用"的概念也常出现在大多数法律体系中，私人使用的许可不受版权限制。利益相关方认为，需要对大众传播与私人传播划分明确的界限。

60. 现行法律有效地对作品，如音乐作品、文学作品、音像作品等进行了严格分类，并在此基础上制定规则来保护它们。只有在传播速度相对缓慢的环境中，才能从法律角度考虑作品被开发利用的形式。

正如私人复制案例中提到的那样，当版税征收协会通过物质形态的考量承认版权人的权利时，不同版权人才能通过某种程序陆续获得报酬。然而，至今仍需要区别表演权与复制权。在计算机屏幕上呈现出来的节目，又该如何判定？这该属于公众传播，还是因为对作品实质上的固定而应属于复制？

1.2.3　可能的结果

a）信息社会中的参与者

61. 从知识产权上来说，提起信息社会的第一类参与者会立马想到作者和创意产业。这里主要指的是各类文学和艺术作品的创作者，就如《伯尔尼公约》第 2 条第 1 款中定义的,包括数据库与计算机程序的创作者。

62. 第二类相关版权人:包括表演者、录音制品和电影作品的制作者、广播机构。这两类中也许还应加入传统意义的其他群体,例如出版商、现场表演的录制者、电影发行人等等。

63. 但是,信息社会将给另一个群体决定性地位,如网络内容制造者、网络运营商等,他们迄今还未受到版权和邻接权的保护;但他们都在传播中承担很大的责任。

此外,广大的公众,包括私人使用者、专业使用者和机构使用者,在信息社会中也发挥着非常重要的作用。

最后,信息社会的建立也必须重新考虑版税征收协会,其作用、组织和运行也需要作出新的调整。为了更好地处理信息社会权利开发新的可能性和新途径,版税征收协会的角色和功能要作出调整。由于声音、视频、文本内容,更不用说计算机程序和数据,都将越来越紧密地联系在一起,因此也要修改价格结构与授权范围。

64. 信息社会的出现是否改变了相关利益群体的角色? 探讨这一问题非常重要。在很大程度上,该问题的答案将决定现有法律环境需要如何调整。

b) 管理环境

65. 模拟技术带来的可能性经常受到一些限制。数字化允许将海量数据和信息储存在同一物质形态中(即"数字压缩"),并实现非常便捷的传输。这意味着获取完全相同的复制品变得非常简单,可以以非物质形式传播作品,也能通过如抽样或彩色化的方式处理作品。

66. 由作品和数据组成的新服务的发展,涉及不同的法律条款,因此需要为新产品自身确立独立法律地位的问题就浮现了。

67. 提及"作品"这个概念,便有一个衡量的标准,但事实上具体作品在很多方面是存在差异的,多媒体作品就是已有的作品的一种延伸:它是对已有作品进行"借用"(通常是像书本那样的一些传统作品)的一种混合。作品外部形式的改变,并不一定意味着本质的改变。法律作为规则,对于技术使用而言是公正的。考虑到这一点,"原创性"的概念应该会少一些个体的创造性,而多一些混合的创造性。

68. 创作过程中可能运用了不同的技术，使得"作者"和"作品"的概念产生了模糊：两者均需要我们识别那些作出选择、指导整个创作过程，并进行独特表达的人。然而，如果作品是多人集体合作的成果，识别这类作品的作者就变得十分困难。即使没有新型版权人产生，版权人的数量仍会不断增加。

69. 随着存储方式和传播方式的新发展，其结果必然是作品利用方式与权利管理制度的变革，这种设想是有道理的。

数字化技术使得作品越来越普遍地以非物质形态传播。这导致了区分作品之间的界线更模糊：多媒体作品大多都是借助已有作品混合而成。因为这种借用难以识别，由此会产生问题并带来危险。这对权利管理来说意义深远，因为大多数版税征收协会是按照作品或版权人分类进行管理的。

为了有效管理版权人的权利并且控制复制行为，需要对作品的使用行为进行有效的监督管理；要做到这一点难度极大，仍是一个难题。作品的使用（出版者、作者以及每个作品的使用行为）复杂庞杂，这大大提升了监管的难度。

70. 私人使用的评判标准也愈加灵活，难以界定。数字化技术可以将家庭复制转化为完美的使用形式。作品可以被系统地复制，即使多次复制也不会产生质量损害。因未向版权人付费而非法复制或广播带来的风险将增加，这就越来越需要在共同体层面解决支付版权人报酬的问题，并要在越来越广泛的即时使用中限制侵权复制。

71. 尽管如此，数字化技术同时也带来了有助于监督和识别作品使用的新程序，这将有助于对版权人的保护。权利管理将更简单，且在继续保有专有权的基础上允许进行个人谈判。鉴于音乐作品和视觉作品日益融合，版权保护级别和授权的范围必须重新考量。

72. 在去年 7 月举办的听证会上，与会者就已有技术会对现有版权和邻接权法律保护体系产生多大程度的影响这一问题，给出了审慎合理的答案。

没有哪种改变是必然会发生的，除非我们以一种恰当的、一致的方式对新情况作出反应，并使法律框架适应新环境的需要。

1.3　信息社会下的法律框架

73. 共同体已经存在一个基本的法律框架。委员会对单一内部市场的自由基本满意,特别是《共同体条约》第 52 条厘定的权利,以及第 59 条提到的服务的自由流动,加之已通过的指令对很多问题作出了反馈,并为信息社会今后的政策指明了方向。

1.3.1 条约中单一内部市场的规定

74. 在考虑实施管理的条件之前,必须认识到全面实施《条约》及二级立法中制定的单一内部市场规则的重要性,这将在很大程度上保证信息社会在共同体内发展并实现繁荣。《条约》第 7a 条中,将单一内部市场定义为"无国界的商品、个人、服务和资金自由流通的区域"。

75. 设立由《条约》第 52 条厘定的权利和第 59 条提出的服务自由流动提供的保障。如果这些原则有效,那么信息社会的相关行为就能在法律框架内展开,从而增强欧洲工业的竞争力。

76. 然而,只有这些规则足以使得信息社会产生的新行为能在广阔区域内蓬勃发展,欧洲共同体才算真正进入信息社会。分裂市场格局下的法律会对经营者的经营产生干扰,在新环境中,市场行为一定不会受此影响。

此处,互认原则亦很重要。互认原则允许服务供应商在其他成员国提供类似服务,即便该服务在其国家仍受到法律的制裁。这一原则的运用可以避免不必要的规则和规定。

77.《共同体条约》第 30 条至第 36 条关于商品自由流通的规定将适用于设备流通的领域,但在信息社会,作品和信息的流通越来越以非物质形态发生,因此关于商品自由流通的规定不再具有决定性作用。

1.3.2 指令及指令草案

78. 数条相关的指令已批准通过,还有一条重要的指令提案也于近日由共同体考虑。

a)《计算机程序法律保护的理事会第 91/250/EEC 号指令》("计算机程序指令")[①]

79. 计算机程序是信息高速公路的基本组成部分:计算程序运行的每一条信息链,都提供使信息转化为数字形式并存储的软件。软件对程序产业的

---

① 1991 年 5 月 14 日理事会指令,《官方公报》L122/42,1991 年 5 月 17 日。

发展至关重要。在网络、终端、服务器中都需要软件。计算机程序指令迅速填补了共同体法律的空白。如今,计算机程序和文学作品一样受到版权的保护。指令对讨论较多的版权人专有权作出了协调,这一点意义深远。同时,它也对程序开发中的必要行为和未授权行为作出界定。

　　b)《出租权、出借权和某些在知识产权领域内与版权邻接权的理事会第92/100/EEC 号指令》("出租权指令")①

　　80. 这是一条全面的标准,规范了适用于受到版权和邻接权保护的所有类型的作品及其他受到保护的客体的普遍权利。它也在更高层面上对邻接权进行了协调。

　　该指令:

　　● 规定了版权保护的所有作品和客体的出租权与出借权;

　　● 在《罗马公约》的基础上,统一协调了邻接权。

　　该指令具有深远的意义,该指令提供了一个可以看作是解决视频点播或类似新服务的范例框架,在该框架中,视频点播及类似新服务可以在限定时间内获得电影或音像作品,也可以作为远程视频租借的一种形式。

　　c)《关于版权与邻接权适用于卫星广播和有线电视转播的规则协调理事会第 93/83/EEC 号指令》("卫星广播和有线电视转播指令")②

　　81. 该指令就版权和邻接权为欧洲卫星和有线电视发展提供了一个统一的法律框架,完成了《第 89/552/CEE 号指令》为广播视听领域创设独立的法律框架(参照《第 93/83/CEE 号指令》第 12 条)。

　　指令中的一个要点是界定了"通过卫星向公众传播"。在该规定下,一次广播行为仅服从于一个国家的法律,即将信号发射到传播链的那个国家的法律。指令规定,卫星广播权可经由协定获得,有线电视转播同样经由协定许可。但第 9 条规定,同意授权或拒绝授权有线电视转播只能由版税征收协会认定。

　　d)《协调版权和相关权保护期的理事会第 93/98/EEC 号指令》("保护期指令")③

---

① 1992 年 11 月 19 日理事会指令,《官方公报》L346/61。
② 1993 年 9 月 27 日理事会指令,《官方公报》L248/15。
③ 1993 年 10 月 29 日理事会指令,《官方公报》L290/9,1993 年 11 月 24 日。

82. 该指令对共同体内所有作品和其他客体的版权和邻接权保护期限作出协调，并达成一致。这是对信息高速公路中作品和服务提供法律保护体系的基础。版权保护期限统一定为 70 年，邻接权保护期限为 50 年。该指令的保护水平非常高。

e)《共同体理事会关于数据库法律保护指令的建议》（"数据库指令"）①

83. 考虑到大多数新产品和新服务将以数据库形式运作的事实，该指令草案一旦通过，将在信息社会中起到重要的基础性作用。

84. 1995 年 7 月 10 日，部长理事会达成一致观点：无论线上（美国标准信息转换码）或线下（光盘、互动式光盘），版权法应与数据库结构相协调。他们试图引入一项新的经济权利，即专门对数据库创建者的巨额投资进行保护。该法律的功能是保证对数据库内容的获取、验证和展示的投资给予保护。

85. 指令草案的版权部分，为保障版权保护质量，协调了版权保护需要满足的标准，也界定了侵权行为和免责。

86. 指令草案的主要特点在于设立了一项新的经济权利，保护数据库创建者的巨额投资。由于创建数据库所必须的人力、技术和财务资源巨大，以及数据库可能以远低于创建成本被复制，所以确立数据库经济权利至关重要。因此，未经授权进入数据库并提取其信息资源的行为，将会产生技术和经济上的严重后果。

专有权部分界定了两类侵权行为：擅自提取和反复利用。该权利应用于整个或绝大部分数据库，只有其中一小部分不受该权利草案保护。数据库权利保护期为 15 年，在此期间如果有大量新投资，保护期可以更新。指令界定了与现有复制权一章中提及的相似的权利免责的情况，但是，考虑到数据库对信息的容纳量，免责受提取权的限制。专有权还探讨了其他现有权利，但并不与可能存在的权利相悖。目前，多边条约在这个问题上没有涵盖数据库的特殊权利，它也不受国民待遇原则的约束。

87. 未来的指令预想了其他条款，这些条款旨在维护数据库创建者、使用者、中小型企业以及版权人之间的利益平衡。

---

① 初次提议：COM(92)24 终稿，1992 年 5 月 13 日。《官方公报》C156/4，1992 年 6 月 23 日。修改后提议：COM(93)464 终稿，1993 年 10 月 4 日，《官方公报》C308/1，1993 年 11 月 15 日。

该文件具有广泛的影响力,因为它将成为补充所有未来关涉信息社会版权与邻接权方案的基石。

1.3.3　单一内部市场重陷分裂状态的危险

88. 鉴于新法律环境,在国家、欧洲共同体、国际层面都须努力作出回应。委员会必须密切关注新的法律规则的本质与后果,以便构建的整体框架将来能够达到协调一致。国家层面的措施未必是由与共同体层面的相同需求所引发的,因此措施的指向也不尽相同。委员会必须不懈努力,以确保规则的合理性,且保证这种规则并不仅仅是对独立的一次性需求的回应。所有规则的制定必须对单一内部市场的客观性和相称性原则作出严格的评估,关键在于防止单一内部市场产生新的分裂。如果一国的国内规定与其他成员国的规定有分歧,或与单一内部市场的需求不一致进而妨碍了欧盟商品的自由流通,都会导致单一内部市场的分裂。其他成员国和委员会十分关注有关信息社会服务成员国制度的透明度,以确保其制度与单一内部市场的原则相一致,同时判别成员国制度中是否有共同体制度需要汲取的观点。因此,委员会希望建立沟通机制,以保证单一内部市场中关于信息社会的制度透明化。

初级阶段的一般性问题

1. 一些具有不确定性的领域已经在第 2 点 A 项介绍中予以明确。如何理清上面提及的有关市场和新型服务的发展问题?

2. 在所有版权的影响因素中,哪一个最有可能发展并值得我们特别关注?

3. 在不同的成员国中,在信息社会中版权和邻接权的领域有国家立法委员会的报告、研究抑或是具体方案吗? 如果有,是否已经制定出了时间表?

4. 信息社会知识产权问题,最合适在哪个层面进行处理:国家、共同体,还是国际层面?

5. 创造多媒体产品,有赖于文化遗产元素。考虑到保护文化遗产的必要性,是否意味着需要制定新的具体法律条款?

6. 大多数信息高速公路中提供的作品和服务都受到产权保护。保护可以达到什么程度? 并且按照什么标准可以在什么程度上衡量这些版权和邻接权的整体经济价值?

7.

（1）是否有更精确的统计或经济数据表明,信息社会的相关行为影响了不同经济部门(如出版业、音像制品、音乐等)之间的经济分块? 这些领域的营业额中有百分之几是属于版权和邻接权保护的?

（2）是否有专门的经济数据或预测报告,用于评估保护版权和邻接权的行为对信息高速公路中创造新服务经济进程中的贡献?

（3）是否有信息高速公路中受版权和邻接权保护的领域关于就业方面(定性或定量)的数据或分析?

8. 更严苛的版权和邻接权法律是否有利于中小型企业的发展? 如果是,那么在哪方面特别有利?

9. 随着新服务在信息高速公路中的发展,保护版权和邻接权的行为,在哪些方面将影响就业?

10. 对于本章内没有提出的问题,有没有其他的意见?

第 二 章

1. 鉴于第一章所作的评述,现在要对新技术发展给版权和邻接权体系带来的可能影响作更详细的研究。

本绿皮书所提及的版权和邻接权法律的诸多方面可以作为参照物,对作品创新与利用的环节都是必要的。在去年 7 月的听证会上,利益相关方也选择从这些方面阐释其利益。

每一领域将按照以下计划进行探讨:

• 一份解释新技术影响相关概念的引言;

• 现存国际与共同体法律的背景;

• 从共同体角度对该问题的评价:这里将在研究基础上衡量新技术正在产生的影响,以便从共同体层面衡量调整或采取行动的必要性;

• 要求利益相关方回答的问题。

2. 无论这些问题在哪儿出现,不仅要对其一一作出考量,而且要在其相互联系中综合考量。

3. 第一部分解决了影响信息高速公路上作品和其他版权客体开发利用的普遍问题。

• 可适用的法律(第 1 条)：作品通常在特定地域内被使用,可适用的法律就是该地域作品得到保护的法律。考虑到信息社会所提供服务的特性,以及有必要许可作品在共同体内完全自由流动,会对作品和其他版权客体消费的地域管理造成不便。既然在共同体已经实现了充分的一致,那么必须提出是否以及在何种情况下现有规则可以被重新考量。

• 权利穷竭和平行进口(第 2 条)：有许多现存知识产权的管理规则。在新的法律环境中,必须要考虑这些规则是否需要改动。权利穷竭原则就是共同体中法院制定的此类规则。它认可《条约》中规定的基础性自由,即商品的自由流动,这与知识产权保护并不矛盾。信息社会必须回答：经由信息高速公路获得的产品和服务是否要遵从权利穷竭和平行进口规则。同时,也必须分析权利穷竭和平行进口规则可能产生的结果。

4. 第二部分包括五条,主要是对某些具体权利和可适用的法律制度进行分析。从听证会反映的意见来看,深入研究新技术对现有权利产生的影响非常必要,必须探讨创造新权利的可能性,其目的在于更精确地界定信息社会中应该建立何种法律制度,并决定版权和邻接权的哪些方面需要调整改动。

• 复制权(第 3 条)：该权利是重要的基本权利。即使肯定了作品的数字化录制是一种复制,也依然在许多情况下不能确定哪些权利受到了影响。本部分就将分析这些问题。

• 公众传播权(第 4 条)：一定程度上,新技术已促使作品使用产生新形式,因此探讨现有概念是否能涵盖这些现象很重要。公众传播权中的"公众"概念要考虑通过网络进行的私人传播问题。必须讨论公众传播与私人传播的界限,以保障对版权和邻接权(第七条)的保护。

• 数字传播或传输权(第 5 条)：数字技术使得个人掌控服务内容,同一时间可以实现多样的传播,也就是说,实行点对点传播的新服务得到发展。该部分就对如何运用这些新服务的法律作一番分析。

• 数字广播权(第 6 条)：作为一项新的传输技术,数字广播的发展引起了版权人担忧,因为一定程度上,它包含了对不同利益相关方——广播的播送者和使用者行为方式的颠覆。

●精神权利(第7条):在大多数成员国法律中,版权人除了享有经济权利,还享有精神权利。除非技术保护可行,数字化极大方便了作品的使用,也使版权人更难控制自己作品或其他版权客体的使用行为(参照第9条)。鉴于版权和邻接权随着新技术发展进行调整,我们必须提出如何在新法律环境中更好地保护精神权利的问题。

5. 第三部分研究权利利用问题,可分为两方面。随着数字化技术让作品识别与保护有了新方式,对权利使用问题的处理开始从分析权利本身转向权利管理。

●权利的获得与管理(第8条):该问题对于作品的创作和作品的使用都非常重要。本条将分析信息社会中权利获取的细节。权利使用者必须能够便捷地识别版权人,并能对作品的使用进行公正的协商。对此而言,有必要预先假定版权信息可以被合理地管理和组织,权利的获取也可通过新的组织形式加以实现。

●识别与保护的技术系统(第9条):最后一条探索数字化作品的识别问题,这也许为权利管理带来了新方法。数字化使得身份认证、"电子纹身"成为可能,以此保护在信息高速公路中流通的作品和其他版权客体。这种识别技术也让计算机管理版权和邻接权具有美好的前景。这类系统只有被广为接受,它们最终才能有效,然而这些技术要有利于保障信息安全。

第一部分　普　遍　问　题

第1条　可适用的法律

核心要点:法律的适用性问题在包含国外因素的情况中都有所涉及。在信息社会跨越国界的体系中,法律适用性问题尤为严峻,必须寻求特别的解决办法。

1　引言

传统意义上版权和邻接权在国家内部实施;也就是说,法律只适用于实施版权保护的这个国家(包括授权、免责和《合同法》)。对该国国民进行的授权保护,可以按照国民待遇协议,延伸至国际公约中提供国民待遇成员国的国民。因此,电影放映权服从放映地所在国家的法律。相应地,如果电影进行播送,适用的法律就将是播送国家的法律。

卫星播送使得这一简单的方案复杂化,因为一个播送行为会涉及在接收方面具有不同规则的国家的问题。

卫星广播和有线电视转播指令解决了这个问题。它界定了卫星播送在法律上所适用的特定地域,同时,也能在各个地域同时实现非播送必需环节的信号接收。

信息社会中的网络是全球性的,以至于公众传播可能在世界任何地方发生;因此必须寻求实际的解决办法。

必须明确哪些知识产权法律适用于来自成员国的点对点传输,以及哪些法律又适用于来自第三国的传输。在为欧盟建立统一的政策时,需要考虑对第三国的保护力度。

版权人许可、转让或以特许方式授予其知识产权。在版权和邻接权中,合同与合同法也居于基础地位。传统意义上,除了公共秩序法以外,国际私法也规定合同的相关当事人自由决定法律的适用性,但自由决定法律的适用性也必然涉及知识产权法;在共同体的几个成员国中,明确规定的合同形式已越来越多,如出版合同与音像制品合同。

同样也要探讨法律对合同的适用性。在接受当事人自由选择适用法律的同时,我们也必须认识到,作品使用行为发生地所在国的法律可以管理作品使用的条件。由此引发的问题在于:当事人的权利界限何在,有关权利界限的规则是必须的还是有用的。

2 现存法律背景

2.1 《伯尔尼公约》与《罗马公约》没有为所有这些问题提供直接的解决办法。《伯尔尼公约》的确提出了国民待遇规则,但只是用了非常笼统的言辞:《伯尔尼公约》规定作者享有"他们所在国法律赋予或授权给其公民的权利,以及本《公约》特别授予的权利"(第 5 条第 1 款)。1961 年《罗马公约》中对邻接权的保护则更笼统：它提供的国民待遇是"服从特别保护和本《公约》提出的限制"（第 2 条第 2 款）。

《与贸易有关的知识产权协定》（TRIPS）提出的国民待遇条款与这两个公约相同（见第 3 条）。

显而易见，适用于作品的法律就是所在国保护作品权利的法律。需要澄清的是，除了《伯尔尼公约》第 14 条第 2 款第（a）项bis指出，"电影作品版权的所有权应该是提供版权保护的国家法律的议题之一"，其他《公约》没有详细说明，因为该《公约》允许作品的所有权规则在各国间变化。因此必须解决的问题是，当要求作品权利在某国得到保护，而该国所有权规则与作品所属国规则不同时，会发生什么？

最后，在卫星播送领域，1994 年 5 月 11 日签订的①有关版权和邻接权问题的《欧洲公约》，是一项欧洲委员会公约，与共同体的卫星广播和有线电视转播指令一样界定了适用的法律。

2.2　共同体法律从不同角度影响这些问题

卫星广播和有线电视转播指令并没有设定法律的适用问题，这是各成员国国际私法的内容；指令界定了不受保护的广播行为，并试图从根源上解决问题。在第 1 条第 2 款第（b）项中提出："只有在广播机构的控制和职责范围内，并且来自卫星传送到地面的载有节目信息的信号能够进行不间断的传播和接收，成员国才能通过卫星向公众传播。"

指令没有区分卫星类型：按照《电信法》，"卫星"意指在一定频率波段上运作的卫星，该波段就是为了公众接收到广播信号；或是为了封闭的、点对点的传播。然而对于后者，为了使个人能接收到信号，传播环境必须与前者相似。

因此指令提出一项连接卫星广播与特定国家的独立司法规则。该规则何时能实施，取决于特定国家是否愿意接受，而不是技术特征或电信业的管理特征。

考虑到共同体法律对合同条款的影响，有两条特别相关的指令，即《计算机程序指令》与《出租权指令》。

《计算机程序指令》规定了在计算机程序利用合同中许可和禁止的事项。

---

① 欧洲理事会，《欧洲条约》汇编第 153 号。

如第 5 条第 2 款中提出,"使用计算机程序制作复制品,除非该使用行为是必要的,否则不受合同保护"。第 5 条第 3 款指出,"使用计算机程序制作复制品,必须获得……观察、研究或测试程序功能的权利"。

《出租权指令》第 4 条提出,作者和表演者享有获得合理报酬的权利,且无权放弃;共同体法律中首要且有效的原则,就是不能援引合同条款反对本条规定。

3　从共同体角度对该问题的评价

如果单一内部市场成为现实,就必须不能让服务供应商仍对运用于跨境贸易的法律存有疑问。决定运用什么法律,有两个基本因素必须考量:对权利人的全面保护,以及同时必须以经济效益最大化的手段提供服务。

这表明,适用的法律应该是最初产生服务的成员国法律。但如果要制定规则,必须先协调各成员国法律使之非常接近,以避免贸易摩擦以及放弃对版权人的保护。鉴于只有传播链中不同传输设备的原属国原则达成一致,才能予以推行,该规则是否适用于服务供应商还有待观察。这就是卫星广播和有线电视转播指令提供的方法。

对于初始传播,《卫星广播和有线电视转播指令》只处理了卫星广播;成员国之间仍然存在陆地广播或有线传播法律相冲突的问题,这可能导致分歧,从而为单一内部市场带来阻碍。

提及数字化点对点"传输"问题,与卫星广播的问题一样。在一个成员国可以提供的服务,另一个国家同样可以接收到;举例来说,在一个成员国实行的线上视频点播服务,也可以提供给另一个成员国。

提供这类服务应该受到明确的版权和邻接权的保护。在任何地方,基本原则应该是,可适用的法律就是最初提供服务的成员国法律。但是,在知识产权领域,只有成员国在邻接权达成广泛一致时,原属国原则才能付诸实施。

国际层面上,要优先协调统一版权和邻接权保护规则,以提供高水平的保护。欧洲理事会的公约提供了一个先例:为了允许国家法律可以运用到广播原属国的领土范围,《伯尔尼公约》(1971 年的《巴黎法案》)和 1961 年的《罗马公约》得以付诸实施。

当然,理想的状况是有一个全球性的解决方法。但只有在确保高水平保护和充分协调的基础上,版权和邻接权实体法才可能达成共识。但是目前来看,这种共识显然无法达成。

对于可适用的法律,必须制定共同体规则。该规则会沿着《卫星与有线电视转播指令》提出的制度方向:在传输而不是接收的基础上界定传播行为。对于外界向共同体内的传播,也必须考虑其他规则,或至少要考虑安全条款,从而保障对作者和版权人权利的保护。《卫星与有线电视转播指令》就是一种可选的路径。

4 问题

(1) 适用原属国原则,是否意味着需要附加标准和条款? 如果是,是什么标准和条款?

(2) 原属国原则的适用,有必要确立一些补充标准吗? 如果有必要,是什么标准?

(3) 为了确定所有可能的责任方,确定传输链上每一个可能参与者的身份可能吗? 如果可能,请列举这些参与者。

(4) 考虑到保护水平的差异,原属国原则应该被共同体用于定义这些传输行为吗?

• 只有那些来源于一个成员国的传输;

• 只有那些来源于一个成员国的传输或者来源于一个适用《伯尔尼公约》(1971 年《巴黎法案》)和 1961 年《罗马公约》的第三方国家;

• 来源于任意国家的所有传输?

(5) 如果要保留原属国原则,应该协调哪些法律和国别法来防止贸易紧缩和版权人保护水平的降低,尤其应该考虑:

• 专有权的例外;

• 所有权;

• 精神权利;

• 其他权利?

(6) 如果要适用原属国原则,签署《伯尔尼公约》和《罗马公约》的国家或整个共同体,应该以何种方式和程度、在哪些领域来提高对版权人的保护?

（7）如果认为原属国原则不应该被采用，那么要采用什么原则？

（8）当版权内容首次进入第三国网络，而该网络并不能提供足够的知识产权保护时，保障条款可以保护共同体的版权人吗？

（9）利益相关方应该完全自由地选择合同适用的法律，还是认为合同本身应该受到限制：

● 跨国界；

● 只为了保护某些特定方面，比如精神权利、合理报酬，或者是版税征收协会的管理；

● 只有当合同是有关欧盟的作品或其他版权客体的版权人时？

第 2 条　权利穷竭和平行进口

核心要点：在一个成员国中，经版权人许可后销售的录像或录音，可在共同体的任何地方售卖，版权人不能反对。版权人一旦进行了首次销售，就用尽了他的发行权。然而，销售包含其作品的商品，并没有穷竭其他权利，如复制权或改编权。每种服务（如广播、出租或出借）也都必须分开授权，未来的一些使用形式也必须分开授权，而这不属于权利穷竭。

1　引言

权利穷竭有两个维度。一是对发行权的限制。一旦副本经版权人许可进入市场，就穷竭了版权人的该项权利。二是共同体法律中所提到的，如果版权人将有知识产权的作品投入成员国市场，或如果经过版权人许可进入市场，那么他不能再反对作品在共同体内的自由流通。因此，版权人将不能行使知识产权，特别是不能在另一成员国行使发行权，包括以通过平行进口阻止该物品的销售。

知识产权穷竭的概念是共同体法律中的核心内容，因为它为法院调解商品的知识产权与工业产权的自由流通的地域限制的问题进行协调提供了一个方法。这使得共同体市场如同真正一国内市场，成员国的法律环境是相同的，或者至少是非常相似的。

另一方面，如果有物品未经版权人授权就通过第三方进入市场，即使该行为在该国是合法的,也不适用权利穷竭原则。举例来说,在 Patricia 案中,[①]法院发现由于保护期限已满,录音制品在那个成员国是合法生产的,然而它不可以在保护期限未满的成员国销售。

法院一致认为,在协商未达成一致的情况下,由成员国法律决定知识产权的存续与否。结果是,一个成员国许可未经授权的销售也许是合法的,但在其他国家则不合法,不同成员国现行法律的不同最终会对贸易产生阻碍。

然而,在提供服务而不是商品的领域,权利穷竭的问题以不同的方式显现。如果知识产权要求服务必须得到授权,那么任何时候提供服务都要得到授权。这与知识产权产品,比如电影录像不同,电影的广播或在影院中放映电影,并不穷竭版权人许可或禁止广播、放映或有线转播权。

作品广播的地区和广告插播时间只由广播公司的合同决定。按照定义,未与版权人缔结合同的第三方——否则就不是第三方——如果不侵犯知识产权,就不可能使用作品或其他版权客体提供服务。然而,如果该第三方在共同体市场内合法地购买了录像,依照适用于商品的权利穷竭原则,之后他可以自由地将其出售。

当然,版权人与被许可人之间的合同条款遵循竞争原则。[②] 禁止在特定区域销售或直接限制服务提供区域,类似条款可能违背了竞争原则。

2 现存法律背景

2.1 《伯尔尼公约》与《罗马公约》没有涉及权利穷竭的问题。商议或签署这些协议的时候,权利穷竭问题还未受到关注。

然而,《与贸易有关的知识产权协定》关于该问题作出了表述。第 6 条内容如下:"就本协定下的争端解决而言,在遵守第 3 条和第 4 条规定的前提下,本协定不得用于处理知识产权的权利穷竭问题。"(第 3 条关于国民待遇问题,第 4 条关于最惠国待遇。)假如各国以相同方式对待非本国国民,那么他们仍可自由地规范权利穷竭问题。

另一方面,如果共同体范围以外的权利穷竭问题被将来的公约所规范,那

---

① 案例 342/87 EMI Electrola v Patricia Im-und Export and Others［1989］ECR 79。
② 参见委员会决定《米勒国际》,1976 年 12 月 1 日,《欧共体公报》L357,1976 年 12 月 1 日,第 40 页。

么此类协议必须适用于《与贸易有关的知识产权协定》的所有国家。

2.2　权利穷竭原则是共同体基础法律中的重要内容。它是《欧洲共同体条约》第 30 条至第 36 条中提出的,是处理商品的自由流通问题时不可或缺的法律内容。然而,版权人授权在共同体范围内部分区域放映电影,并没有穷竭其之后放映或在共同体其他区域放映的权利。[①] 法院也指出,销售录像的复制品也没有穷竭授权或禁止租用的权利。[②]

在二级立法中也涉及权利穷竭的问题。《计算机程序指令》指出:"版权人或经版权人授权在共同体内首次销售一个程序的复制品,就穷竭了在共同体内该复制品的发行权,但不包括该程序或该程序复制之后的出租权。"(第 4 条第(c)款的第 2 句)

出租权指令涉及权利穷竭问题。第 1 条第 4 款表示,作品复制品和其他版权客体的出租权和出借权,"并不因为销售和其他发行行为而穷竭尽"。第 3 条明确规定,该指令同等对待计算机程序指令中的计算机程序出租条款。

关于邻接权持有人,《出租权指令》第 9 条第 2 款表示:"就作品而言,在共同体内销售该作品不会穷竭其发行权……除非该作品被版权人或经版权人授权首次在共同体内销售。"

该条款首次适用于在法院《判例法》中第 30 条,上文已对这一点作了简短说明。判例法需进一步深入到权利的"国际穷竭"问题:它阻碍成员国援用权利穷竭原则。因此,当具有知识产权的商品进入非共同体国家市场时,成员国不能自主认为其在共同体内的发行权已穷竭。即使版权人在非共同体国家售卖这些商品,版权人也可禁止通过平行进口进入共同体市场。

可自由规定"国际穷竭"成员国可能已经破坏单一内部市场的运行,这表明以上两条指令中引述的条款已被采纳。

3　从共同体角度对该问题的评价

版权人对其权利的使用或第三方经版权人授权后对权利的使用,是否属

---

① 参见两个 Coditel 审判:案例 62/79 Coditel v Cine- Vog Films [1980] ECR 881 及案例 262/81 Coditel v Cine- Vag Films [1982] ECR 3381。

② 案例 156/86 Warner Brothers 及 Metronome Video v Christiansen [1988] ECR 2605。

于发行权穷竭,取决于版权作品或客体被使用的形式。

如果作品以物质形态被使用,那么最终应服从商品自由流通的规则和共同体的权利穷竭原则。问题在于,共同体的权利穷竭原则是唯一的,也就是说,成员国是否能自主认为在第三国以物质形态对作品和其他客体的销售在世界范围内都穷竭了发行权,或者说,如同出租权指令关于邻接权人的第9条第2款中明确指出的,商品是否只在共同体内销售才穷竭了权利。如计算机程序指令第4条第(c)项以及关于数据库保护的指令草案中的相关条款,虽然这些条款起草时间各不相同,但得出了相同的结论,并因此排除了在相关领域的国际穷竭原则。由于各成员国间对权利穷竭看法不同可能会影响单一内部市场,因此必须考量对版权客体发行权的保护是否必须排除国际穷竭原则。

另一方面,如果作品或其他版权客体不以物质形态被使用,而以服务方式被使用,那么情况完全不同。1994年7月的听证会已明确表明,相关当事人认为应该保证信息高速公路中权利不会穷竭。事实上,由于服务的提供可以无限次地重复,因而权利穷竭原则并不适用。法院在关于电影放映和音乐作品的公开演出两件案例中的决议已意识到了这一点。①

委员会接受提供服务这种方式,这是信息社会的特征。不同于物质形态产品的发行权,以电子方式传播的服务具有不同的权利,不适用权利穷竭原则。事实上,每种服务(如广播、出租或出借),以及未来可能的实用行为都必须分开授权。

4 问题

(1)根据《出租权指令》第9条第2款,是否应该制定一项规定来防止版权的国际穷竭?

(2)提供服务时,是否应该重申不存在任何权利(比如广播权、传输和出租权)穷竭?

(3)在似乎注定要全球化的网络背景下,如何看待这些问题?

(4)认可国际穷竭的系统,能否与其他不认可国际穷竭的系统共存?

---

① 特别参见案例 Coditel v. Cine- Vog Films［1980］ECR 881;公共表演法,Ministere Public v. Tournier［1989］ECR 2521。

第二部分 具 体 权 利

第 3 条 复 制 权

核心要点：作品复制模拟系统的发展与普及，使复制尤其是私人复制变得无法控制。但是作品以及其他版权客体的数字化，意味着对复制的严格控制又越来越有可能。因此，对复制权以及其中的一些特殊情况，尤其是私人复制，应该相应地仔细评估。

1 引言

复制权是版权及其邻接权的核心：它赋予版权人授权或者禁止任何人复制其作品或其他版权客体的权利。通过许可版权人禁止他人复制，使得版权人能够控制各阶段的非法使用行为。

当技术让复制只能采取物质形态，且只有专业人员才能使用复制的必要设备，那么复制权是易于控制的。专业人员任何未经授权的复制构成侵权行为，并可以容易地通过确认已有的非法复制品得到证明。

第一大变革是：技术发展使得对作品以及其他版权客体的复制更加容易。影印机得以普及，影印质量不断提高，文字和图片大规模复制后向公众传播成为可能。现在每个人都能在私人住宅里复制音频和视频文件。这些技术的发展方便了消费者获取文学、艺术作品，同时这也成为非法使用作品、损害版权人利益的新形式。

鉴于以上情况对经济的重要影响，大多数成员国都采用了特殊的对于影印（无论形式改变与否，都使用影印或其他复制手段来获取纸质副本）和私人复制（指私人团体为了私人使用而对音频及视频的复制）的法律安排。

第二大变革是：对作品及其他版权客体数字化和数据处理系统的使用，其结果是它们越来越频繁地被复制成一种不能被人类感官直接理解接受的形式。欧盟的《计算机程序指令》讲的就是有关信息传输链中产生的临时复制问题。因此，"复制"的概念也不得不被重新审视，并以此来决定复制权是否应该在计算机等(标志着信息社会特征的设备)的日常生活(数字化、临时复制品、下载到主存储器的内容)中同样有效。

技术的发展的确带来诸多益处。在日常生活中,一台标准的影印机、磁带录音机或者是录像机可以制作文件副本。除非没有复制设备,我们才能阻止复制行为。但是数字化技术可以对作品或者其他版权客体的私人数字化复制进行控制。如果需要,也可以限制数字化复制行为。当然,前提是技术保护措施被较广泛地采纳;事实上,当前控制作品的使用行为是可能的(见第9条)。

当我们考虑数字化环境中的复制权时,必须考虑到数字化带来的复制方式变革。当遇到技术不能阻止的非法复制时,有效的解决方式可能是不断对复制设备及录音媒介征税,并许可私人复制。但是当有技术方法来限制或者阻止私人复制时,庞杂的许可体系和合理补偿机制就没有进一步存在的理由了。

2 现存法律背景

2.1 就版权而言,专有复制权在《伯尔尼公约》第9条已有定义。该条款的第1段就规定:文学和艺术作品的作者享有专有权,授权他人"以任何方式或形式"复制其作品的权利。这都是很宽泛的界定,并被理解为可以包含任何方式的复制,无论是已知的方式——绘画、平版印刷、胶印和其他印刷、影印、录音等等——或是未知的方式。在第3段里还详细陈述了"为了该公约的有效性,任何音频或者视频的录制将被视为复制"。

然而,条款的第2段却在很大程度上限制了复制权的效力。其中规定:"只要复制与作品的合理使用不矛盾、不损害作者的合法利益,那么欧盟各国的立法系统就可以在某一些特殊情况下许可复制这些作品。"这是该协议中最有争议的规定之一。其结果是使权利界限不确定,不同国家的权威人士有各自不同的解读。在复制,尤其是私人复制方面的处理差异巨大,比如有的直接禁止私人复制,有的未对版权人进行合理补偿。

《罗马公约》规定表演者可以禁止"未经表演者许可复制表演内容"(第7条)。它同时规定:"录音制品的制作者将享有授权或者禁止他人直接或间接复制其作品的权利"(第10条)。广播机构将在某些时候享有授权或禁止他人复制其广播内容的权利(第 13 条)。

就版权而言,《与贸易有关的知识产权协定》与《伯尔尼公约》目标一致。它同时逐字逐句地重复了《罗马公约》第 10 条中的规定,赋予录音制品制作者专有的直接或间接复制权(第 14 条第 2 款)。表演者(第 14 条第 1 款)及广播机构(第 14 条第 3 款)的复制权比《罗马公约》中受到更多的限制。

2.2.　欧盟法律只在计算机程序方面协调了复制权。在此无须对《计算机程序指令》进行仔细分析,只要知道《指令》对计算机程序的保护很大程度上基于复制权就可以了。

《出租权指令》提出了表演者、录音及录像的制作者、广播机构专有直接或间接复制权。该指令提供的版权保护比《罗马公约》中的范围更加广泛。

3　从共同体角度对该问题的评价

复制权是一个复杂的研究领域,对其进行细分是十分有用的。

由于复制权是其他权利的基础,其重要性不言而喻,共同体需要回答在数字环境中"复制"权的含义。这个定义必定是以《计算机程序指令》为基础的。因此,作品或其他版权客体的数字化应该和计算机主存储器中的下载一样,总体上属于复制权范畴。成员国需要协调一致的复制权,如果成员国版权保护级别高,版权人不许可数字产品或版权客体进入该国;而另一成员国不需要经过版权人的许可就可以制作数字化作品,那么欧盟内部市场就会产生矛盾。

由于成员国在《伯尔尼公约》第 9 条第 2 款框架下产生了如此之多的例外情形,以至于复制权的范畴成了一个独特的问题。我们需要仔细考虑哪些例外情形可以继续保留,如以数字形式广泛传播的私人复制就需要仔细考虑。鉴于技术已经使得数字复制的管理、控制成为可能,我们也必须对私人数字复制的合法性进一步加以审视(见第 9 条)。

私人复制在一些成员国中合法而在另一些成员国不合法的情况,将会造成严重困扰。某些成员国许可私人复制意味着一些网络管理员将不敢开放那些成员国的网络服务。控制私人复制所必需的技术措施在一些成员国是必须的,但这不能强加于那些许可私人复制的成员国,这种不一致将成为相关设备贸易中的障碍。

欧盟委员会认为要解决这些问题需要一定程度上的协调一致。控制复制的技术,尤其是控制私人复制的技术是有效的解决方式。

4 问题

(1) 作品及其他版权客体的数字化属于复制权的范畴吗? 复制权的专有特性可以有例外吗? 如果有例外的话,有什么例外,以及为什么会有这样的例外?

(2) 除了计算机程序,对数字作品、其他版权客体或者两者的私人复制和复印是否:

- 应该完全遵守复制权规定;
- 应该遵守复制权规定,只允许单份复制(与串行复制管理系统保持一致);
- 无论是否有报酬机制都应该被授权?

第4条 公众传播权

核心要点:本条旨在围绕向公众传播的权利,探讨"公众"的定义。为了在信息社会更好地界定版权客体的使用行为,"公众"的概念是极其重要的。

1 引言

这个概念没有十分明确的界定。就公众传播权而言,"公众"的概念是当前讨论的核心。世界知识产权组织《知识产权组织版权法专业词汇表》对"公众传播"的定义如下:"以任何适当的方式使人们获得作品、表演、录音制品或者广播,也就是说,使这些内容不再限于私人团体的个人手中。这个概念比出版的概念更宽泛,它也包含了使用的形式,如公共表演、广播、通过有线传播或者直接向广播受众传播"。[1]

基于这个定义,我们可以暂时将私人使用从其他形式的使用中区分开来。私人使用实质上是可以被容忍的,因此私人使用也不是一项许可和禁止的规则,而其他形式的使用的确受到各种专有权利的制约。

但私人复制又不同于私人使用,前者受到复制权的制约。因此即使目的

---

[1] 世界知识产权组织版权法和邻接权专业词汇表,1980 年日内瓦;ISBN 92 - 805 - 0016 - 3。

是纯粹为了私人使用,私人复制在一些成员国中是被禁止的。

私人使用并不一定只局限于个人在家里使用不与互联网连接的设备的情况。私人使用形式如果要被接受并且即使是多人参与也无限制的话,其限度也需界定。

作者的精神权利即使在私人领域也会受到侵害。事实上,即使基于保护私人权利的法律,保障版权人的精神权利也越来越困难。

应该注意的是:《伯尔尼公约》第 9 条第 2 款区分了"正常"的私人使用和"滥用"的私人使用,后者侵害了版权人的经济权利。此外,鉴于数字技术将会导致大规模的私人使用,必须谨记如果版权及邻接权的法律不能正确地处理私人使用的新形式,那么版权人的利益很可能遭受严重的损害,后果将会十分严重。

上文所引用的定义在这里将会有所帮助,因为该定义使我们能够从私人使用范畴中排除一系列行为,包括广播等。

当然,"公众传播"的最终定义,将对信息社会的公众概念产生巨大影响。公众已经使用了互联网,或者至少听说过互联网,并想象着他们将会免费或者以一定的折扣率获得全世界的知识。因此,私人使用的定义可以看作是定义了受众的范围。如果这个范围太广,版权人将会在把作品放到互联网上时产生顾虑。如果范围太窄,公众很有可能最终失望地远离信息高速公路。

2　现存法律背景

2.1　国际公约从未试图清晰地定义"公众传播"的概念。

2.2　共同体的法律也未对其下定义。《出租权指令》第 10 条声明各成员国可以对邻接权提出限制,其中之一便是对"私人使用"的限制。

与提出关于版权限制类似,成员国同样可以自由地提出邻接权限制。

3　从共同体角度对该问题的评价

共同体法律到目前为止仍未解决"公众传播"的定义问题。随着信息社会的发展,是否强化共同体一般规则许可的例外,值得深思。这将牵涉如何统一地定义"公众传播"。

特定行为在一些成员国中合法而在另一些成员国中不合法的情况,将会影响内部市场的正常运转。一些替代措施必然产生;设备的技术标准化和作品及其他版权客体的数字化要求可能会不同(例如在某些地方是必要的,但其他地方并非如此),这会给商业计划设置障碍,阻碍具体的商业活动。如果某个成员国要求网络传输必须有专有权利许可而其他成员国则完全开放,我们该如何保证信息社会通畅无阻地顺利运行?

委员会认为针对公众传播,共同体应该找到统一的解决方案。在信息社会中广泛使用的传输技术对这一概念的固有理解提出了挑战。

4　问题

(1) 在什么情况下,以下行为可以被视为是私人使用的形式:

● 在两个个人之间经由网络的传输;

● 在一些个人之间经由网络的传输(如 BBS 公告板);

● 在一个个人和一个企业之间经由网络的传输;

● 在一个企业内部或者几个企业之间经由网络的传输?

(2) 在多于两个个人之间进行的网络传输中,相关个人彼此相识或者属于同一家庭的情况,是否应该体现在公众传播的定义中?

(3) 如果是点对点的传输,通讯的个体——私人、公司、公共团体等——的性质是否影响公众传播行为的分类?

(4) 版权及邻接权适用于通过服务器把版权作品传上网络的行为? 如果适用的话,适用哪个权利? 对此,有何法规作出了相关规定?

(5) 还有其他的事例或行为可以用来判定公众传播行为吗?

第5条　数字传播或传输权

核心要点:在信息社会中,可在网络上传输版权作品及内容。这种因技术而产生的行为是前所未有的,并且尚未被现行的法律明确地加以规范。出租权和出借权可以适用于数字传输,但出于法律上的清晰性和确定性,我们仍需要立法来明确并定义这种行为。

1　引言

与传统模拟技术相比,数字传输或传播的技术发展空间大,传输质量高,因此,探讨可适用于数字传输或传播的法律,是信息社会中知识产权法的核心问题之一。因为担心无法控制市场行为,某些特定种类作品的版权人,尤其是录音制品的制作者,希望拥有一项新的关于数字传输或传播的专有权利。

关于数字传输或数字传播专有权的范围尚不明确,我们可以通过两个极端的事例界定此概念。普遍认为数字传播权包括所有在数字网络上的传输,无论其是点对点的还是点对面的,这样的话,数字广播将被包括其中。但是,为了特意避免广播被包括在内,我们也可以将"数字传输或传播"的定义限制为只有点对点的传输或者至少明确地把广播排除在外。既然点对点传输服务与目前的点对面的广播是不同的(因为在点对点传输中消费者可以有互动),为数字传输确立一种具体的制度就是合理的。

从这个角度看来,"数字传输"或者"传播"将会包括从一台私人计算机或数字设备或一个数据库,到一台或者多台属于私人或公司的计算机或数字设备的传输。这样,视频点播服务系统(其功能是提供消费者可选择的电影摄制品,并通过电子数字方式传输给消费者)就会被包括其中。

因此,我们需要决定如何对数字传播行为分类,如何定义和处理数字传播行为——是用专有权利来限制它们,还是对数字传播行为征税但允许其存在,或者是彻底放开数字传播行为。

2　现存法律背景

2.1　数字传输或传播权还有待定义。《伯尔尼公约》中的确提到"所有的公众传播"(第 11 条),但那意味着存在接收信息的公众,而不仅仅是私人组织的特定个人。这里所涉及的是通过电缆的初级传播形式,《罗马公约》只涉及传统的无线广播。

2.2　在共同体法律中有与此相关的条款。《计算机程序指令》声明:如果计算机程序的"传输"无法避免对程序的复制,那么这种复制行为应得到版权人许可(第 4 条)。这是因为复制需得到许可,而非传输本身需得到许可。

该《指令》中关于广播的规定都在专门关于广播的条款里(第 6 条)。在现有法律背景中,出租权和出借权也与此相关。

《出租权指令》中定义了出租权和出借权。指令协调了各成员国的出租权和出借权,规定其为专有权利,并定义了权利范围、版权所有人(作者、表演者、录音制品和电影的制作者、广播机构)以及权利的例外情况。

《计算机程序指令》同样提出了一项计算机程序的专有出租权。(第 4 条第(c)项)

这两项《指令》都从广义上定义了出租权。在《计算机程序指令》中"出租的",是指"在有限的时期内,以获取利益为目的许可对计算机程序或其复制品的使用行为"。在处理某些与数字传输商业活动相关的特殊问题时,应该考虑目前可用的法律,包括《计算机程序指令》。

《出租权指令》定义"出租的"为"在有限的时间内,为获取直接或间接经济或商业利益而许可使用"(第 1 条第 2 款)。该定义是很宽泛的,没有考虑到"出租"的具体形式——即"如为公共演出或广播而对录音制品的使用"的特殊形式。把出租权延伸至数字环境,意味着必须考虑新服务的特点,而且必须仔细地思考如何合法使用传输要素。

通过与公共表演和广播的区分,作品或者其他版权客体的"出租"的定义,明确地包含了在线点播视频及其他点对点传输电子内容的行为。

与以获利为目的的出租相反,《指令》将"出借"定义为"在有限的时期内,并非为了直接或间接的经济或商业利益,且以公开的方式进行的许可使用行为"(第 1 条第 3 款)。"出借"必须"以公开的方式进行",不包括私人之间的信息传递;这个定义确实包含了公开的数字出借。

从经济运行角度来看,作品或其他版权客体的数字出租是一项充满竞争的行为。它本质上和从商店出租是一样的。因此在网上和图书馆执行出租权似乎是合理的。这意味着在网上查阅公共图书馆的一部作品的行为,与出借该作品复制品的行为是相同的。

3 从共同体角度对该问题的评价

很明显,应用于数字传播或传输的知识产权法有待协调一致。如果没有进一步的协调,自由地提供服务就无法成为现实,法律规定的差异将不可避免地给成员国之间的贸易带来障碍。

很明显,出租权和出借权可以延伸至数字传输问题。为了法律的清晰性和确定性,权利延伸应在立法中加以确定,并在需要时详细说明。

当然,文化和教育机构,如公共图书馆和大学(它们的目标是保障作品和数据最广泛的传播)也必须保护版权人的合法利益。

文化和教育机构在社会中发挥着重要作用。它们是联系作者与公众读者链条中的一环。它们传播知识,是人们接触文化和信息最广阔的途径。因此,尽可能降低权利限制的程度,并使文化和教育机构在新的数字环境中能够继续承担起责任是非常关键的。然而,数字技术已经带来一系列新的技术,比如电子存储及文件传输,特别是考虑到图书馆的馆际互借,这些技术将变得越来越重要。如果不以适当的法律来管理,这些技术的使用和新传输手段将会损害版权人的利益。加强对版权人的权利保护,尤其在公共出借方面,是十分必要的。我们有必要认识到各方的利益:作者必须能够对其作品的使用进行控制,图书馆必须保证对文献的传输,使用者应该在尊重各方合法权益的同时享有最广泛的获取文献的权利。《出租权指令》(92/100/CEE)第5条第4款中的问题,在议会报告中被全面考虑。

信息高速公路点对点传输作品及版权客体,是一个特别的问题。不管作品是电影、音乐戏剧或其他客体,只有通过计算机程序,这些作品才能在信息高速公路上传输。程序与被传输作品一起传送,在接收端被一并下载下来,但这些作品的合法形式不一定保持原貌。在关于复制权的案例中,计算机程序法与整体版权法是存在显著差异的。

目前,委员会认为出租权在一定程度上可以延伸至商业活动中的数字传输行为。我们应该继续考量出租权的规定如何适用于商业运作。出借权适用于电子传输,也应该以保持公共图书馆和版权人的利益平衡的视角进行详细分析。

4 问题

(1)《计算机程序指令》(91/250/CEE)和《出租权指令》(91/250/CEE)可以延伸至点对点的电子传输而继续适用。鉴于延伸的可能性,是否应该修改某些内容？如果应该修改的话,需要修改哪些内容?

　　（2）出租权和出借权适用于版权人和其他当事人时,会产生何种经济影响?

　　（3）这对中小企业的影响是什么?

第 6 条　数字广播权

核心要点：广播已经受到管制,但有观点认为信号的数字化对消费者的复制影响深远,以至于邻接权人应该对其作品的广播享有专有权,而非仅仅获得合理报酬。

1　引言

就版权及邻接权的目的而言,向个人的传播和向多人的传播是不同的。从此观点出发,个人之间的传播,或点对点的传播并不包括广播。

然而,应该指出的是,尽管广播由来已久,但它仍然与信息社会紧密联系在一起。数字广播使广播内容与其他在线服务相竞争。既然广播节目要么被分成节目板块,要么完全由音乐组成,不会被广告或其他公告所打断,那么数字广播对版权人和消费者产生的实际影响是存在差异的。此外,必须考虑数字技术可提供的广播质量,以及消费者可能录制广播内容的复制品的质量。

录音制品业担忧消费者如果翻录高质量的广播,那就会危害录音制品市场的正常销售。因此亟须一项权利来授权或禁止对录音制品的数字化广播。目前,录音制品的制作者及表演者只享有获取合理报酬的权利。对电影制作者及演员来说,广播权的问题同样亟待解决。

有人认为,在过去被看作是对作品二次使用的广播,现在作为一种使用形式已经变得十分重要,因此广播的法律条款也应作出改变。

2　现存法律背景

2.1　《伯尔尼公约》并未定义"广播"。它赋予文学和艺术作品的作者有限的权利。原则上,这些权利是专有权利,但依照第 11bis 条第 2 款,会强制要求作者们发放许可证。《罗马公约》没有赋予录音制品的制作者和表演者专有的广播权。按照第 12 条,仅能获得合理报酬。

2.2　共同体的法律在几处均提及广播的问题。"广播"在各项《指令》中指的是"通过有线或无线的,包括经过卫星编码或未经编码的传输……,节目旨在向公众传播并为公众所接受"。传播服务提供碎片化的信息和点对点传播、按需传播,例如影印、电子数据库,其他类似的服务不在此列。

《卫星广播和有线电视转播指令》中广播的概念与该定义相符:它指的是"面向大众的,来自另一个成员国的,通过有线或无线的电视及电台节目的初始传输,包括卫星传输"(第1条第3款)。《指令》指出"如果承载节目的信号是加密的,只要广播节目由广播机构解密或经其许可后公之于众,就是通过卫星进行公众传播"(第1条第2款第(C)项)。

为了囊括公众所接收的所有广播内容,该《指令》包含了"私人接收信号的环境"与广播直播卫星"相当"的所有卫星。换言之,卫星的技术特征并不是决定性的;广播的效果,即公众必须可以接收到广播内容才是最重要的。

因此,目前的共同体法律认为,广播是除了个人点播服务以外的所有对公众的传输,无论其使用的是什么技术手段:有线、电台、卫星、模拟技术还是数字技术。

至少共同体对作者和版权人的广播权进行了部分协调。

《卫星广播和有线电视转播指令》要求各成员国对经由卫星的公共传播权制定条款(第2条),原则上要求通过协定获取权利,但也允许有例外(第3条)。

"如果为商业目的发行的录音制品或者其复制品,以无线或任何其他形式的广播向公众播出",那么《出租权指令》赋予了表演者和录音制品制作者获得合理报酬的权利(第8条第1款)。该条只能协调最低限度的保护措施,各成员国随时可以提出进一步的保护措施。

广播机构也将被赋予其对广播内容一系列的专有权:定稿权(第6条),定稿复制权(第7条),转播权(第8条),对定稿发行的控制权(第9条)。

3　从共同体角度对该问题的评价

鉴于广播是跨国界的,数字广播应在共同体的管辖之内。在一些成员国中实行独家广播权而在其他成员国不实行,只会严重地扭曲跨国广播业的竞争,这也会立刻引发不当的广播行为。其推理逻辑与《卫星广播及有线电视转播指令》生效的推理原理是一致的。

能使更多节目被广播的数字压缩技术,加剧了跨国广播的问题。现在,限制广播频次将不再是一种限制广播的有效方式。广播的制作方式不同,问题的严重程度也不同。因为邻接权并不是专有权,所以该问题对邻接权人尤为重要。

对于传统的广播节目——比如音乐,一个表演者播放一些专辑并给出评价,时不时地插入广告——邻接权人就不会产生担忧。如此众多的中断,插入广告,即使是不怎么讲究的消费者也不会将这种广播节目看成可以替代购买正版专辑的方式。

另一方面,连续播放音乐和其他的视听节目可能就有问题了。如果广播提供方准备连续地广播整个专辑或者影片,同时事先做好了时间表并散发给消费者,这个问题就会很严重。消费者只需看一下他选择的内容将在什么时候播出,就可以免费复制。显然,系统可以使用作品专辑标记和记录,利用接收装置中内置的自动系统,消费者可以将复制品制成节目。如果计划在不同时间、不同广播频道播放相同的广播节目,就更加危险了。

因此同一个版权法定义所包含的两种广播,实际上带来很不同的结果。

至此,委员会认为应该进一步重新审视该领域内现有权利的平衡需要。利益各方应相应地提出意见和建议。

4 问题

(1) 具有大量广播渠道的数字广播会增加跨国广播的数量吗?广播数量增加的趋势可以为委员会的干预提供正当理由,还是仅仅在理论上具有这种可能?

(2) 数字广播对目前不享有广播专有权的邻接权人是一种实实在在的威胁吗?录音制品及电影制作者和表演者的独家数字广播权是必要的吗?还是仅在一些时候必要?还是应该被全盘否定排除?

(3) 通过区分传播方式有助于解决问题的方式(比如只涵盖某些数字广播形式,如有线电视传输)吗?

(4) 在私人领域限制复制权(可以通过严格的技术手段阻止私人的复制)是否就足以防止大规模的复制?

第7条　精神权利

核心要点：鉴于在信息社会互动环境中，修改现有作品将十分容易，对作者的精神权利的考量就尤为关键。它包括反对任何未经授权而对其作品的修改，以及声明其为作者的权利。在不同法律制度中，处理这些权利的方式迥异，争议很大。

1　引言

作者的精神权利主要保护作者反对任何未经授权对其作品修改的权利，以及声明自己是该作品的作者的权利。作品未经作者许可不允许以任何损害其荣誉及声誉的方式被随意修改。声明自己是作品作者的权利，防止了任何人的冒名顶替行为。

反对修改的权利与改编权是相似的；改编权也是一项专有的权利，只不过它是一项"经济性"的权利，而非"精神性"的权利。

因此，精神权利是版权的一个重要组成部分，与表演权相比，在版权中更为重要。信息社会使作品及其他版权客体完全数字化，通过网络互动方式传输作品，篡改作品、控制作品等变得越来越容易。如今，任何人都已经能够改变电影的色彩，或者替换演员的面部，然后再将修改后的电影再次传回网络。这种以任何方式、任何程度随心所欲修改作品的能力被认为是数字化的优势之一。然而，作品的原创者们非常担心由技术进步带来的修改能力会被用来破坏其作品，并要求进一步强化其精神权利。

2　现存法律背景

2.1　精神权利在《伯尔尼公约》的第 6bis 条中有阐述。条款声明"独立于作者的经济权利之外，即使是在上述经济权利变更转让之后，作者仍将有权声称自己是作品的作者，并有权反对任何对其作品的扭曲、损毁、修改或者其他诋毁损害作者荣誉及声誉的行为"。

因此，即使作者转让了经济权利，他仍将继续享有精神权利。

2.2　委员会二级立法并不影响精神权利。例如，《计算机程序指令》规定

"除非在合同中有事先说明,雇主有权行使所有的经济权利(在计算机程序中)"(第 2 条第 3 款),但是没有关于精神权利的规定。

《保护期指令》指出"该指令不妨碍有关成员国精神权利的条款"(第 9 条)。

在对菲尔·柯林斯(Phil Collins)的裁决中(1993 年 10 月 20 日,案件 C-92/92 和 C-326/92),法庭定义了版权及表演权的核心内容。"这些权利的核心在于,国家立法确保对精神权利和经济权利的保护。对精神权利的保护使得作者和表演者能够反对损害其荣誉及声誉的、对其作品的任何扭曲、损毁或其他修改行为"(第 20 段)。

3 从共同体角度对该问题的评价

在刚提到的菲尔·柯林斯裁决中,法庭认为"由文学艺术财产而赋予的专有权,从其本质上来说影响实物和服务贸易,同时也影响共同体内部的竞争关系。因此,正如本法庭一贯坚持的那样,这些权利尽管在国家法律管理之下,同时也要服从条约要求,并在条约的适用范围之内"(第 22 段)。

首先要指出的是,精神权利是委员会 1991 年工作日程中需要研究的项目之一。1992 年 11 月 30 日和 12 月 1 日,举行了一个与各利益方相关的精神权利听证会。

听证会清楚地表明精神权利问题的敏感性。各方的观点分歧很大。作者及表演者的代表们总体上希望有高级别的精神权利,但出版社及出版人、制作者、广播方、雇主的代表们却表示反对。

后一方认为精神权利是一种将版权视为个人权利的观点,它是不能转让的,不能剥夺的、永恒的。在作品的使用中,精神权利是主要的不确定性因素,所以阻碍了投资。

作者和表演者们反对了这一观点。作者和表演者代表中的大多数声称:法律在精神权利上的差异正在随着新技术的发展而变得十分重要。对作品及其他版权客体的非法传播越来越猖獗,作品可以迅速在整个单一内部市场上传播,尤其是以电子出版、数据库或者电信网络方式传播。[①]

---

① 参见听证会报告。

在听证过程中出现的重要一点是,事实上很难援引到精神权利来阻止滥用作品,其原因在于精神权利容易受到各方达成协议的影响。而在一些领域,比如电影,总导演必须在拍电影之前与制作者达成协议,来防止后期可能出现的大多数问题。换言之,听证会表明,现在就单一内部市场而言,精神权利不会有现实的问题。

随着信息社会的到来,精神权利的问题比以往更加迫切。数字技术正在使修改作品变得更加容易。欧盟委员会认为,在新的数字环境中是否仍然可以容忍各国保护水平不一致,有待检验。

4　问题

(1)成员国法律之间的差异是否大到必须协调精神权利规定的程度? 在现在的情况下,这种协调是否是合理的?

(2)合同能否解决精神权利的问题? 比如,当资料放到网上,或者只是被数字化,作者是否可能许可作一些诸如配音、加字幕、重新格式化等等这样的一些修改?

(3)作者许可对其作品数字化的事实,能否推定其已经许可某种修改的假设?

(4)修改的可接受程度,可以由作者、表演者一方和制作者、出版人一方的集体协定规定吗?

(5)解决方案应该是整体性谈判还是分部门(电影、报纸出版、图书馆、博物馆等等)来谈判?

第三部分　权利的开发利用问题

第8条　权利的获得与管理

核心要点:信息社会将为利用并享有作品和其他版权客体提供新的机会。然而对于权利的管理必须进一步提升以适应新的环境,这样才能确保:获取权利昂贵而漫长的过程,不会阻碍对融合了音乐、文字、图片、电影等的多媒体作品的使用。这要求版权人和权利管理人建立"一站式服务",来帮助人们获取作品和其他版权保护客体。

1 引言

1.1 权利的本质

版权及邻接权是专有权利,这意味着权利的第一持有人——作者、表演者、录音制品、电影的制作者或者广播机构——拥有授权或者禁止使用该作品或其他版权客体的权利。这些权利有很多不同的表现形式,而且一种形式获得授权不代表使用其他形式也被授权了。一个剧作家授权公演其剧作,不会损害对复制权的再授权或者禁止授权的权利。作者可以自由地行使两种不同的权利。版权人可以自由地使用他们的作品或者其他版权客体,无论以何种方式最大化其利益都可以。

总体的规定在一些情况下存在例外。比如,作者或者其他版权人的权利仅限于获得合理报酬的权利:版权人不能反对对其作品或版权客体的特定使用,但法律规定可以获得报酬。在《出租权指令》的第8条第2款中有这么一个例子:当商业性的专辑用于广播或"任何公众传播"时,版权人可以获得合理报酬。

给予获得报酬的权利而非给予一种专有权的原因,通常是考虑到牵涉使用的数量和种类时,会使得个人权利管理无法实现。此外,立法机关从使用者利益出发来看,希望作品的使用便利化。

1.2 权利管理的方法

总结一下现存的知识产权的管理方式或许是有用的。权利类型不同、权利人类型不同,管理方式也不同。现仅描述下列理由:

管理知识产权最直接的方式就是通过第一版权人,即作者、表演者或者制作者控制权利,并对向其提出申请的利益相关方授予许可。显然版权人必须拥有一种专有权。比如,电影作品的制作者一般自己管理权利,不经过中介人。

然而,第一版权人并非一直都是管理权利的那个人。在一些领域,权利由出版人来管理,即使他们并非法律指定的版权或邻接权的持有人。文学作品的作者一般让出版人来管理他们的权利。相似地,在另一个国家或外语区的制作者可指派特定区域的经销商或制作者管理其权利。

在某些情况下,法律假定某些权利归属于制作者,因此,制作者的地位更加重要。比如,可能有这么一种假定:与制作者签订了合约的作者或者表演者都授权给了制作者。这个假定是可以反驳的,意味着一方有权表明他不希望授予某项权利;也可以是无法反驳的,意味着反面的证据是没有用的。这是一种或多或少可自动获得授权的机制。

另一种管理版权和邻接权的主要方法是由一个版税征收协会进行管理。这种管理方式已经变得越来越重要了。对于大部分创造性作品来说,这可以被看作是管理的传统形式,在一些情况下是强制执行的。它适用于版权人被强制要求发放许可,或者适用于当版权人只有获得报酬的权利的情况。制作者已经将有线转播权的管理委托给了国际音像作品集体管理协会(AGICOA)——很明显,在此情形下,个人管理无法有效运行。版税征收协会管理在音乐产业扮演着一个尤为重要的角色,因为在音乐产业中,作者或者演唱者不可能一个人控制并管理音乐作品或表演专辑的版权。然而,对不同权利、不同版权人、不同成员国,版税征收协会固有的管理方式会存在差异。

1.3   在信息社会中现存法律体系的影响

综上所述,如果一个多媒体作品的作者希望使用现有的作品,他将必须获得作者及相关版权人的一一授权。如果考虑到版税征收协会不得不管理复杂作品的现实,这就并不稀奇了。然而,数字技术大大增加了创作多媒体作品的可能性,而且从总体上来说,多媒体作品的产生很可能意味着我们更需要将版权管理合理化。很多现存的作品或其他版权客体可能会被用于制作一张只读光盘或者交互式光盘,因此制作者不得不去获取各种各样的授权。只要未能获得其中的一个作品版权,这个多媒体作品就不能发行。

鉴于制作多媒体作品所需授权之多,需要对如何保护文学及艺术版权问题进行重新考虑。也许由不同作品和不同表演的权利管理机制所协商出的版权总体价值,存在过高估计的情况。我们有理由试问:权利管理者订立许可证的经济条款时,是否已经考虑到了多媒体作品创作者的特殊情况,目前的授权范围是否适宜信息社会中对作品及其他版权客体的使用。

版权及邻接权不应被看作是创作多媒体作品的障碍。必须确保多媒体作品的制作者和编辑们不能以多媒体作品的管理为托词忽视必需的授权,否则会将投资收益置于风险之中,从长远来看还会破坏各方面的创造力。

一些使用者公开呼吁引入新的强制许可,并认为这是解决在他们眼中"难题"——许可问题的唯一办法。

现阶段,应该指出的是:录音制品及电影的作者、表演者、制作者希望看到其作品及其他版权客体能被尽可能地使用,因为他们自己的收入及投资回报依赖于别人的使用。总体上说,潜在使用者在获取认证机构授权时,不希望遇到多余的困难,这对版权人来说是有利的。不能把版权难以认证作为减少版权保护的借口。

考虑到1994年7月听证会上各利益方的反馈,可以看出尽管获取数据库所需的作品和其他版权客体的授权有难度,但这并不能成为扩大强制性许可或其他任何弱化知识产权法的理由。应该设想权利获取的其他方式。

2 现存法律背景

2.1 关于版权和邻接权的管理和获取,国际公约几乎未给出明确指示,仅散见于零星条款。《伯尔尼公约》的第2条第6款规定"权利保护将基于作者及其继承人的利益",这清晰地表明权利的转让或者许可不应以牺牲对权利的保护作为代价。

值得一提的还有《伯尔尼公约》中另外两个条款;它们是针对特殊情况的。第14^{bis}条第2款第(b)项提出一种假定:电影作品的权利已经转让给了制作者。第15条第3款提出匿名作品的出版方将被认为是作品的作者。因此在所有伯尔尼联盟的国家,一部匿名作品的出版方可以不提供任何额外证明其所代表作者的证据而行使权利。

2.2 共同体法律中关于权利的获取和管理的观点

在共同体层面上协调的权利总体上是专有权。共同体法律明确指出权利可以被转让、授予或者以合同形式许可。该规定体现在《出租权指令》中,并适用于出租权和出借权(第2条第4款),邻接权人的复制权(第7条第2款),还有同一版权人的发行权(第9条第4款)。这允许最大程度地将权利委托给版税征收协会、出版人、制作者。这些规定使得在所有知识创作领域内知识产权都能被合理使用。

　　然而共同体的立法机关尝试保护弱势方，订立了反对权利被完全剥夺的条约。它强调当一位作者或表演者已经转让了出租权时，他"还保留因出租而获得合理报酬的权利，作者或表演者不能放弃获得合理报酬的权利"（第 4 条第 1 款和第 2 款）。

　　不仅专有权的转让范围如此之广，共同体立法机构还为权利已经被转让的情况制定了条款，用来帮助人们使用作品。《出租权指令》推定表演者已经将他的权利转让给了电影制作者，该推定是可驳回的（第 2 条第 5 款），该假定也同样适用于作者（第 2 条第 6 款）。它还允许成员国只要能够提供合理报酬，建立更有强制力的关于表演者转让权利给制作者的推定（第 2 条第 7 款）。

　　共同体立法机关在以下几处提到了版税征收协会的权利管理。在《卫星广播和有线电视转播指令》（第 1 条第 4 款）中有一个关于"版税征收协会"的定义："出于本指令之目的，'版税征收协会'指任何管理版权或（与）邻接权，并把它作为唯一或主要目的之一的团体组织"。虽然声明该定义只是该指令的一种定义，但该定义可以被认为是对版税征收协会的角色开始总体考量的出发点。

　　立法机关已经以案例法处理了版税征收协会管理问题——比如《卫星广播和有线电视转播指令》的第 13 条已有明确的规定，而其他指令却都没有提到——因此，只有让成员国的法律来规范版税征收协会行为。但各项指令的确表达了版税征收协会的意向。

　　总体上，立法机关并未对版税征收协会的管理提出要求；这是一个要由各个成员国内的权威专家们回答的问题。遵照《出租权指令》，不能放弃获得合理报酬的权利（第 4 条），但"对于该权利的管理……却可以交给代表作者或表演者的版税征收协会去管理"（第 3 段）。成员国可以进行强制管理（第 4 段）。由此，从两个方面来说成员国是可以自由裁决的：它们可以允许版税征收协会的管理；它们还可以自由地选择将其定为强制性的或是自愿性的。

　　有线传输存在一个例外。《卫星广播和有线电视转播指令》第 9 条第 1 款规定"成员国应当确保只能通过一个版税征收协会，来实施版权人和邻接权人授予或者拒绝有线运营商进行有线二次传输的权利"。第 28 条阐明了这是一

般规则的例外;其目的是"确保合约安排的顺利操作,使之不会因个别部分持
有权利的人对节目干预而产生问题"。

在这里应该就《计算机程序指令》特别提一点。该指令规定"当一个计算机
程序被一位雇员在雇佣期间编写出来,或者依据雇主的指示而编写出来,除非合
同里事先有规定,那么雇主将专享该程序产生的经济性权利"(第 2 条第 3 款)。
这个条款也属例外情况,因为它让雇主在管理计算机程序方面拥有了垄断权
利。必须说明的是,在这一领域对权利的直接管理才是一贯的规则。所有编
写计算机程序的公司都自己管理其产品,版税征收协会的概念是不存在的。

3　从共同体角度对该问题的评价

权利的获取和管理在很多领域都对单一内部市场具有重要的意义,在法
律强制要求作出特殊安排的成员国,情况更是如此。如果其他成员国反对那
些法规,就会产生壁垒:比如说关于版税征收协会的权利转让或者强制性管
理不可驳回的推定。

就版权和邻接权而言,数字化时代的到来可能会在某些领域有利于权利管
理。数字化可以追踪和管理使用行为,尤其是私人复制,给了我们一个迅速发现
使用行为的难得机会。因此如果这种管理系统成为现实,与其被迫思考一种广
义上的补偿权利,还不如转而寻求一种更加精巧而个性化的权利管理形式。

但是这只有在传统的权利管理者,即版税征收协会、制作者和出版人,迅
速意识到他们的角色应该如何改变时,此权利管理形式才会生效。应该鼓励
权利管理者去这样做。

在 1994 年 7 月 7 日和 8 日的利益方听证会上,委员会各部门提出了在信
息社会中关于权利管理的许多问题。其中之一是:在信息社会,版税征收协
会的角色是否应该重新审视。各方依据自己的经验对该问题的回答虽然不
同,但可以看出一些总体趋势。

总体上,共同体现阶段的参与并不受欢迎。与会者往往认为版税征收协
会将会不断发展,但版税征收协会应该像以往一样自身发展。有一些与会者
强烈认为在信息社会中获得合理报酬权并不合理,重返个人式管理是可行的。

人们普遍认为版税征收协会的管理应当坚持自愿原则。委员会提出在版

税征收协会内引入自动的管理方案或者强制性许可,来改善多媒体产品的管理问题;代表方几乎一致地认为应该避免任何强制性授权体系。代表方倾向于接受权利管理中心的观点,但认为管理中心的建立应该是自愿的,加入也应该是自愿的,个人权利管理方式也应继续保留。

值得指出的是：在法国有几个作家协会已经决定整合资源,并建立起包含所有内容的方案,每一个协会都代表不同类型的作品。新协会 SESAM,是为了确保作者的作品专有权：现有或初创作品中存在很多权利,当这些作品在多媒体产品中被复制时,新协会 SESAM 为需要获得多种授权的制作者和编辑们提供了解决方式。

我们有理由假设某种结盟将成为版税征收协会发展的重要一步,它也正在由各种作品或版权人组成(比如作者、表演者等)。为了让所有作品、表演和其他多媒体作品中用到的内容的权利管理集中化,应该鼓励版税征收协会和其他权利管理者构建联合体,以促进权利管理的简化。

以"一站式服务"为形式的结盟,将为作者、表演者和制作者提供一种可以识别多样性作品来源的方法。其手段就是将所有对新技术有价值的内容整合起来。使用者可以获得感兴趣的信息,比如资费水平和可授予的权利。经不同的团体共同协作,结合采用识别系统的数据库,就可以实现这种信息服务。因此,有可能被整合在多媒体产品中的原有作品和新作品都必须可供出售。

整合所有现存的信息,将是在多媒体时代保障良好创造环境的正确方法。因为它会增加现有体系的透明度和效率。以这样方式提升透明度,有利于相关的利益方,既有利于版权人,也有利于权利使用者。这并不意味着权利管理应该集体化,摒弃个人化管理。只是说属于个体的权利将更加集中。这种"一站式"的中介机构将不会取代版税征收协会。

利益各方也在讨论向着更集中的管理方式,尤其"结算中心"的方式转变的可行性。

身份识别在技术上使集中化管理成为可能,尤其是通过建立身份识别文件之间的相互联系,那样就可以简化获取授权的步骤,也一定会减少资费管理的成本。在向多媒体作品转让权利时,版权人可以将中心机构作为一个中介。这个中心机构可以协商合同,在适当时还可以向使用者们收费并付费给版权人。只有专业人士能决定转向这样一个运作系统。

即使某些方面权利管理集中了,也不可能排除返回更加个体化管理的可能性。

因此,各方之间的个人合同必须保持有效,个人授权许可也必须保持有效;每一个版权人将决定其权利转让的价格。各方签约的自由必须得到尊重。

我们必须记住数字技术带来越来越频繁的变化,对用户的数据传输将包括版权及邻接权的授权。在这种情况下,每一次使用都将单独授权。

然而,很清楚的是,为了确保信息社会的健康发展,管理系统的透明度和有效性是很重要的。

显然,需要一个协议要把各方联系起来并建立有效的权利管理的系统,该协议必须符合欧洲共同体条约的竞争规则,必须重点考虑共同体的授权范围,尤其是权利的个人管理。

竞争规则是基础,但它至少在考虑"一站式"服务时,没有理由与集中化方案相矛盾。

在1994年7月7日和8日举行的听证会上,利益各方强烈反对强制授权方式。委员会完全赞同这个观点。为了创作多媒体作品而把强制许可强加于作者,这不是理由;为了在信息高速公路上流通作品和其他版权客体,强制许可更不是理由。反之,如果在国家的层面上引入强制许可,必将导致作品和其他版权客体的流通困难。当然,这意味着版税征收协会和独立的版权人可通过遵守《罗马条约》第86条授予许可。

委员会认为数字技术的出现,将很可能在某些方面改变权利管理的形式。在自愿基础上的中心化权利管理方案,将是面对信息社会的合适方案。建立这样的方案是利益方自己的事情,对此版权人应该有充分的自由。委员会认为,考虑到透明度和非歧视原则,要评估制度框架,以确保新采用的管理方式不会分裂市场而是有利于市场发展,从而使新管理方式有助于人们在多媒体环境中获得权利。

4 问题

(1) 版权人和管理者建立的中心化方案应该采用什么形式?"一站式服

务"的系统会受欢迎吗？它是否已经足以应对信息社会的需求？

（2）这些中心化方案是否应该局限于向多媒体作品授权，还是应该成为普遍的授权机制？

（3）几种竞争方案，即包含相同权利的不同方案（它们可能包含各自的内容，甚至可能是一样的内容），可以在同一个成员国、在共同体或者在全世界范围内共存吗？如何在实际情况中实现竞争？

（4）假设信息社会将在全世界实现，这种方案或者由方案所授予的许可，将是或应该在全球范围通行吗？

（5）仅限于有限区域的许可会继续有效吗？

（6）除了现有的竞争规则，共同体的立法机关应该为版税征收协会或者中心化的管理方案作一些指导吗？如果是的话，还需要哪几种规定：规范团体竞争或方案竞争的行为准则？有关团体、方案或者成员间关系的规定？还是两者兼有？

第 9 条　识别与保护的技术系统

核心要点：只要安装了合适的系统，数字化让作品和其他版权客体变得可以识别、鉴定、标记、被保护并自动管理。为了不让信息社会损害版权人的利益，就有必要在国际上推广这些系统。

1　引言

作品及其他版权客体的数字化既是机遇又存在风险，它使得材料能更方便地存储、处理和使用，这既打开了新的市场，自然也方便了盗版。但数字技术和越来越强大的数据处理能力也将更好地保护数字作品及其他版权客体，条件是能够在各方（版权人、设备制造商、作品发行者、网络运营商）商定的基础上迅速地安装系统。这就存在两类问题：第一，是对作品及其他保护内容的系统识别。文学出版物都有一个 ISBN 号码来识别，这种识别系统可以包含所有作品和其他保护内容；识别标签只在作品上包含信息，或者在版权人甚或许可条约中包含更完整的信息。这也就是国际标准记录码（ISRC），已为录音制品建立准则。其他领域的工作也正在进行中。技术识别系统，有助于对版权人的统计和付酬。如果作品及其他版权客体的识别系统、权利人数据与网络认证付费系统或远端服务付费系统相连成为现实的话,将有利于相关收入的管理,同时也尊重了用户的个人隐私。实际上,相关收入往往包含关于版权人原始权利的费用。技术识别系统已经存在,但要普及技术识别系统还需要各方的商业协定。在欧洲,提供跨国服务涉及大量的运营商,这些系统将有可能要求采用监管决定和技术标准。相似地,也要仔细审查对使用者隐私的保护。隐私问题产生于网络运营商对每个信息和文化服务使用者的准确信息的收集和汇编。如何标记数字化作品和其他版权客体也正在研究中。一些数字标签系统,比如已经有循环技术(Cyphertech)系统。系统程序的每个部分都包含一个可以被接收者实时接收并解码的数字识别标签,这将用来建立自动管理系统,比如广播,我们就可以在几秒钟之内确定作品或其他版权客体什么时候被使用。

第二,是在设备中安装保护系统和其他系统,以获取编码系统的最大利益。本绿皮书并未试图考虑运营商限制服务接收系统的问题,以及可能需要法律保护来处理非法接收的问题,因为它们将在另外单独的绿皮书中进行讨论。此外,像串行版权管理系统或串行复制管理系统是本绿皮书的重点,因为它阻止了源自初次复制的二次复制。

同理,如果卖给消费者的系统不能读出编码,就无法建立个人计价方案。

既然技术识别系统不直接影响版权和邻接权,还需考虑的是网络传输的安全性问题。当下,通过网络流通的主要数据和其他内容并不比通过电信流通安全。然而,对于作品和其他版权客体而言这可能又不尽然。如果网络没有为网络传输配置令人满意的安全系统,管理版权和邻接权以及获取报酬将变得更加困难。此外,既然网络传输安全与技术识别、版权保护问题有很大的差别,讨论网络传输安全时考虑到其版权和邻接权保护很重要。

2 现存法律背景

2.1 目前,国际协议并未涉及技术识别问题。但该问题在知识产权组织关于《伯尔尼公约》草案和一项关于录音制品制作者和表演者的新规定的谈判中已有提到,至少是部分提到。

　　2.2　共同体法律已经涉及技术识别问题：依据《计算机程序指令》第 7 条第 1 款第(c)项，成员国必须提供补救措施防止法人的发行行为和出于商业目的的占有行为，"对于任何有意促进未经授权的移除或规避技术设备的工具"，第 7 条第 3 款明确规定"成员国可以没收第 1 条第(c)项中提到的任何工具"。

　　由此，共同体法律并不要求为保护计算机程序而建立技术系统，但是让出于商业目的的私人解码、运用解码设备和拥有解码设备是非法的，安装此类系统的确可以保护计算机程序。

3　从共同体角度对该问题的评价

　　长期以来，共同体已认识到了识别、标签、保护技术系统的重要性。不仅《计算机程序指令》提供了打击盗版的手段，广播数据加密也正在研究中，并且是另外单独一份绿皮书的主要内容。

　　以上提及的方案由委员会根据埃斯普里(Esprit)方案提供资金。它基于广义上信息产业的需求，目的在于保护所有可能被数字化存储并传输的作品和其他版权客体的版权和邻接权。通过建立一个保护方案，来消除版权人的担忧，并确保所有有用"信息"能够被尽可能多的公众使用。

　　在第一阶段，方案引发了有关各利益方极大的兴趣。在与知识产权组织和最重要的标准化机构磋商之后，深入研究了数字技术所引发的问题。方案明确表明，版权和邻接权的保护是最基本、最重要的，而且目前没有任何技术是完全令人满意的。目前的法律安排是基于在实践中出现的标准。

　　因此以上提及的方案是为了定义一种普遍，使之能够适用于委员会以及信息链中的所有参与者的方案。CITED 模式定义了打击盗版所需的手段，即偶然打击和专门打击的手段并重，这一模式将在试点项目中进行试验。

　　在 1994 年 7 月 7 日和 8 日的听证会上，讨论了识别系统是否应该被整合进产品。与会的利益方代表认为识别系统将会很有用，或是在某些情况下不可或缺。许多与会者强调识别系统应该是自愿的而非强迫性的。也有与会者认为很有必要保护这些系统免于模仿，否则引入识别系统将会适得其反。提供何种信息问题也颇受争议。一些与会者认为，信息应该完整，并且应能明确版权人；有些与会者认为信息应仅限于作品及其他版权客体本身。

很显然,这与权利的获取和管理问题有着紧密的联系。

鉴于新方案中的辅助性原则和标准化策略,必须考虑到共同体的行动需求。很清楚的是,在任何情况下如果各个成员国以侵害保护标准为理由,准备采取不一致的方式来禁止某些商品在市场上的流通,那么贸易就会受阻。

在与相关专家团体和国际标准化组织(ISO)联系紧密的成员国内已经开始采取行动,为的是采取一种方法在二进制代码序列中嵌入识别特征。由于该倡议的提出,国际标准化组织已经同意采用嵌入识别的原则方法,但这些识别标记的性质和构成还有待确定。至关重要的是,标记方法应被国际社会普遍采用,应该避免某些制造商出于商业目的而强加于人的"私有"系统。

一旦识别标记在产业中发展并被采纳,共同体建议在协调统一的基础上将保护性技术系统常态化。

4 问题

(1) 通过共同体与各成员国之间的合作,应该规定合法的手段来保证遵守如下规则吗?

- 识别标签;
- 防止私人数字复制的保护标准;
- 防止私人数字复制的其他识别或保护系统?

产业中会接受并采纳这些系统吗?

(2) 识别应该包含哪些信息:

- 作品或其他版权保护客体的信息;
- 初始版权人的信息;
- 作品或其他版权客体的信息,初始版权人的信息,许可证持有者和其他管理者的信息;
- 有关许可的潜在受让人的许可条款?

(3) 如果源于共同体之外第三国的作品和其他版权客体,不包含与共同体承认的识别系统兼容的识别系统,应该阻止该系统进入互联网市场吗?

(4) 为防止私人数字复制的技术系统的发展与应用,还有哪些法律手段是必要的且可以采用的?

（5）如果一个防止私人数字复制的技术保护系统在协调的基础上得到应用，任何没有这种保护系统的设备都应禁止其销售和进口吗？

（6）防止私人数字复制的保护系统的最终生效，取决于国际标准的建立吗？

（7）应该怎样判断作品及其他版权客体是被合理使用？应该如何保证知识产权法对作品及其他版权客体的保护，不阻碍或限制公众对数据的合理获取？

关于数据库的法律保护指令

欧盟理事会
理事会《第 96/9/EC 号指令》
1996 年 3 月 11 日

欧洲共同体理事会，鉴于《建立欧洲经济共同体条约》，特别是其中第 57 条第 2 款、第 66 条及第 100a 条，鉴于欧盟委员会[①]的建议，鉴于欧洲经济社会委员会[②]的意见，按照条约[③]中第 189b 条的程序。

1. 鉴于数据库目前在所有成员国尚未受现行法律的有效保护；即使在已提供保护的国家之间也存在各种不同的特点。

2. 鉴于各成员国法律在数据库法律保护方面的这种差异对内部市场在数据库运行，特别是对自然人和法人在欧盟内依据统一协调的法律自由提供联网数据库产品和服务方面具有直接的消极的影响。随着各成员国在这一国际化趋势日益显著的领域推行新的立法，这种差异将变得更加显著。

3. 鉴于我们需要共同努力以消除产生负面影响的现有差异，并防止产生新差异；然而，对于共同市场的运作及信息社会的发展不会产生实质性影响的差异，不在消除或防止的范围内。

4. 鉴于各成员国依照其立法或判例法对数据库的版权保护存在各种不同的形式，倘若各个成员国在法律保护范围和条件上的差异继续存在，这种未加协调一致的知识产权就有可能妨碍数据库产品或服务在欧共体内部的自由流通。

[①] 《欧共体公报》第 C156 号，1992 年 6 月 23 日和《欧共体公报》第 C308 号，1993 年 11 月 15 日，第 3 页。
[②] 《欧共体公报》第 C19 号，1993 年 1 月 25 日，第 3 页。
[③] 1993 年 6 月 23 日欧盟议会的意见（《欧共体公报》第 C194 号，1993 年 7 月 19 日，第 144 页），1995 年 7 月 10 日理事会的共同立场（《欧共体公报》第 C288 号，1995 年 10 月 30 日，第 14 页），1995 年 12 月 14 日欧盟议会的决议（《欧共体公报》第 C17 号，1996 年 1 月 22 日）和 1996 年 2 月 26 日理事会决议。

5. 鉴于版权仍然是给予创作数据库的作者专有权的一种适当形式。

6. 鉴于尽管目前尚未建立协调一致的反不正当竞争立法或判例法系统，但仍需要采取其他的措施防止对数据库的内容进行未经许可的摘录与反复使用。

7. 鉴于数据库的制作需要投入大量的人力、技术和资金，而他人却可以远低于独立制作其所需要的费用复制或使用这些数据库。

8. 鉴于对数据库内容未经许可的摘录或重复使用会造成严重的经济与技术后果。

9. 鉴于数据库是欧共体信息市场发展极其重要的工具。这一工具还将应用于其他许多领域。

10. 鉴于在欧盟及全世界范围内，贸易和工业领域各部门每年产生和处理的信息量呈指数增长，这需要所有成员国投资建设先进的信息处理系统。

11. 鉴于目前无论在欧盟成员国之间，还是在欧盟与世界上最大的数据库生产的第三方国家之间，在对数据库建设的投资力度存在很大的不平衡。

12. 鉴于如果不能建立稳定统一的法律保护制度以保护数据库制作者的权利，就不可能在欧盟内对这种现代化信息存储与处理系统进行投资。

13. 鉴于本指令对那些采用电子、电磁、光电方法或者类似方法进行编排、存储和存取的作品、数据或其他资料的汇集——即所谓的汇编作品给予保护。

14. 鉴于本指令的保护范围应包括非电子形式的数据库。

15. 鉴于应当根据数据库内容的选择与编排是作者自己的智力创造这一事实，作为确定数据库是否可以取得版权保护的标准，这种保护应包括对数据库结构的保护。

16. 鉴于作者智力上的独创性是用以确定数据库能否适用于版权保护的唯一标准，此外没有其他标准，尤其是不能使用美学标准或质量标准。

17. 鉴于"数据库"一词的含义包括文学、艺术、音乐或其他形式作品的汇集，或者是其他资料，诸如文体、录音资料、图像、数字、事实和数据的汇集；鉴于数据库应包括经系统或有序地编排并能分别存取的独立的作品、数据或其他资料的汇集；鉴于这意味着单独的录音或视听作品、电影、文学或音乐作品不属于本指令保护的范围。

18. 鉴于本指令不损害作者决定是否许可把他们的作品纳入数据库,或以何种方式纳入数据库的自由,尤其不会损害其给予独占或非独占授权的自由;鉴于对数据库保护的特殊权利不会损害有关数据库内容的现有权利,尤其是在作者或相关权利的持有者按照非独占许可协议允许把他们的作品或主要内容纳入数据库的情况下,只要不是从数据库中摘录那些作品或内容,也不是在此基础上对它们加以反复利用,第三方就可以经作者或相关权利持有者的同意,使用那些作品或主要内容,而数据库的制作者不能就行使该特殊权利加以阻止。

19. 鉴于 CD 上的音乐演奏录音的汇集通常不属于本指令保护的范围,因为它不符合作为汇编作品受版权保护的条件,同时它不符合作出足够的投资以符合获得数据库特殊权利的条件。

20. 鉴于本指令所保护的范围适用于操作或查询某些数据库所必需的资料,例如主题词和索引系统。

21. 鉴于本指令所规定的保护适用于其中的作品、数据或其他资料已经系统地或有序地予以编排的数据库;鉴于这些资料是否实际已按特定的组织方式存储并非是必须的。

22. 鉴于本指令所指的电子数据库还可以包括像只读光盘和交互式光盘这样的设备。

23. 鉴于数据库一词的含义不包括制作或操作数据库所使用的计算机程序,该计算机程序由欧共体理事会 1991 年 5 月 14 日颁布的《关于计算机程序法律保护 EEC91/250 指令》①给予保护。

24. 鉴于在版权及相关权利领域内数据库的出租和出借专门由欧共体理事会 1992 年 11 月 19 日颁布的《关于出租权、出借权和某些与版权有关的权利 92/100/EEC 指令》②加以管理。

25. 鉴于版权保护的期限已由 1993 年 10 月 29 日欧共体理事会颁布的《协调版权与某些相关权利保护期限的 93/98/EEC 指令》③予以规定。

---

① 《欧共体公报》第 L122 号,1991 年 5 月 17 日,第 42 页。该指令被《93/98/EEC 指令》修改(《欧共体公报》第 L290 号)。
② 《欧共体公报》第 L346 号,1992 年 11 月 27 日,第 61 页。
③ 《欧共体公报》第 L290 号,1993 年 11 月 24 日,第 9 页。

26. 鉴于纳入数据库中的享有版权保护的作品及享有相关权利保护的内容仍分别由版权和相关权利给予保护,并且未经版权持有人或其权利继承人的许可,不得将它们纳入数据库或从数据库中排除。

27. 鉴于纳入数据库的作品及内容的版权与相关权利丝毫不会受到数据库中对这些作品与内容的选择与编排方面所取得的单独权利的损害。

28. 鉴于按照各成员国的法律和保护文学与艺术作品的《伯尔尼公约》的规定,创作数据库的自然人的精神权利由作者享有和行使;鉴于这种精神权利不属于本指令的范围。

29. 鉴于对适用于雇员所创作的数据库的规定由各成员国自行决定。因而,本指令不作任何规定对此加以干涉,各成员国可在各自的法律中规定,当数据库是由履行其本身的职责或遵照雇主指示的雇员所创作的,则按此种方式所创作的数据库的全部经济权利由雇主行使,合同另有规定除外。

30. 鉴于作者的专有权应包括决定其作品以什么方式使用和由谁使用的权利,特别包括限制向未被许可的人发行其作品的权利。

31. 鉴于数据库的版权保护除副本的发行以外,还包括使公众获得数据库的其他方式。

32. 鉴于要求各成员国应保证在其本国的法律规定中,至少对本指令所规定的限制性行为作出类似规定。

33. 鉴于属于服务提供领域的联网数据库不会产生发行权利穷竭的问题,这一点也适用于经版权持有人许可服务的用户对该数据库进行实际拷贝方面。鉴于与只读光盘(CD－ROM)或交互式光盘(CD－I)等载有知识产权的实际载体,即某种实际物品的形式不同,各种联网服务实际上都是版权法规定的须取得许可的行为。

34. 鉴于版权持有人一旦决定通过联网服务或其他发行方法向用户提供数据的拷贝,那么数据库合法用户必须能够按照与版权持有人签订的合同所规定的目的和方式访问和使用该数据库,尽管这样的访问和使用需要进行其他方面限制。

35. 鉴于考虑到本指令所涉及的版权仅适用于数据库内容的选择与编排,对限制行为的例外应逐一加以规定;鉴于在一定情况下,各成员国有规定这种例外的选择权;选择权的行使应根据《伯尔尼公约》的规定并且只限于对涉及数据库的结构的例外选择;应划清私人使用和出于个人目的进行复制这两种例外的界限,这涉及一些成员国国内法对空白录制设备或记录装置的征税规定。

36. 鉴于"科学研究"一词在本指令中的含义既包括自然科学也包括人文科学。

37. 鉴于本指令并不影响《伯尔尼公约》第 10 条第 1 款的规定。

38. 鉴于数字记录技术日益普遍地使用使数据库的制作者面临这样一种风险,即他人可能会未经本人许可,采用电子方法拷贝数据库内容或将数据库内容重新编排,进而生成一个内容相同的数据库,但却不会侵犯原始数据库编排上的任何版权。

39. 鉴于除了旨在保护数据库内容的原创性选择与编排的版权之外,本指令明确禁止数据库用户或竞争者的某些行为,对数据库整个或实质部分给予保护,希望通过这种方法防止他人盗用数据库制作者在获取和收集数据库内容的过程中资金和专业投入的成果,保障数据库制作者的合法地位。

40. 鉴于这一数据库特殊权利的目的是保证在权利期限内,保护在数据库内容的获得、检验核实或选用方面的任何投入,这种投入包括资金的投入或时间、精力和能力的花费。

41. 鉴于这一数据库特殊权利的目的是给予数据库制作者可以防止他人未经许可地对数据库的全部或实质内容进行摘录或反复利用的权利;数据库的制作者是发起并承担投资风险的人;从定义上来看分包人不能作为数据库的制作者。

42. 鉴于防止他人未经许可地摘录和反复利用的特殊权利涉及数据库用户超出合法授权范围,并由此给数据库制作者的投入造成损害。禁止摘录和(或)反复利用数据库的全部或实质内容的权利不仅涉及衍生的竞争产品的制造商,而且涉及任何一个用户——如果经过定性的定量的判断,其行为已导致对上述投入造成了重大损失。

43. 鉴于在联网传输的情况下,无论对数据库还是接收者经版权持有人同意所作的数据库或其部分内容的有形拷贝而言,禁止反复利用的权利不会用尽。

44. 鉴于当要把数据库内容的屏幕显示的全部或实质部分永久地或暂时传输到另一个媒体上时,这种行为必须得到版权持有人的许可。

45. 鉴于防止未经许可摘录与(或)反复利用数据库内容的权利绝非等于版权保护的范围已扩展到纯粹的事实或数据。

46. 鉴于防止未经许可摘录与(或)反复利用数据库中作品、数据或资料的全部或实质部分的权利的存在不应导致这些作品、数据或资料本身产生新的权利。

47. 鉴于为了维护信息产品提供者与服务提供商之间由竞争产生的利益,这种特殊权利所给予的保护不得以助长滥用垄断地位的方式来行使。鉴于因此本指令各项条款不会对欧盟或各成员国竞争法规实施造成损害。

48. 鉴于本指令的目的实为数据库的保护提供一个合适的统一标准,以作为保障数据库制作者获得报酬的一个手段,本指令的目的与欧洲议会和欧盟理事会 1995 年 10 月 24 日颁布的关于个人数据处理方面对个人的保护和关于这种数据①自由流通的指令(95/46/EC)的目的有所不同,后者的目的是在统一地保护个人基本权利,特别是《保护人权与基本自由的欧洲公约》第 8 条所确认的隐私权的规则的基础上保障个人数据的自由流通。鉴于本指令的各项条款并不影响数据保护法。

49. 鉴于尽管有防止他人摘录与(或)反复利用数据库全部和实质部分的权利,但应规定,数据库的制作者或版权持有人不能阻止数据库的合法用户摘录与(或)反复利用数据库的非实质性部分。鉴于另一方面,数据库用户也不能不合理地损害数据库特殊权利持有人或数据库中的作品或内容的版权或相关权持有人的合法权益。

50. 鉴于对摘录与(或)反复利用是为了私人使用,用于教学或科学研究中的示例说明,或是为了公共安全,或出于行政或者司法程序所要求的情况,成员国可对防止他人未经许可摘录与(或)反复利用数据库实质内容的权利作出例外规定。鉴于上述例外规定的实施不得损害数据库制作者利用该数据库的

---

① 《欧共体公报》第 L281 号,1995 年 11 月 23 日,第 31 页。

专有权利,并且对数据库的使用不得是商业性的。

51. 鉴于成员国若允许数据库合法用户根据教学或科学研究进行示例说明的需要摘录该数据库内容的实质部分,可以将能获准利用这一许可的教学或科研机构限制在一定的范围之内。

52. 鉴于就这项新的权利来说,那些已经制定了具体的条例,规定了与本指令中所确定的特殊权利相类似的权利的成员国,应当允许其保留这些条例以往所规定的例外。

53. 鉴于数据库制作完成日期的举证责任在于数据库的制作者。

54. 鉴于对数据库内容所作的实质性改变应视为新的实质投入的判定标准是存在的,而对此负有举证责任的应是投入后所形成的数据库的制作者。

55. 鉴于与新的保护期有关的新的实质性投入可以包括对数据库内容所作的检验核实。

56. 鉴于防止他人未经许可摘录与(或)反复利用数据库内容的权利适用于其制作者是第三国的国民或长住居民的数据库,或者不是在欧共体成立条约规定的某一成员国国内建立的法人所生产的数据库,只要该第三国能为共同体国民或长住居民所制作的数据库提供类似的保护。

57. 鉴于各成员国除了根据法律,采取对侵犯版权或其他权利所提供的补救办法之外,还应规定适当的补救办法防止他人未经许可摘录或反复利用数据库内容。

58. 鉴于除了本指令规定对于数据结构的版权保护以及防止他人未经许可摘录或反复利用数据库内容的特殊权利保护之外,各成员国有关数据库产品和服务提供的其他法律规定可以继续适用。

59. 鉴于成员国法律对视听广播节目作出了有关规定,承认了由视听类作品组成的数据库,而该指令不会对其应用产生影响。

60. 鉴于一些成员国现行版权法对数据库的保护不符合本指令规定的版权保护标准。即使有关的数据库符合本指令规定的防止他人未经许可摘录与(或)反复利用其内容的权利可获得保护,该权利所给予的保护期也要比它们按照目前国内实行的规定所享有的保护期短得多。对数据库能否获得版权保护的标准进行协调统一而不会造成有关版权持有人目前所享有的保护有所减损,这需要确定,减损将基于这样的结果。鉴于这种减损的结果必须限制在有关成员国的范围内。

现通过本指令:

第一章　范　围

第1条　范　围

1. 本指令涉及任何形式的数据库的法律保护。

2. 在本指令中,"数据库"是指经系统或有序的安排,并可通过电子或其他手段单独加以访问的独立的作品、数据或其他材料的集合。

3. 本指令所提供的保护不适用于在制作与采用电子手段访问数据的过程中所使用的计算机程序。

第2条　范围的限制

本指令的实施不影响欧共体下列有关条款的实施:

(a) 计算机程序法律保护的规定;

(b) 在知识产权领域中与版权有关的出租权、出借权及某些权利的规定;

(c) 版权及某些相关权利保护期限的规定。

第二章　版　权

第3条　受保护的客体

1. 依照本指令规定,凡在其内容的选择和编排方面体现了作者自己的智力创作的数据库,均可据此获得版权保护。本指令是判定一个数据库能否获得版权保护的唯一标准。

2. 依据本指令对数据库的版权保护不延及数据库的内容也不影响这些内容本身所具有的任何权利。

第4条　数据库的作者

1. 数据库的作者是创作数据库的自然人或一组自然人,或者是在成员国法律允许的条件下,由该国法律规定作为版权持有人的法人。

2. 在其国内法律认可汇编作品的成员国,其经济权利为版权持有人所有。

3. 由一组自然人共同创作的数据库,其专有权归这些人所共有。

第5条　受限制的行为

根据受版权保护的数据库的定义的表述来看,数据库的作者享有从事或授权他人从事下列行为的专有权:

(a) 采取任何方法,以任何形式对数据库的全部或部分制作暂时或永久的复制件;

(b) 对数据库进行编译、改编、整理以及其他改动;

(c) 以任何形式向公众提供数据库及其复制件,当版权持有人或他人经其许可将复制件向欧共体首次销售之后在欧共体内转售该复制件权利将穷竭;

(d) 将数据库向公众传播、展示和进行各种演示;

(e) 将(b)中所列行为的结果进行任何复制和向公众发行、传播、展示或演示。

第6条　限制行为的例外

1. 数据库或其副本的合法用户,若因访问该数据库内容和正常使用这些内容所必需,进行第五条中所列举的任何一项行为,可不必取得数据库作者的许可。若合法用户只获得使用该数据库的部分内容的许可时,本条款只适用于该部分内容。

2. 成员国可就下列情况对第五条所列举的各项权利作出限制规定:

(a) 为私人需要复制非电子数据库的情况;

(b) 使用只是为了教学或科学研究的示例说明的情况,只要对所使用的材料加以注明并以某种程度证明其目的是非商业性的;

(c) 使用是为了公共安全或者出于行政或司法程序所要求的情况；

(d) 涉及以往国内法所允许的，并又不与第(a)项、第(b)项与第(c)项相抵触的其他版权例外的情况。

3. 根据《伯尔尼保护文学和艺术作品公约》的规定，本条不得解释为允许其应用以不合理地侵害版权持有人合法权益，或者妨碍数据的正常利用相冲突的方式使用。

第三章　特　殊　权　利

第7条　受保护的客体

1. 各成员国应为在数据库内容的获取、检验核实或选用方面，经定性与(或)定量证明作出实质性投入的数据制作者规定一种权利，即防止对数据库内容的全部或经定性或定量证明为实质部分进行摘录与/或反复利用的权利。

2. 在本章中：

(a) "摘录"是指采取任何方法或以任何形式，将数据库内容的全部或实质部分永久或暂时转载到别的载体上的行为；

(b) "反复利用"是指通过销售复制件、出租、联网或其他传输方式将数据库的全部或实质内容以任何一种形式提供给公众，版权持有人或许可将数据库的复制件在欧共体首次销售之后，则该复制件在欧共体内再次销售的支配权将穷竭。公众借阅不属于摘录与反复利用行为。

3. 第1款所规定的权利可以根据合同许可转移、转让或授予他人。

4. 第1款所规定的权利，不管该数据库的内容是否符合版权或其他相关权利的保护条件都是有效的，而且不管该数据库的内容是否符合版权或其他权利保护的条件也是有效的。第1款所规定的权利对数据库的保护不影响存在于数据库内容中的权利。

5. 多次并且系统地摘录或(并且)反复利用数据库内容的非实质部分，且带有违背正常的利用数据库或不合理地损害制作者合法权益的行为，则是不允许的。

第8条　合法用户的权利与义务

1. 以任何方式向公众提供的数据库的制造商不得阻止数据库的合法用户提取和(或)重新利用其内容的不重要部分的行为,不论这种行为出于何种目的。当数据库的合法用户仅仅获准可以对数据库的特定部分摘录与(或)反复利用时,本款规定仅适用于该部分。

2. 不论以何种方式公之于众的数据库,其合法用户不能从事违背正常的利用该数据库或不合理地损害数据库制作者合法权益的行为。

3. 不论以何种方式公之于众的数据库,其合法用户不能给数据库的作品或内容的版权或相关权利的持有人造成损害。

第9条　数据库特殊权利的免责

成员国可以规定,在下述情况下,不论以何种方式公之于众的数据库的合法用户,可不经数据库制作者的许可摘录或反复利用该数据的实质内容。

(a) 出于私人目的的摘录非电子数据库的内容;

(b) 出于教学或科学研究的需要对数据内容进行摘录,只要对使用的材料加以注明并在一定程度上证明其目的是非商业性的;

(c) 摘录或反复利用是为了公共安全目的或出于行政或司法程序的要求。

第10条　保护的期限

1. 第7条所规定的权利自数据库制作完成之日起生效,有效期为制作完成之日的第二年1月1日起,为期15年。

2. 对于在第1款所规定的期限届满之前以任何方式公之于众的数据库,该项权利所提供的保护期为从该数据库首次公之于众之日的第二年1月1日起,为期15年。

3. 对数据库内容所作的经定性或定量判定为实质性的任何改变,包括由于陆续不断地增加、删除或改动而最终形成的任何实质性改变,可以使该数据库经定性或定量判定之后被看作一个新的实质性投入所形成的数据库,有资格获得自己的保护期。

第 11 条　特殊权利保护的享有者

1. 第 7 条规定的权利适用于由成员国的居民或在欧盟境内的长期居住者制作或作为版权持有人的数据库。

2. 第 1 款也适用于那些按照某一成员国的法律建立的,在欧盟内有其注册的商号、中央管理机构或主要业务场所的公司和厂商;然而,如果这种公司和厂商在欧共体地区只有注册商号,则其业务必须与欧盟成员国之一的经济具有长期有效的联系。

3. 关于把第 7 条规定的权利是否延及在第三国制作的,不属于第 1 款、第 2 款规定范围之内的数据库的问题,欧盟理事会将根据欧盟委员会的建议就此问题缔结一个协议,但按照该程序给予数据库的任何保护期不得超过第 10 条所规定的有效期限。

第四章　一 般 性 条 款

第 12 条　救 济 办 法

对侵犯本指令规定权利的行为,各成员国应提供适当的救济办法。

第 13 条　其他法律规定的继续适用

本指令不影响特别是数据库中的数据、作品或其他材料的版权、与版权有关的权利或任何其他权利或义务,以及专利权、商标、外观设计、国家财富保护、限制性贸易惯例与不正当竞争法、商业秘密、安全、机密、数据保护与个人隐私、公共文件使用和合同法等方面的规定。

第 14 条　时 间 效 力

1. 本指令给予的版权保护也适用于第 16 条第 1 款所指定的日期之前创作的,并在该日期仍符合本指令规定的数据库版权保护所要求的标准的数据库。

2. 虽然有第 1 款规定,但按某成员国的版权法规定可以取得保护的数据库到本指令发布之日,如果没有达到本指令第 3 条第 1 款所规定的可以取得版权保护标准,本指令不会因此缩短或取消该成员国规定所提供的剩余的保护期。

3. 依据本指令的规定,对第 7 条所规定的权利的保护也适用于在第 16 条第 1 款所指定的日期以前完成数据库制作(但未超过 15 年的),并且在该日期到达之前达到了第 7 条所提要求的数据库。

4. 第 1 和第 3 款提供的保护不影响在这两条规定中指定的日期之前所完成的行为及所获得的权利。

5. 对在第 16 条第 1 款中所指定的日期之前 15 年内完成制作工作的数据库,由第 7 条规定的权利所提供的保护期限为期 15 年,由第二年 1 月 1 日起算。

第15条　某些条款的约束性

任何与第 6 条第 1 款和第 8 条规定相悖的合同规定都是无效的,应予以废除。

第16条　最后条款

1. 各成员国应在 1998 年 1 月 1 日以前使执行本指令所必需的有关法律、法规和行政规定生效。

当成员国采取这些措施时,应包括一个本指令的说明文件,或在它们正式发布之际附以这种说明,说明的方式由各成员国自行规定。

2. 各成员国应把它们在本指令涉及的领域中采用的国内法律的文本上报给欧盟委员会。

3. 最晚不迟于第 1 款所指定日期之后的第三年年底,并且在此后每隔三年,欧盟委员会应向欧洲议会、欧盟理事会和欧盟经济与社会委员会提交一份本指令执行情况的报告。报告应主要根据各成员国所提供的具体情况,详细审查特殊权利,包括第 8 条和第 9 条的执行情况,而且这些情况可以说明这些措施的采取是否造成了滥用优势地位或其他干扰自由竞争情况的发生,而这些情况可以说明是否应采取适当的措施,包括规定非自愿许可安排。如确有必要,报告应根据数据库领域的发展情况提出建议,对本指令进行调整。

第 17 条　适　用　范　围

本指令适用于所有成员国。

本指令于 1996 年 3 月 11 日制定于斯特拉斯堡。

欧洲议会主席　　　　　　　　　　　　　　　理事会主席

K. Hansch　　　　　　　　　　　　　　　　　L. Dini

关于共同体内部市场的信息社会服务
尤其是电子商务的若干法律

欧盟理事会
理事会《第 2000/31/EC 号指令》
2000 年 6 月 8 日

　　欧洲议会及欧盟理事会、欧洲共同体理事会,鉴于《确立欧洲经济共同体条约》(以下简称《条约》),特别是其中第 47 条第 2 款、第 55 条及第 95 条,鉴于欧盟委员会①的建议,鉴于欧洲经济和社会委员会②的意见,参照《条约》③第 251 条规定的程序。

　　1. 鉴于欧盟正努力逐步实现欧洲各国与各民族间的更加紧密的联合,以确保经济与社会的发展;按照条约第 14 条第 2 款,内部市场是没有内部边界的区域,在这一区域中,应确保货物和服务的自由流动以及机构的自由设立;信息社会服务在这一没有内部边界的区域内的发展,对于消除欧洲各民族的国界限制是至关重要的。

　　2. 鉴于信息社会中电子商务的发展,为共同体,尤其为中小型企业带来了大量的就业机会;它也将刺激经济的增长以及欧洲企业在创新领域投资的增长;在人人都有机会使用国际互联网络的条件下,这种发展还可以增强欧洲工业的竞争力。

　　3. 鉴于共同体的法律与共同体法律秩序的特征,是促使欧洲公民与企业家充分利用电子商务所提供的机会而不必考虑国界限制的重要保障。因此本指令的目的在于确保共同体法律的高度统一,以便为信息社会服务提供一个

---

　　①　《欧共体公报》C30,1999 年 2 月 5 日,第 4 页。
　　②　《欧共体公报》C169,1999 年 6 月 16 日,第 36 页。
　　③　1999 年 5 月 6 日欧洲议会的意见(《欧共体公报》C279,1999 年 10 月 1 日,第 389 页),2000 年 2 月 28 日理事会的共同立场(《欧共体公报》C128,2000 年 5 月 8 日,第 32 页)和欧盟的决议。

真正的无国界限制的区域。

4. 鉴于确保电子商务能充分地从内部市场受益,并因此实现《1989 年 10 月 3 日欧盟理事会关于协调成员国关于从事电视广播活动的法律、规章或行政诉讼的若干规定的第 89/552/EEC 号指令》①中规定的共同体的高度统一,是非常重要的。

5. 鉴于共同体内部信息社会服务的发展受到大量法律障碍的阻碍,这些阻碍内部市场正常运行的障碍,减弱了自由设立机构、自由提供服务的吸引力;这些障碍源于各成员国对此类服务的法律规定存在差异,以及对此类服务适用成员国国内法规时的不确定性;在相关领域的立法未能得到协调和调整之前,根据欧洲法院的判例法,这些障碍可能被宣布为合法;一个成员国对源于另一个成员国的服务的控制程度也存在着法律上的不确定性。

6. 鉴于根据《确立欧洲经济共同体条约》的第 43 条和第 49 条,共同体的目标以及共同体的二级立法,为了内部市场的正常运行,通过协调国内法规定,以及在共同体层面上阐明一些法律概念,来消除上述障碍;本指令只涉及导致内部统一市场出现问题的若干特定事项,因此,本指令完全符合《确立欧洲经济共同体条约》第 5 条所阐明的遵守辅助性原则的要求。

7. 鉴于为了确保法律的明晰性,并确保消费者的信心,本指令必须制定一个清晰和全面的法律框架,以涵盖内部市场电子商务中相关法律的若干方面。

8. 鉴于本指令的目标在于建立一个法律框架,以确保成员国之间信息社会服务的自由流动,但对刑法领域不进行协调。

9. 鉴于在很多情况下,信息社会服务的自由流动可以反映共同体法律的更普遍的原则,即《保护人权与基本自由公约》(Convention for the Protection of Human Rights and Fundamental Freedoms)第 10 条第 1 款所明文昭示的表达自由,该公约已被所有成员国批准;因此,涉及提供信息社会服务的指令必须确保根据该条,可以获得自由表达的权利,除非该条第 2 款以及《条约》的第 46 条第 1 款施加的限制条件另有规定;本指令无意对成员国有关表达自由的基本准则与原则施加任何影响。

---

① 《欧共体公报》L298,1989 年 10 月 17 日,第 23 页。该指令被 2000 年 5 月 4 日议会修订(还未出版于欧洲议会与理事会的《第 97/36/EC 号指令》中)(《欧共体公报》L202,1997 年 7 月 30 日,第 60 页)。

10. 鉴于按照相称性(均衡性)原则,本指令中规定的措施严格限于满足实现内部市场的正常运行这一目标的最低需要;在有必要在共同体层面采取行动时,为了保证建成一个真正没有内部边界的、至少涉及电子交易的市场,本指令就必须确保对普遍利益的目标进行高水平保护,特别是确保对未成年人和其人格尊严的保护、对消费者的保护和对公共卫生的保护;根据《条约》第152 条,对公共卫生的保护也是共同体其他政策的最基本的组成部分。

11. 鉴于本指令不影响共同体法案已经确立的,尤其是对公共卫生以及消费者利益的保护;《1993 年 4 月 5 日欧盟理事会关于消费者合同中的不公平条款的第 93/13/EEC 号指令》①以及《1997 年 5 月 20 日欧洲议会与欧盟理事会关于远程合同的消费者保护的第 97/7/EC 号指令》②对合同事务领域的消费者保护起到了重要作用;这些指令也全部适用于信息社会服务;完全适用于信息社会服务的共同体层面上的指令,还包括:《1984 年 9 月 10 日欧盟理事会关于误导性广告和比较广告的第 84/450/EEC 号指令》③、《1986 年 12 月 22 日欧盟理事会关于统一成员国有关消费者信用的法律、法规与行政规章的第 87/102/EEC 号指令》④、《1993 年 5 月 10 日欧盟理事会关于证券领域的投资服务的第 93/22/EEC 号指令》⑤、《1990 年 6 月 13 日欧盟理事会关于旅游套餐、度假套餐与短途旅行套餐的第 90/314/EEC 号指令》⑥、《1998 年 2 月 16 日欧洲议会与欧盟理事会关于就消费产品向消费者进行价格提示的第 98/6/EC 号指令》⑦、《1992 年 6 月 29 日欧盟理事会关于一般产品安全的第 92/59/EEC 号指令》⑧、《1994 年 10 月 26 日欧洲议会与欧盟理事会关于在分期购买不动产使用权的合同的若干方面保护购买者利益的第 94/47/EC 号指令》⑨、

---

① 《欧共体公报》L95,1993 年 4 月 21 日,第 29 页。
② 《欧共体公报》L144,1999 年 6 月 4 日,第 19 页。
③ 《欧共体公报》L250,1984 年 9 月 19 日,第 17 页。该指令被欧洲议会及理事会《第 97/55/EC 号指令》修改(《欧共体公报》L290,1997 年 10 月 23 日,第 18 页)。
④ 《欧共体公报》第 L42 号,1987 年 2 月 12 日,第 48 页。欧洲议会及理事会《第 98/7/EC 号指令》最新修订版(《欧共体公报》L101,1998 年 4 月 1 日,第 17 页)。
⑤ 《欧共体公报》L141,1993 年 6 月 11 日,第 27 页。欧洲议会及理事会在《第 97/9/EC 号指令》中最新修订版(《欧共体公报》L84,1997 年 3 月 26 日,第 22 页)。
⑥ 《欧共体公报》L158,1990 年 6 月 23 日,第 59 页。
⑦ 《欧共体公报》L80,1998 年 3 月 18 日,第 24 页。
⑧ 《欧共体公报》L228,1992 年 8 月 11 日,第 24 页。
⑨ 《欧共体公报》L280,1994 年 10 月 29 日,第 83 页。

《1998 年 5 月 19 日欧洲议会与欧盟理事会关于保护消费者利益的禁令的第 98/27/EC 号指令》①、《1985 年 7 月 25 日欧盟理事会关于协调统一成员国有关缺陷产品责任的法律、法规与行政规章的第 85/374/EEC 号指令》②、《1999 年 5 月 25 日欧洲议会与欧盟理事会关于生活消费品买卖及相关保证的若干问题的第 1999/44/EC 号指令》③、《欧洲议会与欧盟理事会关于消费金融服务的远程销售的未来指令》以及《1992 年 3 月 31 日欧盟理事会关于医药产品广告的第 92/28/EEC 号指令》④；本指令不应当影响将《1998 年 7 月 6 日欧洲议会与欧盟理事会关于协调统一成员国有关烟草产品广告与赞助的法律、法规与行政规章的第 98/43/EC 号指令》⑤纳入内部市场或是公共卫生保护的框架中；本指令对上述指令，特别是《第 97/7/EC 号指令》中规定的信息要求进行了补充。

12. 某些活动应当被排除在本指令的适用范围之外，因为现阶段共同体条约以及现有的二级立法尚不能保障在这些领域自由地提供服务；但是，将这些活动排除在外，并不意味着排除其他可能被证明为有助于共同体市场的正常运行所必需的任何手段；税收，特别是对本指令调整范围内的大部分服务所征收的增值税，必须被排除在本指令的适用范围之外。

13. 本指令将不会确定财务义务方面的规则，也不会先行起草有关电子商务财务的共同体文件。

14. 在处理个人数据方面对个人的保护仅由适用于信息社会服务的《1995 年 10 月 24 日欧洲议会与欧盟理事会关于在处理个人数据方面个人保护与数据自由流动的第 95/46/EC 号指令》⑥以及《1997 年 12 月 15 日欧洲议会与欧盟理事会关于远程通信领域（电信部门）中的个人数据处理与隐私保护的第 97/66/EC 号指令》⑦管辖；这些指令已经在个人数据领域建立了共同体层面

---

① 《欧共体公报》L166，1998 年 6 月 11 日，第 51 页。《第 1999/44/EC 号指令》修订版（《欧共体公报》L171，1999 年 7 月 7 日，第 12 页）。

② 《欧共体公报》L210，1985 年 8 月 7 日，第 29 页。《第 1999/44/EC 号指令》修订版（《欧共体公报》L141，1999 年 6 月 4 日，第 20 页）。

③ 《欧共体公报》L171，1999 年 7 月 7 日，第 12 页。

④ 《欧共体公报》L113，1992 年 4 月 30 日，第 13 页。

⑤ 《欧共体公报》L213，1998 年 7 月 30 日，第 9 页。

⑥ 《欧共体公报》L281，1995 年 11 月 23 日，第 31 页。

⑦ 《欧共体公报》L24，1998 年 1 月 30 日，第 1 页。

的法律框架,因此本指令无须为了确保内部市场的正常运行,特别是为确保个人数据在成员国间的自由流动进行调整;本指令的实施与适用,特别是在商业性传播以及中间服务商的责任方面,应当完全遵守有关个人数据保护的原则;本指令不得阻碍以匿名方式使用开放性网络,如国际互联网等的行为。

15.《第97/66/EC号指令》第5条确保了通讯的机密性;依照该指令,成员国必须禁止除发送方或接受方以外的任何人以任何形式窃听或监听他人的通讯,除非其已获得合法授权。

16. 排除在本指令适用范围以外的带有赌博性质的活动,包括概率游戏、彩票以及打赌交易(含以有财产价值的赌注进行打赌);不包括促销性质的竞赛或游戏。只要该竞赛的目的在于促进货物或服务的销售,且获得的奖金(如有)仅仅可以用来购买被促销的货物或服务。

17. 在《1998年6月22日欧洲议会与欧盟理事会关于在技术标准及规章领域以及在信息社会服务标准领域制定有关信息提供程序的第98/34/EC号指令》①以及《1998年11月20日欧洲议会与欧盟理事会关于对基于或包含一定条件的接入服务的法律保护的第98/84/EC号指令》中,共同体法已经对信息社会服务进行了定义;此定义包括根据服务接受者的单独请求,通过电子设备远程提供的、通常为有偿的任何数据处理(包括数字压缩)及存储服务;此定义不包括那些在《第98/34/EC号指令》附件5的指示性列表中提及的、不包含数据处理及存储行为的服务。

18. 信息社会服务覆盖了大量的在线经济活动;特别是那些包含了在线销售货物行为的活动;但诸如交付货物一类的活动或离线提供服务的活动则不包括在内;信息社会服务不仅仅限于因在线缔结合同而发生的服务,还包括接受服务者无须付费的服务,例如提供在线信息通讯或商务通讯的服务,或提供搜索、获取或检索数据的工具的服务;信息社会服务也包括通过通讯网络传输信息的服务,提供接入通讯网络的服务,以及为服务接受者上传信息提供存储空间的服务;《第89/552/EEC号指令》意义上的电视播送以及电台广播不属于信息社会服务,因为它们并非根据个别请求提供。相反,点对点传输的服务,例如视频点

---

① 《欧共体公报》L204,1998年7月21日,第37页。该指令被《第98/48/EC号指令》修订(《欧共体公报》L217,1998年8月5日,第18页)。

播或通过电子邮件提供商业通讯则属于信息社会服务。自然人在其贸易、商业或职业之外,包括为了在上述自然人之间缔结合同,使用电子邮件或类似的个人通讯手段不属于信息社会服务;雇员与其雇主之间的合同关系不属于信息社会服务;本质上无法以电子形式远程进行的活动,例如对公司账目的法定审计或需要对病人进行身体检查而进行的医疗诊断不属于信息社会服务。

19. 服务提供者的营业机构所在地的确定应当与欧洲法院的判例法保持一致;根据这些判例,设立机构的概念包括在某段时间内在固定的营业机构实际从事经济活动;如果设立的公司只在一段特定的期间内从事经济活动,也要满足上述要求。通过互联网网站提供服务的公司的营业机构所在地不是为网站提供技术支持的地点,也不是访问其网站的地点,而是其进行经济活动的地点。如果服务提供者有多处营业机构所在地,那么确定所涉及服务是在哪一个营业机构所在地提供的是非常重要的。如果很难确定某一特定服务是在哪一个营业机构所在地提供的,则以该服务提供者从事与该特定服务有关的核心活动的地点作为提供该服务的营业机构所在地。

20. “服务接受者”的定义包含了对所有种类的信息社会服务的使用,既可以是在开放性网络(例如国际互联网)上提供信息的人,也可以是为个人或职业目的在国际互联网上寻找信息的人。

21. 已协调领域所包含的范围,不影响将来共同体对信息社会服务的协调以及成员国将来按照共同体法律所进行的国内立法;已协调的领域仅包括与在线服务有关的要求,例如对在线信息、在线广告、在线购物以及在线缔结合同的要求,但不涉及成员国法律对货物的要求,如安全标准、标示义务、产品责任,或成员国有关货物交付或运输(包括医药产品的销售)的要求;已协调领域不包括公共机构就如艺术作品等特定货物行使优先购买权的情形。

22. 为确保对公共利益目标的有效保护,应当从活动的源头对信息社会服务进行监管;为实现此目标,有必要确保主管机构不是仅仅为本国的公民提供保护,而是为全共同体的公民提供保护;为增进成员国之间的相互信任,在本指令中明确作为服务来源地的成员国有此义务是非常关键的;此外,为有效地保障自由地提供服务,以及为服务提供者与服务接受者提供法律上的明晰性,这种信息社会服务原则上应当遵守服务提供者的营业机构所在成员国的法律。

23. 本指令不打算在法律存在矛盾的领域确立额外的国际私法准则,也不打算涉及法院的司法管辖权;根据国际私法准则确定的可适用的法律不得限制本指令确立的提供信息社会服务的自由。

24. 在本指令中,尽管有从信息社会服务的来源地实施控制的规则,但是,在符合本指令规定的条件的情况下,成员国可以采取措施限制信息社会服务的自由流动。

25. 在符合本指令规定条件的情况下,处理私法纠纷的国内法院,包括民事法院,可以采取措施限制提供信息社会服务的自由。

26. 在符合本指令规定条件的情况下,成员国可以适用其国内法中的刑法和刑事诉讼法,并采取一切为侦查及指控刑事犯罪所必需的调查或其他措施,而无须将上述措施通知欧盟委员会。

27. 本指令与《欧洲议会与欧盟理事会关于消费者金融服务的远程销售的未来指令》一同促成了在线提供金融服务的法律框架的建立;但本指令不在金融服务领域,特别是在协调本领域的行为规则方面先行行使未来动议权;本指令规定,在特定的情况下,为保护消费者,成员国可以限制提供信息社会服务的自由,这也包括在金融服务领域采取的措施,特别是为了保护投资者而采取的措施。

28. 成员国负有不得规定只有事先获得授权,方可访问或接入信息社会服务提供者所提供的活动的义务,但该义务不涉及《1997 年 12 月 15 日欧洲议会与欧盟理事会关于发展共同体邮政服务的内部市场以及提高服务质量的共同规定的第 97/67/EC 号指令》①所规定的邮政服务,该服务包括实际投递打印出的电子邮件信息,且并不影响非官方的认证鉴定系统,特别是就电子签名认证服务的提供者而言。

29. 商业通讯在为信息社会服务提供经费以及发展多种的新型、免费的服务方面非常重要;为促进消费者保护与公平贸易,商务通讯,包括折扣、促销优惠以及促销竞赛或游戏必须符合一定的透明性要求;这些要求无损于《第 97/7/EC 号指令》;本指令不应当影响现行的适用于商业通讯的指令,特别是《第 98/43/EC 号指令》。

---

① 《欧共体公报》L15,1998 年 1 月 21 日,第 14 页。

30. 通过电子邮件单方面发送的商业通讯可能不受消费者及信息社会服务提供者的欢迎,并可能破坏交互式网络的平稳运行;本指令未涉及未经请求以特定形式进行接收的商业通讯的接受者的同意问题,但是其他指令中对此问题已有涉及,特别是《第 97/7/EC 号指令》与《第 97/66/EC 号指令》;对允许通过电子邮件发送未经接受者要求的商业通讯的成员国而言,应当鼓励和创造条件让适当的产业过滤机制得以建立;此外还有必要确定在任何情况下未经接受者要求的商业通讯都是可清楚识别的,以增进上述产业机制的透明度,以方便其运作;通过电子邮件发送未经接受者要求的商业通讯不应当造成接受者额外支出通讯费用。

31. 允许在其领土内设立营业机构的服务提供者在无须接受者事先同意的情况下,通过电子邮件单方面发送商业通讯的成员国,必须确保服务提供者经常征询并尊重拒收登记机构的意见,不愿意接受此类商业通讯的自然人可以在该拒收登记系统中登记。

32. 为从事指定职业的人,清除在共同体内指定职业人员在国际互联网上提供跨境服务时可能遇到的障碍,有必要在共同体层面上确保职业准则得到遵守,特别是旨在保护消费者或公共卫生的职业准则得到遵守;共同体层面的行为准则将成为确定适用于商业通讯的职业道德准则的最佳方式;应当鼓励制定此种规则,对此类规则的适当修改,应当无损于职业团体或组织的自治性。

33. 本指令对有关指定职业的共同体法律与国内法律进行了补充,在该领域保持了一套连贯的、可供适用的规则。

34. 每个成员国都将修改其立法中包含的要求,特别是关于形式的要求,这些要求很可能限制电子方式缔结的合同的效用;对需要修订的法律所进行的审查应当具有系统性,并应涵盖缔结合同过程中所有的步骤与行为,包括合同备案;此次修订的结果应当是通过电子方式缔结的合同可有效地被使用;电子签名的法律效力受《1999 年 12 月 13 日欧洲议会与欧盟理事会关于电子签名的共同体框架的第 1999/93/EC 号指令》①的管辖;服务提供者对收款的确认可采取在线服务付费的形式。

---

① 《欧共体公报》L13,2000 年 1 月 19 日,第 12 页。

35. 本指令不影响成员国保留或建立通过电子手段履行的合同的普遍性或特殊性法律要求,特别是有关安全电子签名的要求。

36. 对于依法需要法院、公共机构或者行使公共权力的专业人员参与的合同,成员国可保留其对此类电子合同效用的限制;此种可能性也包括需要法院、公共机构或者行使公共权力的专业人员介入以对第三方产生效力的合同以及依法需要法律证明或者公证员认证的合同。

37. 成员国消除使用电子合同的障碍的义务,仅仅限于那些因法律规定而产生的障碍,而不包括在特定情况下因无法使用电子手段而导致的实践上的障碍。

38. 成员国履行消除使用电子合同的障碍的义务,应当符合欧共体法中关于合同的法律规定。

39. 就提供的信息以及发出定单的行为而言,本指令对有关完全以电子邮件方式或等效的个人通讯方式缔结的合同的条款所作的例外规定,不应使得信息社会服务的提供者产生规避这些条款的结果。

40. 成员国立法和判例法在应对服务提供者的责任问题上,应扮演中间人的角色。现存的以及新出现的不协调和不一致阻碍了内部市场的正常运行,特别是有损于跨境服务的发展,并且导致竞争扭曲(不正当竞争);在一定情况下,服务提供者有义务采取行动防止或制止非法行为;本指令应当为建立和发展快速、可靠的程序构建适当的机制,以移除和阻止对非法信息的访问;这一机制应当在有关各方自愿签订协议的基础上发展,且成员国应当鼓励此种机制的建立;采取并实施此种程序对于信息社会服务相关的当事各方而言都是有益的。本指令中有关责任的条款不应妨碍不同利害关系方在指令《95/46/EC 和 97/66/EC》所规定的权限内,对保护和认证技术系统以及通过数字技术实现的技术监控措施成为可能。

41. 本指令达到了所涉及的各个不同利益方之间的平衡,并确立了可以作为产业协议及标准的基础的原则。

42. 本指令规定的免责条款仅适用于当信息社会服务提供者的活动仅限于在第三方所提供的信息通过某一通讯网络进行传输或者暂时存储时,运营该网络或提供该网络接入服务的技术过程,其目的只是纯粹为了使该传输更有效率；此类活动是纯技术性的、自动的和被动的，这表明信息社会提供者既不知道也无法控制传输或存储的信息内容。

43. 如服务提供者与所传输的信息完全没有关系，则他可从"纯粹传输服务"及"缓存"这两种免责情况中获益；除满足其他要求外，服务提供者还不得修改他所传输的信息；这一要求不包括在传输过程中进行的技术性处理，因为这些处理并不改变所传输信息的完整性。

44. 如果服务提供者故意与接受其服务的用户合作以实施超越"纯粹传输服务"或"缓存"活动的非法行为，则其不得以"纯粹传输服务"或"缓存"为由免责。

45. 本指令关于中间服务提供者责任的限制条款，不得影响各类禁令的实施；此种禁令尤其包括法院或行政当局发布的要求终止或预防任何侵权行为的命令，包括删除非法信息或禁止使用非法信息的命令。

46. 为从有限责任的条款中获益，信息社会服务提供者，包括信息存储服务，在被通知或知晓非法活动时，必须迅速删除所涉及的信息或阻止他人访问该信息；采取删除信息或阻止他人访问该信息的行为时，应当遵守言论自由的原则，并应当遵循各国为此目的制定的有关程序；本指令不影响成员国规定在删除信息或阻止他人访问该信息前必须迅速履行的特别要求。

47. 成员国不应当对服务提供者强加监督义务，应规定一般性义务。但是此规定不涉及特殊情况下的监督义务，特别是，不得影响各成员国官方根据国内立法发布的命令。

48. 本指令不影响成员国为发现和阻止一定类型的非法活动，要求为用户提供存储服务的服务提供者承担注意责任和义务，且该注意义务对服务提供者而言是合理的，并有相应的国内立法保障。

49. 成员国与委员会应当鼓励起草行为准则；这既不损害此类准则的自愿性质，也不损害利益当事人自由选择是否遵守这些准则。

50. 保证拟议定的《关于协调信息社会中版权和邻接权的若干方面的指令》及本指令在相近的时间段内生效是非常重要的，其目的是在共同体层面上建立一个有关中间服务商在版权和邻接权侵权中的责任问题的清晰的法律框架。

51. 在必要时，应要求各会员国修改任何可能妨碍通过电子渠道庭外解决纠纷机制的实施的立法；立法修改的目的应当是使上述机制在法律上和实践中能有真正地、有效地运作,也包括在跨境服务中的适用。

52. 对内部市场中的各项自由权利的有效行使,必须确保利益受损者能有效地利用争端解决机制;信息社会服务可能带来的损害具有迅速性和地域广泛性的特征;考虑到上述特殊性,以及为了确保各国当局不危及相互间应有的信任,本指令要求成员国确保当事人可获得适当的法院诉讼服务;成员国应当审查是否需要通过适当的电子手段提供司法救济。

53. 适用于信息社会服务的《第 98/27/EC 号指令》提供了旨在保护消费者的集体权益的强制令诉讼机制;上述机制确保高水平的消费者保护,这将有助于信息社会服务的自由流动。

54. 本指令所规定的处罚条款不得影响成员国国内法中规定的任何其他处罚或救济;对于侵犯依据本指令制定的国内法的行为,成员国没有义务规定给予刑事处罚。

55. 本指令不影响适用于合同中消费者的义务的法律;相应地,本指令不得剥夺消费者根据其惯常居所所在的成员国法律中有关合同义务的强制性规定而享有的保护。

56. 就本指令中有关消费者签订的合同中的合同义务的例外规定,应当解释为包含构成合同内容基本要素的信息(包括消费者的权利),这对确定是否签订合同具有决定性的影响。

57. 欧洲法院始终认为,对于在另一成员国设立营业机构,但其全部或者绝大部分经营活动是在其(第一个)成员国境内的服务提供者,如果其在另一成员国成立营业机构的目的在于规避将营业机构设在第一个成员国境内可能要适用的第一个成员国的法律,成员国保留对其采取措施的权利。

58. 本指令不适用营业机构设在第三国的服务提供者提供的服务;考虑到电子商务的全球性,仍有必要保证共同体的规则与国际规则相一致;本指令无损于其他国际组织,例如世界贸易组织(WTO)、经济合作与发展组织(OECD)以及联合国国际贸易法委员会(UNCITRAL)就法律问题进行讨论而得出的结果。

59. 尽管电子通讯具有全球性,但是,为了避免内部市场的分裂以及建立一个适当的欧洲规则的框架,在欧盟层面上对各成员国的规章措施进行协调是十分必要的;上述协调还应当有助于欧盟共同体在国际论坛中建立一个共同的、强有力的谈判地位。

60. 为实现电子商务不受阻碍地发展,该法律框架应当既简单又清晰、具有可预测性、与国际规则相一致,只有如此,才不会削减欧洲工业的竞争力,或阻碍该领域中的创新。

61. 如果在全球化的环境下,市场确实通过电子方式运作,那么欧盟与其他主要的非欧盟地区则有必要互相协商,以使各国的法律与程序相一致。

62. 应当加强在电子商务领域里与第三国的合作,特别是加强与申请加入欧盟的国家、发展中国家以及欧盟的其他贸易伙伴的合作。

63. 采纳本指令不会妨碍成员国考虑信息社会的来临所必然带来的多种多样的社会意义及文化意义;尤其不得阻碍成员国在考虑到自身的语言多样性、民族及地区特征以及文化传统的情况下,为实现社会目标、文化目标与民主目标,并保证和维持公众能获得尽可能最大范围的信息社会服务,而可能采取的符合共同体法律的措施;无论如何,信息社会的发展应当保证共同体公民能够获得在数字环境下提供的欧洲文化遗产。

64. 电子通讯为成员国在文化、教育和语言领域的公共服务提供了绝佳的手段。

65. 在其《1999 年 1 月 19 日关于信息社会的消费者方面的决议》中,欧盟理事会强调应当特别关注在该领域对消费者的保护;欧盟委员会将考察现有的消费者保护规则在信息社会领域所提供的保护是否充分,并将在必要时确定该立法的缺陷以及需要采取的额外措施;如有必要,委员会应当提出特别建议,以解决在该立法中已指明的缺陷。

现通过以下决议:

第一章　一般性条款

第1条　目标和范围

1. 本指令试图通过确保成员国之间信息社会服务的自由流动,来促成内部市场的正常运行。

2. 在实现本条第 1 款所设定的目标所需的范围内,本指令协调和统一成员国有关信息社会服务的国内法规,包括内部市场、服务提供者的创建、商业通讯、电子合同、中间服务提供者的责任、行为准则、庭外纠纷解决机制、法院诉讼以及成员国之间的合作方面的相关规定。

3. 本指令补充了现有的适用于信息社会服务的共同体法律且不限制提供信息社会服务的自由,但不损害共同体法律以及根据共同体法律制定的国内立法已确立的、特别是在公共卫生和消费者利益领域方面的保护水平。

4. 本指令既不增添额外的国际私法方面的规定,也不涉及司法管辖问题。

5. 本指令不适用于:

(a) 税收领域;

(b) 与《第 95/46/EC 号指令》以及《第 97/66/EC 号指令》所涉及的信息社会服务相关的问题;

(c) 与卡尔特法(cartel law)所调整的协议及实践相关的问题;

(d) 如下信息社会服务活动:

—— 公证活动或者其他类似与公共权利的行使有着直接和特定关系的职业人所从事的活动;

—— 在法院代表委托人并为其利益进行辩护;

—— 涉及金钱的、带有投机性的赌博游戏,包括彩票与下赌注的交易。

6. 共同体或成员国在共同体法律的基础上为了促进文化及语言的多样性以及保护多元化而采取的措施不受本指令的影响。

第 2 条 定　义

在本指令中,下列术语应当具有如下含义:

(a) "信息社会服务":指经《第 98/48/EC 号指令》修订的《第 98/34/EC 号指令》第 1 条第 2 款意义下的服务;

(b) "服务提供者":指提供信息社会服务的自然人或法人;

(c) "(常设)已建立的服务提供者":指在不确定的时间内通过固定的营业机构从事实质经济活动的服务提供者。拥有或者使用提供服务所必需的技术手段和技术,其本身并不构成服务提供者的建立;

(d)"服务接受者"：指为了专业或其他目的，特别是为了获得信息或使信息可为他人所获得而使用信息社会服务的自然人或法人；

(e)"消费者"：指不是为了其所从事的贸易、商业或专业目的而行动的自然人；

(f)"商业通讯"：指被设计成直接或间接地推销从事商业、工业、手工业活动或者进行指定的职业行为的公司、组织或个人的商品、服务或形象的任何形式的通讯。以下内容本身不构成商业通讯：

—— 使他人得以直接接触公司、组织或个人的活动的信息，尤其是域名或电子邮件地址，

—— 独立编排的与公司、组织或个人的商品、服务或形象有关的通讯，尤其在不涉及经济因素的情况下；

(g)"指定职业"：指《1988 年 12 月 21 日欧盟理事会关于承认经三年以上职业教育与培训后颁发的高等教育文凭的一般制度的第 89/48/EEC 号指令》①第 1 条第(d)项中所规定的职业，或者《1992 年 6 月 18 日欧盟理事会关于补充第 80/48/EEC 号指令的有关承认职业教育与培训的第二套一般性制度的第 92/51/EEC 号指令》②第 1 条第(f)项中所规定的职业；

(h)"已协调的领域"：指成员国法律体系中适用于信息社会服务提供者以及信息社会服务的规定，且无论这些规定是普遍性的还是专门性的：

(i) 已协调的领域涉及以下服务提供者必须遵循的规定：

—— 信息社会服务活动的开始，例如关于资格、授权或通知的规定；

—— 信息社会服务活动的实施，例如有关服务提供者的行为的规定，有关服务的质量与内容包括适用于广告和合同的规定，以及有关服务提供者的责任的规定。

(ii) 已协调的领域不包括下列规定：

—— 适用于商品本身的规定；

—— 适用于商品交付的规定；

---

① 《欧共体公报》L19,1989 年 1 月 24 日,第 16 页。

② 《欧共体公报》L209,1992 年 7 月 24 日,第 25 页。该指令被委员会《第 97/38/EC 号指令》修订（《欧共体公报》L184,1997 年 7 月 12 日,第 31 页）。

—— 适用于非以电子手段提供的服务的规定。

第3条 内 部 市 场

1. 各成员国都应当确保在其领土内建立营业机构的信息社会服务提供者所提供的信息社会服务,符合该国在已协调领域所制定的法律法规。

2. 成员国不得以信息社会服务属于已协调领域为由,限制从另一成员国向本国提供信息社会服务的自由。

3. 本条第1款和第2款的规定不适用于附件中所提及的领域。

4. 如果满足以下条件,对特定的信息社会服务,成员国可采取不同于本条第2款规定的措施:

(a) 这些措施应当:

(i) 因下列原因之一而成为必要:

—— 公共政策,特别是预防、调查、侦查以及检控刑事犯罪,包括对未成年人的保护,还包括打击煽动基于种族、性别、宗教或国籍仇恨的行为,以及保护个人人格尊严不受侵害;

—— 公共卫生保护;

—— 公共安全,包括维护国家安全与国防;

—— 保护消费者,包括投资者。

(ii) 针对特定的损害或者存在极大的风险可能损害第(i)点所指目标的信息社会服务而采取的。

(iii) 与上述目标相称。

(b) 在采取有关措施之前,并且在不影响法院诉讼包括预审以及在刑事调查过程中采取行动的前提下,该成员国已经:

—— 要求本条第1款提及的成员国采取措施,而后者没有采取上述措施或者采取的措施不适当;

—— 将准备采取此类措施的意向通知欧盟委员会以及本条第1款提及的成员国。

5. 在紧急情况下,成员国可以不遵循本条第4款第(b)项所规定的条件。在这种情况下,应当在尽可能短的时间内将采取的措施通知欧盟委员会以及本条第1款提及的成员国,并说明该成员国认为有紧急情况的原因。

6. 在无损于成员国继续进行有关措施的可能性的前提下,欧盟委员会应当在尽可能短的时间内根据共同体法律审查所通知的措施是否适当;若委员会认为该措施不符合共同体法律,则应当要求成员国不实施拟采取的措施,或者立即终止有关措施。

第二章　原　　则

第一节　设立机构与信息要求

第4条　无须事先授权的原则

1. 成员国应当确保任何人无须经过事先授权,或者履行其他具有类似的要求,即可开始从事和进行信息社会服务提供活动。

2. 本条第1款的规定,不影响那些不是特别或专门针对信息社会服务的许可授权制度,或者是属于《1997 年 4 月 10 日欧洲议会及欧盟理事会关于电信服务领域的总授权和单独许可的共同框架的第 97/13/EC 号指令》①中规定的许可制度。

第5条　需要提供的一般信息

1. 除共同体法律规定的其他信息要求外,成员国应当确保服务提供者以简单、直接和永久的方式,向服务的接受者以及主管机构提供至少以下信息:

（a）服务提供者的名称;

（b）服务提供者设立营业机构的地址;

（c）服务提供者的详细资料,包括其电子邮件地址,以使他人能够以直接有效的方式迅速与其取得联系;

（d）在服务提供者进行了商业登记或者其他类似的公共登记的情况下,为服务提供者进行登记的商业登记机构和其登记号,或者在该登记中具有同

---

① 《欧共体公报》L117,1997 年 5 月 7 日,第 15 页。

等效力的其他识别方式；

（e）在该活动受某许可制度约束的情况下，相关监督机构的详细情况；

（f）就指定职业而言：

——服务提供者所登记的任何专业团体或者类似的机构，

——职称以及授予职称的成员国，

——营业机构设立地所处成员国所适用的职业规则的相关信息以及获得这些规则的途径；

（g）如果服务提供者从事的活动需要缴纳增值税的话，需要提供《1977年5月17日欧盟理事会第六号关于协调成员国有关营业税的法律——有关增值税的共同制度：评估的统一标准的第77/388/EEC号指令》①第22条第1款所规定的识别号码。

2. 除共同体法律规定的有关信息要求外，成员国至少应当确保，当涉及信息社会服务的定价问题时，必须清楚明确地表明价格，特别是该价格是否含税收及送货费用。

第二节　商　业　通　讯

第6条　需要提供的信息

除共同体法律规定的其他信息要求外，成员国应当确保属于信息社会服务的一部分，或构成信息社会服务的商业通讯至少符合如下条件：

（a）该商业通讯应当可以被清楚地识别；

（b）代表某一自然人或法人进行商业通讯时，该自然人或法人的身份应当可以被清楚地识别；

（c）服务提供者的营业机构设立地所在成员国所允许的促销活动，例如折扣、奖金与馈赠，应当可以被清楚地识别，而且参与活动的条件应当容易被满足，应当明确和清晰地标明条件；

（d）服务提供者的营业机构设立地所在成员国所允许的促销性竞赛或者

---

① 《欧共体公报》L145,1977年6月13日,第1页。该指令被《第1999/85/EC号指令》修订（《欧共体公报》L277,1999年10月28日,第34页）。

游戏应当可以被清楚地识别，而且参与活动的条件应当容易被满足，应当明确和清晰地标明条件。

第 7 条　未经请求的商业通讯

1. 除共同体法律规定的其他要求外，允许通过单方面发送电子邮件进行商业通讯的成员国，应当确保在该领土设立营业机构的信息提供者单方面发送的此类商业通讯，可以及时地被接收者明确、清晰地识别。

2. 在不损害《第 97/7/EC 号指令》及《第 97/66/EC 号指令》的规定的前提下，成员国应当采取措施确保通过电子邮件来进行未经要求的商务通讯的服务提供者，征询收到这种商务通讯的自然人的意见，并确保不希望收到此类商务通讯的自然人可以在退出登记系统中进行登记。

第 8 条　指 定 职 业

1. 成员国应当确保，在符合职业规范，特别是符合有关职业独立性、尊严和荣誉、职业秘密以及对客户以及其他从业人员的公平性的职业规范的条件下，允许对由指定职业从业人员所提供的构成某种信息社会服务的商业通讯的使用。

2. 在无损于职业团体或协会的自治性的前提下，各成员国及欧盟委员会应当鼓励职业团体或协会依据本条第 1 款的规定制定共同体层面的行为准则，以确定可被用于商业通讯的信息种类。

3. 就本条第 2 款提及的信息而言，在起草有可能成为保证共同体内部市场的正常运行之必要的共同体立法建议的时候，委员会应当对适用于整个共同体的行为准则给予重视，并与相关的职业协会或团体紧密合作。

4. 除了关于指定职业的准入、执业的共同体指令外，指定职业的活动也应当适用本指令。

第三节　通过电子手段缔结的合同

第 9 条　合 同 的 地 位

1. 成员国应当确保其国内法律允许通过电子手段缔结合同。成员国特别应当保证其关于合同缔结过程的法律规定不得构成使用电子合同的障碍,也不得使合同因通过电子手段缔结而无效。

2. 成员国可以规定,完全或者部分符合下列类型的合同不适用第 1 款的规定:

(a) 有关建立或者转移不动产权利(出租权除外)的合同;

(b) 法律规定需要由法院、公共机构或者行使公共权力的职业人员介入的合同;

(c) 由基于其贸易、商业或者职业之外的目的提供的抵押担保合同;

(d) 受家庭法和继承法调整的合同。

3. 成员国应向委员会指明第 2 款所涉及的而不适用第 1 款规定的合同类别。成员国应当每五年向委员会提交一次有关本条第 2 款的适用情况的报告,并说明其认为有必要保留第 2 款第(b)项所规定的类别,而不适用第 1 款的原因。

第 10 条　需要提供的信息

1. 除共同体法律规定的其他信息要求外,除非不是消费者的当事人之间另有约定,否则成员国应当确保,在服务接受者发出定单之前,服务提供者应当清晰、全面和明确地向消费者提供至少如下信息:

(a) 缔结合同需要遵循的各种技术步骤;

(b) 服务提供者是否会备案所缔结的合同,以及相关信息是否可以被获得;

(c) 在发出定单之前可用于确认和更正输入错误的技术手段;

(d) 缔结合同所使用的语言。

2. 除非本身不是消费者的当事人之间另有约定,否则成员国应当确保,服务提供者应当告知其遵守的行为准则以及如何通过电子途径查阅这些准则。

3. 提供的合同条款应当以使服务接受者在一般条件下能够存储或复制的方式作出。

4. 本条第 1 款和第 2 款不适用于纯粹通过电子邮件往来或者具有同等效果的个人通讯手段缔结的合同。

第11条　发　出　定　单

1. 除非本身不是消费者的当事人之间另有约定,否则成员国应当确保,服务接受者在通过技术手段发出定单时,需要遵循如下原则:

—— 服务提供者应当通过电子手段并及时确认收到服务接受者发出的定单。

—— 只要定单或回执的收信人能够获得定单或回执,该定单或回执即被视为收到。

2. 除非本身不是消费者的当事人之间另有约定,否则成员国应当确保,在服务接受者发出定单之前,服务提供者已经为服务接受者提供了合适、有效以及可以获得的技术手段来识别或更正输入错误。

3. 本条第1款第一段以及第2款不适用于纯粹通过电子邮件往来或者类似的个人通讯手段缔结的合同。

第四节　中间服务提供者的责任

第12条　"纯粹传输服务"

1. 若所提供的信息社会服务包括在通讯网络中传输由服务接受者提供的信息,或者为通讯网络提供接入服务,成员国应当确保服务提供者不对所传输的信息承担责任,条件是服务提供者:

(a) 不是首先进行传输的一方;

(b) 对传输的接受者不作选择;以及

(c) 对传输的信息不作选择或更改。

2. 本条第1款所指的传输以及提供接入的行为包括对所传输信息的自动、中间性和短暂的存储,其前提是此种行为仅仅是为了在通讯网络中传输信息,而且信息的存储时间不得超过进行传输所必需的合理时间。

3. 本条不应当影响法院或行政机关根据成员国的法律制度,要求服务提供者终止或者预防侵权行为的可能性。

第13条　缓　　存

1. 若所提供的信息社会服务包括在通讯网络中传输由服务接受者提供的

信息,只要信息的存储是为了使根据其他服务接受者的要求而上传的信息能够被更加有效地传输,成员国应当确保服务提供者不因对信息的自动、中间性和暂时的存储而承担责任,条件是:

(a) 提供者没有更改信息;

(b) 提供者遵守了获得信息的条件;

(c) 提供者遵守了更新信息的规则,该规则以一种被产业界广泛认可和使用的方式确定;

(d) 提供者不干预为获得有关信息使用的数据而对得到产业界广泛认可和使用的技术的合法使用;以及

(e) 提供者在得知处于原始传输来源的信息已在网络上被移除,或者获得该信息的途径已被阻止,或者法院或行政机关已下令进行上述移除或阻止获得的行为的事实后,迅速地移除或阻止他人获得其存储的信息。

2. 本条不应当影响法院或行政机关根据成员国的法律制度,要求服务提供者终止或者预防侵权行为的可能性。

第 14 条 存 储 服 务

1. 若提供的信息社会服务包括存储由服务接受者提供的信息,成员国应当确保服务提供者不因按照接受服务者的要求存储信息而承担责任,条件是:

(a) 提供者对违法活动或违法信息不知情,并且就损害赔偿而言,提供者对显然存在违法活动或违法信息的事实或者情况毫不知情;或者

(b) 提供者一旦获得或者知晓相关信息,就马上移除了信息或者阻止他人获得此种信息。

2. 如果服务接受者是在提供者的授权或控制之下进行活动,则本条第 1 款不适用。

3. 本条不应当影响法院或行政机关根据成员国的法律制度,要求服务提供者终止或者预防侵权行为的可能性。本条也不影响成员国制定管理移除信息或者阻止他人获得信息的规定的可能性。

第 15 条　不承担监督的一般性义务

1. 在服务提供者提供本指令第 12 条、第 13 条以及第 14 条规定的服务时,成员国不应当要求服务提供者承担监督其传输和存储的信息的一般性义务,也不应当要求服务提供者承担主动收集表明违法活动的事实或情况的一般性义务。

2. 成员国可以要求服务提供者承担向主管公共机构报告其服务接受者进行的非法行为或者提供的非法信息的义务,或者应主管当局的要求,向主管当局提供可以确定与其有存储协议的服务接受者的身份信息的义务。

第三章　实　　施

第 16 条　行　为　准　则

1. 成员国和委员会应当鼓励:

(a) 为使本指令第 5 条至第 15 条的规定得到恰当的实施,由贸易、职业、消费者协会或组织起草适用于整个共同体的行为准则;

(b) 将成员国或共同体层面上的行为准则自愿提交给委员会;

(c) 通过电子手段以共同体国家的语言提供这些行为准则;

(d) 贸易、职业或消费者协会或组织向成员国和委员会传达他们对其行为准则的适用情况,以及这些行为准则对与电子商务有关的实践、习惯和惯例影响的评估;

(e) 起草有关保护未成年人和人格尊严的行为准则。

2. 成员国与委员会应当鼓励代表消费者的协会或组织参与起草和实施根据本条第 1 款第(a)项制定的影响其利益的行为准则。在适当情况下,考虑到有视力障碍或失明人群的特殊需求,应当征求代表他们的组织的意见。

第 17 条　庭外争端解决机制

1. 成员国应当确保,如果信息社会服务提供者与服务接受者出现意见分歧,其立法不应当阻碍对国内法所提供的庭外争端解决机制的使用,包括采用适当的电子手段。

2. 成员国应当鼓励庭外和解,尤其是庭外解决消费者争端的机构,来为相关当事人提供充分的程序保障。

3. 成员国应当鼓励负责庭外争端解决的机构通知委员会其关于信息社会服务的任何重要决定,并传递其他任何有关电子商务的实践、习惯和惯例的信息。

第 18 条　法 庭 诉 讼

1. 成员国应当确保,国内法中有关信息社会服务活动的法庭诉讼允许迅速采取措施,包括用来终止任何被控侵权行为并防止对相关利益方的进一步损害的临时措施。

2. 对《第 98/27/EC 号指令》的附件应作如下补充:

11.《2000 年 6 月 8 日欧洲议会及欧盟委员会关于共同体内部市场的信息社会服务,尤其是电子商务的若干法律方面的第 2000/31/EC 号指令》(《电子商务指令》)(《欧共体公报》L178,2000 年 7 月 7 日,第 1 页)。

第 19 条　合　　作

1. 为有效实施本指令,成员国应当具备足够的监督和调查手段,并应当保证服务提供者为成员国提供必要的信息。

2. 成员国应当与其他成员国合作;为此目的,它们应当指派一个或者多个联络点,并将联络点的详细情况告知其他成员国和委员会。

3. 在符合本国法律规定的情况下,成员国应当根据其他成员国或委员会的要求,尽快提供他们所需要的帮助或信息,包括通过适当的电子手段。

4. 成员国应当建立至少可以通过电子方式进入的联络点,以便服务的接受者和提供者可以:

(a) 获得有关合同权利及义务的一般信息,以及关于出现纠纷时进行投

诉和获得法律救济机制的信息,包括实践中如何使用这些机制的信息;

（b）获得能提供进一步信息或实际帮助的机关、组织或团体的详细信息。

5. 成员国应当鼓励向委员会提供在本国领域内所作的有关信息社会服务纠纷和电子商务实践、使用和习惯的重要的行政或司法决定。委员会将向其他成员国传递这些决定。

第 20 条　处　　罚

对于违背依据本指令而通过的国内法律法规的行为,成员国应当确定相应处罚,并采取一切必要的手段确保处罚的实施。采取的处罚应当是有效的、相称的和有威慑力的。

第四章　最　终　条　款

第 21 条　重　新　审　查

1. 在 2003 年 7 月 17 日之前,并且在此后每隔两年,委员会应当向欧洲议会、理事会以及经济与社会委员会提交有关本指令的实施情况的报告。必要时,还可以附上有关本指令如何适应信息社会服务领域的法律、技术和经济的发展的建议,特别是关于预防犯罪、未成年人保护、消费者保护以及内部市场的正常运行等方面的建议。

2. 在审查是否有必要修改本指令时,报告应当特别分析是否有必要提出关于超级链接和定位工具服务提供者的责任问题,"通知和移除"程序以及移除内容后的责任划分等问题的提案。基于技术的发展,以及将内部市场原则适用于通过电子邮件单方面发送的商业通讯的可能性,报告也应当分析是否需要对本指令第 12 条、第 13 条规定的免责条款增加条件。

第 22 条　法律法规的转换

1. 为适用本指令,成员国应当在 2002 年 1 月 17 日之前施行所必需的法律、法规与行政规章,并通报委员会。

2. 在成员国采用本条第 1 款提及的措施时,应当在这些措施中或者措施被正式公布时援引本指令。援引的方式由成员国自行规定。

第 23 条　生　　效

本指令应当自其公布于《欧洲共同体官方公报》之日起生效。

第 24 条　适 用 对 象

本指令适用于所有成员国。

2000 年 6 月 8 日制定于卢森堡。

欧洲议会代表主席　　　　　　　　　　　　　　欧盟理事会代表主席

N. Fontaine　　　　　　　　　　　　　　　　　G. d'Oliveira Martins

附件　关于条款 3 的例外条款

根据本指令第 3 条第 3 款的规定,本指令第 3 条第 1 款和第 2 款不适用于:

—— 版权、邻接权、《第 87/54/EEC 号指令》[①]和《第 96/9/EC 号指令》[②]中所指的权利以及工业产权;

—— 机构发行电子货币,且成员国已对此采用了《第 2000/46/EC 号指令》[③]第 8 条第 1 款的例外规定;

——《第 85/611/EEC 号指令》[④]第 44 条第 2 款;

——《第 92/49/EEC 号指令》[⑤]第 30 条以及第四部分,《第 92/96/EEC

[①] 《欧共体公报》L24,1987 年 1 月 27 日,第 36 页。

[②] 《欧共体公报》L77,1996 年 3 月 27 日,第 20 页。

[③] 仍未出版于《欧共体公报》。

[④] 《欧共体公报》L375,1985 年 12 月 31 日,第 3 页。该指令被《第 95/26/EC 号指令》修订(《欧共体公报》L168,1995 年 7 月 18 日,第 7 页)。

[⑤] 《欧共体公报》L228,1992 年 8 月 11 日,第 1 页。该指令被《第 95/26/EC 号指令》修订。

号指令》①第四部分，《第 88/357/EEC 号指令》②第 7 条、第 8 条，以及《第 90/619/EEC 号指令》③第 4 条；

　　—— 合同当事人选择适用其合同的法律的自由；

　　—— 涉及消费者合同的合同义务；

　　—— 创建或转让不动产权利的合同形式的有效性，只要不动产所在地成员国的法律对这些合同有强制性的形式要求；

　　—— 对通过电子邮件单方面发送商业通讯的许可性。

---

①　《欧共体公报》L360，1992 年 12 月 9 日，第 2 页。该指令被《第 95/26/EC 号指令》修订。
②　《欧共体公报》L172，1988 年 7 月 4 日，第 1 页。该指令被《第 92/49/EC 号指令》修订。
③　《欧共体公报》L330，1990 年 11 月 29 日，第 50 页。该指令被《第 92/96/EC 号指令》修订。

关于使艺术原创作品作者受益的转售权

欧洲议会和欧盟理事会
理事会第 2001/84/EC 号指令
2001 年 9 月 27 日

欧洲议会和欧洲共同体理事会,鉴于《确立欧洲经济共同体条约》(以下简称《条约》),特别是其中第 95 条,参照欧盟委员会①的建议,鉴于欧洲经济和社会委员会②的意见,鉴于《条约》③第 251 条适用的程序,并且根据调解委员会于 2001 年 6 月 6 日批准的联合文本。

1. 鉴于在版权领域,转售权是原创图形或造型艺术作品的作者所享有的一种不可转让、不可剥夺、由连续销售该作品而创造经济利益的权利。

2. 鉴于转售权是能够使作者或者艺术家通过连续转让作品而获得报酬的一种生产性质的权利。转售权的主体是实体作品,也就是包含受版权保护作品的媒介。

3. 鉴于转售权旨在确保图形或者造型艺术作品的作者享有其原创艺术作品在经济上的成功。这能够帮助重新调整图形或造型艺术作品的作者与其他后续利用这些作品而获益的创作者们之间经济状况的平衡。

4. 鉴于转售权是版权中不可或缺的一部分,并且是作者所享有的一种基本特权。在所有欧盟成员国中赋予这种权利,满足了为创作者提供一种适当的并且标准化的保护水平的需求。

5. 鉴于根据《条约》第 151 条第 4 款,欧洲共同体在执行《条约》其他条款

---

① 《欧共体公报》C178,1996 年 6 月 21 日,第 16 页及《欧共体公报》C125,1998 年 4 月 23 日,第 8 页。
② 《欧共体公报》C75,1997 年 3 月 10 日,第 17 页。
③ 1997 年 4 月 9 日欧洲议会的意见(《欧共体公报》C132,1997 年 4 月 28 日,第 88 页),确认于 2000 年 6 月 19 日理事会的共同立场(《欧共体公报》C300,2000 年 10 月 20 日,第 1 页)及 2000 年 12 月 13 日欧洲议会的决议(《欧共体公报》C232,2001 年 8 月 17 日,第 173 页)。2001 年 7 月 3 日欧洲议会的决议和 2001 年 7 月 19 日理事会的决议。

的情况下,应对文化方面加以考虑。

6. 鉴于《伯尔尼保护文学和艺术作品公约》规定,只有作者所属国立法许可,转售权才有效。因此,这种权利是可选择的,并且符合互惠原则。转售权依据欧洲共同体法院的判例法所适用的《条约》第 12 条"非歧视原则",该原则在 1993 年 10 月 20 日在 C‑92/92、C‑326/92 菲尔·柯林斯及其他的判决联合案例①也得到了体现,当拒绝赋予其他成员国国民作者被授予的权利时,包含互惠条款的国内法律条文无法被适用。在欧共体环境中,该类条款的适用与禁止基于国籍的任何歧视的平等对待原则背道而驰。

7. 鉴于如今,新经济加速了欧洲共同体现当代艺术市场的国际化进程,在一个除欧盟国家外几乎没有国家承认转售权的监管环境中,对欧共体而言,在外部范围启动旨在将《伯尔尼公约》第 14b 条规定义务化的谈判是十分必要的。

8. 鉴于国际市场的存在、某些成员国缺乏转售权以及各成员国在认可转售权的国家体制上的差别,使得制定关于权利生效且实质性规定的过渡性条款十分必要,这将能维持欧洲市场的竞争力。

9. 鉴于目前,大多数成员国的国内立法中规定了转售权。这些现存的法律条文在以下方面呈现出一些不同,主要关于所涵盖的作品、哪些有权享有版权、适用的价格、版权支付的交易主体和它们被计算的基准。这项权利的适用与否对内部市场的竞争环境有很重要的影响,因为基于转售权的支付义务的有无是每个希望能够出售艺术品的个人必然考虑的要素。这项权利是导致欧共体内竞争扭曲和销售下降的一个因素。

10. 鉴于关于转售权的存在和欧盟成员国的适用方面的差异,对《条约》第 14 条规定的艺术品在内部市场的正常运作会产生直接的消极影响。在这种情况下,《条约》第 95 条成为了适当的法律依据。

11. 鉴于《条约》中陈述的欧共体的目标包括:在欧洲人民之间奠定更紧密联盟的基础,增进欧共体成员国之间的关系,通过共同行动消除欧洲各国之间的沟通障碍,以确保成员国的经济和社会进步。在这样的情况下,《条约》确

---

① 　[1993]ECR I‑5154.

立了国内市场,它假定消除了妨碍商品自由流通的障碍,能够自由提供服务,能够自由确立市场,同时,引进一种体制以确保不会扭曲公共市场中的竞争。成员国法律在转售权方面的统一有利于达到这些目标。

12. 鉴于 1977 年 5 月 17 日的《第六届欧盟理事会 77/388/EEC 号指令——关于成员国营业税(关于增值税的公共系统)法律的一致性指令》是统一的评估基础①,逐步地引入欧共体的征税系统,尤其适用于艺术品,但只局限于税收领域的措施并不足以保证艺术品市场的和谐运转。若做不到转售权领域的和谐一致,这一目标很难实现。

13. 鉴于应该消除现有的会扭曲单一内部市场运行的法律条文之间的差异,并且应该阻止任何该类型的新差异的出现。没有必要去消除或者防止不会影响国内市场运转的新差异。

14. 鉴于单一内部市场正常运行的一个前提是竞争环境未被扭曲。但是,不同国家在有关转售权的规定上存在的差异在某种程度上扭曲了竞争,取代了欧共体内的销售,也导致了艺术家之间因他们的作品被销售的地点不同而遭遇不平等待遇。因此所审议的问题涉及跨国界,而成员国针对这一问题的管理不能令人满意。欧共体行动的缺乏将会与《条约》中纠正扭曲的竞争和不平等待遇的要求产生冲突。

15. 鉴于在国家规定方面产生分歧的规模,因此有必要采取协调一致的措施处理成员国法律之间的、引发或维持不当竞争环境的差异。然而,并不必要将成员国法律的每条关于转售权的法规都协调一致,并且,为给国家裁决留出尽可能多的空间,将该协调限制在对国内市场的运作产生最直接影响的国内法规上便已足够。

16. 鉴于本指令完全遵守《条约》第 5 条中规定的辅助性原则和均衡性原则。

17. 鉴于根据委员会 1993 年 10 月 29 日《欧盟理事会第 93/98/EEC 号指令——协调版权和某些邻接权的保护期的指令》②,版权的保护期会在作者死

---

① 《欧共体公报》L145,1977 年 6 月 13 日,第 1 页。该指令被《第 1999/85/EC 号指令》修改(《欧共体公报》L277,1999 年 10 月 28 日,第 34 页)。

② 《欧共体公报》L290,1993 年 11 月 24 日,第 9 页。

后 70 年届满。转售权也应当规定相同的期限。因此,只有现当代艺术作品的原件在转售权的这一范围内。但是,在通过本指令时,各成员国的法律体系中并没有为了艺术家们的利益而采用转售权,为了允许成员国在它们各自的法律体系中纳入转售权,也为了这些成员国的经营者们能够逐步适应上述权利,同时保持其经济发展能力,应该允许相关成员国有一个有限的过渡期,在这个过渡期内,他们可以出于在艺术家死亡后获得权利的利益考虑而选择不适用转售权。

18. 鉴于转售权的范围应该被延伸至所有转售行为,但在个人之间直接产生影响、在个人的能力范围之内操作,且没有一个艺术品市场专业人员参与的情况除外。这一权利不应该被延伸至个人在其能力范围内给不为营利并且向公众开放的博物馆的转售行为。至于直接从作者处获得艺术品的美术馆的特别情况,应该允许成员国有从转售那些已经获得的艺术品实施转售权三年内可以被豁免的权利。艺术家的利益同样应该被予以考虑,如对转售价格不超过 10 000 欧元的转售行为的豁免给予限制。

19. 需要明确一点,本指令产生的协调一致并不适用于作家或者作曲家的原始手稿。

20. 应该制定基于已经在国家层面上获得的关于转售权的经验的有效规则。以销售价格的百分比而不是以原有价值已经增值的作品的增值价值的百分比来计算版税,这一行为是恰当的。

21. 各成员国应该对享有转售权的艺术作品的分类协调一致。

22. 不适用低于最低价格的版税,可能有助于避免相较于带给艺术家的利润而言的不成比例的高额征收费用和管理成本。然而,依照辅助性原则,成员国应该被允许建立低于欧共体门槛的国家门槛,从而确保新艺术家的利益。考虑到有关的数额较小,这一减损不太可能会对国内市场的正常运行产生重大影响。

23. 目前,不同的成员国为了适用转售权从而设定的比率差异显著。现当代艺术品国内市场的有效运行要求在最大程度上统一的固定比率。

24. 为了使原创艺术作品市场中的各种利益得到协调,因此非常有必要建立一个含有减少价格区间的系统。建立规避转售权销售风险的共同体规则至关重要。

25. 原则上,应该由销售者支付版税。成员国应当有权对基于此原则中有关支付责任方面规定克减权。

26. 应该为了门槛与比率的周期性调整而制定法规。出于这个目的,委托欧洲委员会拟定有关成员国内转售权的实际适用情况以及对欧共体内艺术市场影响的报告,根据有关这个指令的修正案制定提议也是适当的。

27. 基于辅助性原则的考虑,对有权获得版税的人必须予以明确。通过本指令中有关成员国继承法的规定而提起诉讼是不适当的。然而,那些被作者授予权利之人应该能够在作者死后从转售权上充分地获利,至少在上述规定的过渡期届满。

28. 成员国对规范转售权的行使负有责任,尤其是关于如何管理的方式。在这方面,也可以由一个版税征收协会进行管理。成员国应该保证该版税征收协会以一种透明的、高效的方式运转。成员国必须也保证为其他成员国的作者提供实际被征收和分配的数额。本指令不会损害成员国安排征收和分配的权利。

29. 转售权的享有应该仅限于欧共体成员和那些给予欧共体成员此类保护的国家的外国作者。成员国应当有权选择将转售权延伸至那些在本国具有固定住所的外国作者。

30. 应该引入监控交易事务的适当的程序,以确保实际程序能够使成员国有效地适用转售权。这也意味着作者或者其授权的代表有权从具有版税支付义务的自然人或法人中获得必要的信息。对转售权作出集体管理规定的成员国也可规定那些负责集体管理的法人应该被单独授权去获得信息。

现通过以下决议:

第一章　范　　围

第1条　转售权的受保护客体

1. 为艺术作品原作者的利益,成员国应将转售权定义为一种不可让与,甚至不能事先放弃的权利,甚至在作品首次转让之后,依靠转售获得了版税也不能放弃该权利。

2. 本指令第1款中提到的权利应该适用于所有的转售活动,该转售活动涉及卖方、买方、专业的艺术品市场中间商,例如拍卖场、艺术品美术馆和一般而言的在艺术品交易上的任何经销商。

3. 成员国应该规定本指令第1款中提到的权利不应该适用于如下转售行为:卖方在转售之前直接从作者处获得作品,且在转售之前卖方持有该作品的年限少于三年,或转售的价格不高于10 000欧元。

4. 应该由卖方支付版税。成员国应该规定,本指令本条第2款中所述的除卖方之外的自然人或法人应该独立地承担支付版税的责任,或者同卖方一起分担支付版税的责任。

第2条　与转售权有关的艺术品

1. 出于本指令的目的,"艺术品的原件"意指形象艺术品或造型艺术品,例如图片、抽象拼贴画、油画、素描、雕刻、版画、雕塑、织锦、陶器、玻璃器皿、照片,能够证明它们是被艺术家自己制作或者是艺术品原件的复制件。

2. 本指令包含的艺术品的复制件,如果该复制件是由艺术家本人或经艺术家授权后限量制作,出于本指令的目的,该艺术品的复制件也应该被视作艺术品的原件。但是,这些复制件通常会被编号、被标记,或者被艺术家另外适当地授权。

第二章　特　殊　规　定

第3条　最低销售价格

1. 成员国应该为本指令第1条中所述的享有转售权的销售设定一个最低销售价格。

2. 在任何情况下,这一最低销售价格都不低于3 000欧元。

第4条　税　　率

1. 第1条规定的版税应该遵照以下税率设定:

(a) 销售额多达 50 000 欧元时,为 4％的税率;

(b) 销售额在 50 000.01 欧元至 200 000 欧元时,为 3％的税率;

(c) 销售额在 200 000.01 欧元至 350 000 欧元时,为 1％的税率;

(d) 销售额在 350 000.01 欧元至 500 000 欧元时,为 0.5％的税率;

(e) 销售额高于 500 000 欧元时,为 0.25％的税率。

然而,版税的总额不应该高于 12 500 欧元。

2. 根据本条第 1 款中的减损方式,成员国能从本条第 1 款第(a)项中提到的销售额的比率中适用 5％的税率。

3. 如果最低销售价格的设定低于 3 000 欧元,那么成员国也应当可以决定适用销售价格高达 3 000 欧元的税率;这样的税率不可以低于 4％。

第 5 条　计　算　基　准

第 3 条和第 4 条规定的销售价格为税后净额。

第 6 条　有权获得版税之人

1. 应该向作品作者支付第 1 条中的版税;如果作者已经去世,那么应根据第 8 条第 2 款的规定向作者授权之人支付版税。

2. 成员国应该为第 1 条中的版税规定一种强制性的或可选择性的集体管理。

第 7 条　有权获得版税的第三国公民

1. 成员国应该规定,根据第 8 条第 2 款,如果作者是第三国公民,那么该作者和他/她的权利继承人根据本指令和相关成员国的法律享有转售权。仅当该作者或其权利继承人所在的第三国的法律对来自成员国的作者及其权利继承人同样提供转售权保护。

2. 根据成员国提供的信息,欧盟委员会应该尽快出版一份满足上述第 1 款规定条件的第三国的指示性列表。这些列表中的信息应及时更新。

3. 在转售权保护方面,任何成员国都应该以对待其本国公民同样的方式对待惯常居住于成员国的非成员国公民的作者。

第8条　转售权的保护期

1. 转售权的保护期应该按照《欧盟理事会第 93/98/EEC 号指令——协调版权和某些邻接权的保护期的指令》第 1 条的规定执行。

2. 根据第 1 款中克减权的规定,不应该要求不适用转售权的成员国(生效的时间见第 13 条),在 2010 年 1 月 1 日前,为了在作者死亡后获得授权的那些人的利益而适用转售权。

3. 如果上述第 2 款适用的成员国必须确保在该成员国的经济经营者逐渐适应转售权体系并且同时维持他们的经济利益,那么,在该成员国被要求为了在作者死亡后获得授权的那些人的利益而适用转售权之前可以有多达两年的缓冲期。在上述第 2 款规定的期限结束之前至少 12 个月,相关成员国应该通知欧盟委员会给出理由,欧盟委员会在收到上述通知之后的三个月内,在经过充分磋商之后可以给出意见。如果成员国并没有听取委员会的意见,该成员国应该在一个月内通知欧盟委员会并且修改决议。成员国的通知文本和修改文本以及委员会的意见均应在欧盟官方公报上发表并一同提交给欧洲议会。

4. 在第 8 条第 2 款和第 3 款规定的期间内,在国际层面上延伸适用转售权的国际谈判取得成功后,欧盟委员会应该提交适当的提议。

第9条　获得信息的权利

成员国应该规定,在转售之后的三年之内,由第 6 条授权的某人应该从第 1 条第 2 款中所提到的各专业的艺术品市场上完成相关信息,以便获得就该转售而所得的版税支付。

第三章　最终条款

第10条　生效时间

本指令适用于第 2 条中定义的所有原创艺术作品,仅当该原创艺术作品在 2006 年 1 月 1 日仍然受到成员国法律的版权保护或者在该日期符合本指令所规定的保护标准。

第 11 条 修 正 条 款

1. 在 2009 年 1 月 1 日之前,并且在此后每隔四年,委员会应该向欧洲议会、欧洲理事会、欧洲经济和社会委员会递交一份有关本指令的实施和效果的报告,应对共同体现当代艺术品的市场竞争给予特别关注,尤其是共同体就不适用转售权的相关市场所持的立场和成员国内艺术创造力和管理程序的形成。应该审视对内部市场的影响以及向那些在本指令生效前国内法律并没有规定转售权的成员国引入转售权的实施效果。委员会应当适时提交一些建议书,如考虑到部门间的变化适用最低价格和版税率的建议书,与第 4 条第 1 款规定的最大数额相关的建议书,以及其他有助于增强本指令效力的建议书。

2. 据此建立一个通讯委员会。该通讯委员会由成员国内的有能力的专家代表们组成。应该由欧洲委员会的一个代表担任通讯委员会主席,此代表应该既能以主席身份提出倡议,也能实现成员国的委托。

3. 委员会的任务如下所述:

组织磋商指令的适用方面的所有问题;

促进委员会和成员国之间在有关欧共体的艺术品市场的重大发展问题上的信息的交换。

第 12 条 实 施

1. 成员国应该在 2006 年 1 月 1 日之前使遵守本指令所必要的法律、规定与管理条例生效。由此,成员国应该立即通知欧洲委员会。

当成员国采取了这些措施,它们应该包含对这一指令的参考,或者应该将上述参考随同发表在它们的官方出版物中。应该由成员国制定制作这一参考物的方法。

2. 成员国应该与欧洲委员会交流涉及本指令所涵盖领域的各成员国的本国法律规定。

第13条　生　　效

本指令在《欧洲共同体官方公报》上印刷出版的当日生效。

第14条　适　用　范　围

本指令适用于所有成员国。

于 2001 年 9 月 27 日制订于布鲁塞尔。

欧洲议会主席   欧洲委员会主席

N. Fontaine   C. Picqué

关于协调信息社会中版权和邻接权

欧洲议会和欧盟理事会
理事会第 2001/29/EC 号指令
2001 年 5 月 22 日

欧洲议会以及欧盟理事会,鉴于《确立欧洲经济共同体条约》(以下简称为《条约》),特别是其中第 47 条第 2 款、第 55 条及第 95 条,鉴于欧盟委员会①的建议,鉴于欧洲经济和社会委员会②的意见,鉴于该《条约》③第 251 条规定的程序。

1. 鉴于该条约规定要建立一个内部市场,并制定一套确保该内部市场不产生不当竞争的体系制度。各成员国在有关版权和邻接权方面的法律的协调将有助于实现这些目标。

2. 1994 年 6 月 24 日和 25 日,欧洲议会在科孚岛举行会议,强调有必要在共同体层面构建一个统一的、灵活的法律框架,以促进欧洲信息社会的发展。这需要存在一个供新产品和新服务进行交易的内部市场。确保这种制度性框架的重要的共同体法律已实施,或正在审议之中。版权和邻接权对此具有重要作用,因为它们保护和鼓励对新产品和新服务的开发和市场营销,并保护和鼓励对创造性内容的创作和利用。

3. 所提议的协调将有助于实现内部市场的四个自由,并与遵守法律的基本原则(尤其是包括知识产权在内的财产权法律的基本原则)、表达自由和公共利益相关。

4. 通过增强法律的确定性并同时提供高水平的知识产权保护,建立起协

---

① 《欧共体公报》C108,1998 年 4 月 7 日,第 6 页及《欧共体公报》C180,1999 年 6 月 25 日,第 6 页。
② 《欧共体公报》C407,1998 年 12 月 28 日,第 30 页。
③ 《1999 年 2 月 10 日欧洲议会的意见》(《欧共体公报》C150,1999 年 5 月 28 日,第 171 页),《2000 年 9 月 28 日理事会共同立场》(《欧共体公报》C344,2000 年 12 月 1 日,第 1 页)及《2000 年 2 月 14 日欧洲议会决议》(还未在《官方公告》上公布),《2001 年 4 月 19 日理事会决议》。

调一致的版权和邻接权法律框架,必将促进对创造与革新(包括对网络基础设施)的大规模投资,进而促进欧洲产业(不仅在内容提供和信息技术领域,也在工业、文化部门更广大的领域)增长、产业竞争力增强。这将保障就业并促进创造新的就业机会。

5. 技术进步已经使得创造、生产和开发的方式不断增加和多样化。在对知识产权保护无须引入新概念的情况下,应当对现行的有关版权和邻接权的法律加以改进和补充,来充分应对新的开发形式出现等经济现实。

6. 为应对技术挑战,许多成员国在国内层面已经开始立法活动。如果没有共同体层面的协调,这些立法活动可能在版权保护问题上出现严重分歧,由此限制含有知识产权或以知识产权为基础的服务和产品的自由流通,进而导致内部市场的重新分裂和立法的差异。随着信息社会的进一步发展——这种发展已经大大增强了对知识产权的跨境利用——这种立法的差异性和不确定性所造成的影响将会变得更加显著。信息社会的发展将会也应当会继续增强。在版权保护方面的法律的严重分歧和不确定性将会阻碍含有版权和邻接权的新产品和新服务的规模经济。

7. 出于使内部市场平稳运行的必要性,必须对保护版权和邻接权的共同体法律框架进行改进和补充。为实现这一目的,应当调整那些各国间有显著差异的有关版权和邻接权的国内法条款,或造成法律不确定性的国内法条款(这些法律不确定性阻碍了内部市场的平稳运行以及影响了欧洲信息社会的正常发展),并应当避免各国应对技术发展的不一致性;同时,对内部市场的运行没有不利影响的差异则无须消除或禁止。

8. 信息社会中各种社交的、社会的与文化的内涵要求对产品和服务内容的具体特征予以考虑。

9. 由于版权和邻接权对智力创造具有决定性意义,因此对此种权利的任何协调必须建立在高水平保护的基础之上。为了作者、表演者、制作者、消费者、文化界、工业界和全体公众的利益,对其保护有助于促进创造力的维持和发展。知识产权因此已被认为是财产权的不可分割的一部分。

10. 如果作者或表演者要继续从事其创造性或艺术性工作,他们必须被赋予权利从作品的使用中获得适当报酬。制作者也应有此权利,以能够为其作品筹措资金。制作诸如录音制品、电影或多媒体制品等产品与提供诸如点播等服务需要巨额投资。为确保可获得此种报酬并提供令人满意的投资回报机会,有必要对知识产权提供充分的法律保护。

11. 严格、有效的版权和邻接权保护制度是确保欧洲文化创造力及其产品获取必要资源、艺术创作者和表演者的独立与尊严获得保障的主要方式之一。

12. 从文化视角出发,对版权作品和邻接权的客体的充分保护也非常重要。《欧洲共同体条约》第151条要求共同体在采取行动时要考虑文化方面的问题。

13. 在欧洲范围内,对保护作品与其他客体以及提供必要的权利信息的技术措施进行共同探索及共同适用是必要的,其根本目的是为了落实法律规定的原则与保障。

14. 通过保护作品和其他客体,并在为教育和教学目的的公共利益方面允许作出例外与限制的同时,本指令旨在促进学习和推广文化。

15. 1996年12月,世界知识产权组织召开的外交会议通过了两个新条约,即《世界知识产权组织版权条约》①和《世界知识产权组织表演与录音制品条约》②,两条约分别涉及对作者的保护以及对表演者与录音制品制作者的保护。两条约对版权和邻接权的国际保护进行了重大革新,重要的是不仅涉及所谓的"数字议程",而且还改进了在世界范围内打击盗版的方法。共同体和大多数成员国已经签署了条约,批准条约的程序正在共同体和成员国国内进行。本指令也将为履行新的国际义务发挥作用。

16. 网络环境下某些行为的法律责任不仅涉及版权和邻接权,而且还涉及其他领域,例如诽谤、误导性广告或侵犯商标权。《2000年6月8日欧洲议会和欧盟理事会关于内部市场中的信息社会服务,尤其是电子商务若干法律方面的第2000/31/EC号指令》(《电子商务指令》)③对此种法律责任进行了横向阐述。该指令旨在阐明并协调包括电子商务在内的与信息社会服务相关的各种法律问题。本指令的执行应当与执行《电子商务指令》的时间进程大致相

---

① 见《版权与邻接权法律和条约》,《多边条约》——文本5-01(编者注)。
② 见《版权与邻接权法律和条约》,《多边条约》——文本6-01(编者注)。
③ 《欧共体公报》L178,2000年7月17日,第1页。

同,因为本指令中的重要部分与《电子商务指令》规定的原则与条款的框架具有一致性。本指令不影响《电子商务指令》中与法律责任相关的条款。

17. 尤其是根据数字环境产生的需求,有必要确保收费团体在遵守竞争规则方面实现更高水平的合理性和透明度。

18. 本指令不影响成员国内有关诸如延展性集体许可证的权利管理安排。

19. 行使权利人的精神权利应当根据成员国的立法以及《伯尔尼保护文学和艺术作品公约》①、《世界知识产权组织版权条约》和《世界知识产权组织表演与录音制品条约》的规定。此种精神权利不在本指令的适用范围之内。

20. 本指令以此领域中现行有效的指令(尤其指《第 91/250/EEC 号指令》②、《第 92/100/EEC 号指令》③、《第 93/83/EEC 号指令》④、《第 93/98/EEC 号指令》⑤及《第 96/9/EC 号指令》)⑥所规定的原则和规则为基础,且发展了这些原则和规则,并将其应用于信息社会环境。除本指令另有规定外,本指令的条款不影响上述各指令的条款。

21. 本指令应当顾及不同的受益方,界定复制权所覆盖的行为范围。界定时应当符合欧共体的既有制度。为了确保内部市场中法律的确定性,有必要对这些行为作概括性界定。

22. 适当支持文化传播的目的不得以牺牲对权利的严格保护或容忍以非法形式发行假冒或盗版作品来实现。

23. 本指令应当进一步协调作者的公众传播权。对该权利应作广义的理解,即覆盖了所有向传播发生地之外的公众进行传播的行为。该权利应当包

---

① 见《版权与邻接权法律和条约》,《多边条约》——文本 7-01(编者注)。

② 《1991 年 5 月 14 日理事会关于计算机程序的法律保护的第 91/250/EEC 号指令》(《欧共体公报》L122,1991 年 5 月 17 日,第 42 页)。该指令被《第 93/98/EEC 号指令》修订。

③ 《1992 年 11 月 19 日理事会关于知识产权领域中的出租权和借阅权以及与版权相关的特定权利的第 92/100/EEC 号指令》(《欧共体公报》L346,1992 年 11 月 27 日,第 61 页)。该指令被《第 93/98/EEC 号指令》修订。本指令也可见于《版权与邻接权法律和条约》,《多边条约》——文本 1-01(编者注)。

④ 《1993 年 9 月 27 日理事会关于协调适用卫星广播和有线转播的版权和与邻接权的特定规则的第 93/83/EEC 号指令》(《欧共体公报》L248,1993 年 10 月 6 日,第 15 页)。本指令也可见于《版权与邻接权法律和条约》,《多边条约》——文本 2-01(编者注)。

⑤ 《1993 年 10 月 29 日理事会关于协调版权和特定邻接权的保护期限的第 93/98/EEC 号指令》(《欧共体公报》L290,1993 年 11 月 24 日,第 9 页)。本指令也可见于《版权与邻接权法律和条约》,《多边条约》——文本 3-01(编者注)。

⑥ 《1996 年 3 月 11 日欧洲议会和欧盟理事会关于数据库法律保护的第 96/9/EC 号指令》(《欧共体公报》L77,1996 年 3 月 27 日,第 20 页)。本指令也可见于《版权与邻接权法律和条约》,《多边条约》——文本 5-01(编者注)。

括就某一作品通过有线或无线形式向公众进行的包括广播在内的任何此种传输或转播。该权利不包括任何其他行为。

24. 应当从广义的角度理解使公众获得第 3 条第 2 款所指客体的权利,即其包括向不在提供行为发生地之外的公众获得该客体的所有行为,不包括任何其他行为。

25. 对版权作品和受邻接权保护的客体的网上点播行为,应当提供共同体层面上的协调保护,以克服在保护性质和程度上的法律不确定性。

应当明确的是,所有本指令承认的权利人均应当享有通过交互式点播传输使公众获得版权作品或任何其他客体的专有权。此种交互式点播传输以公众中的成员可以在个人选择的地点和时间获得作品或其他客体为特征。

26. 就广播组织在点播服务中提供包括来自商业性录音制品的音乐作为节目不可分割的部分的广播电视制品的情况,应鼓励达成集体许可安排,以便邻接权使用费的结算。

27. 仅仅为促成或进行传播提供实物设施不致构成本指令意义下的传播。

28. 本指令规定的版权保护包括控制发行以有形物体现的作品的专有权。经权利人授权或经其同意,在共同体内首次销售作品原件或其复制件的,在共同体内将穷竭其对再次销售该物品的控制权。经权利人授权或经其同意,在共同体之外再次销售作品原件或其复制件的,该控制权并不穷竭。《第 92/100/EEC 号指令》规定了作者的出租权和借阅权。本指令规定的发行权不影响该指令第一章所包含的与出租权和借阅权有关的条款。

29. 服务,特别是在线服务,不存在权利穷竭问题。这也适用于此种服务的用户经权利人同意对作品或其他客体的实质性的复制。因此,同样的原则也适用于性质上属于服务的出租或借阅作品或其他客体的原件或复制件的行为。与知识产权附着于有形载体(即一件商品)之上的只读光盘或交互式光盘不同,每一次在线服务事实上均属于应获得版权或邻接权授权的行为。

30. 在不损害各国有关版权和邻接权法律的情况下,本指令所涉及的权利可以转移、让与或授予契约性许可。

31. 必须保证不同种类的权利人之间、不同种类的权利人和受保护客体的使用者之间的权利和利益的合理平衡。在新的电子环境下,必须对成员国现行的对权利的例外和限制进行重新评价。某些限制性行为的例外和限制的现存差异对版权和邻接权的内部市场运行产生了直接的不利影响。考虑到作品的跨境利用和跨境活动的进一步发展,此种差异将会变得更加显著。为确保内部市场的正常运行,应就此种例外和限制作出更为一致的规定。协调程度应当以它们对内部市场平稳运行的影响为基础。

32. 本指令就复制权和向公众传播权列举了穷尽式的例外和限制。某些例外或限制仅仅在符合一定条件的情况下适用于复制权。在为了确保内部市场正常运行的同时,这一列举清单合理地考虑了各成员国不同的法律传统。各成员国应当就这些例外和限制的适用达成一致,在未来对立法的实施情况进行审查时,将会对此进行评估。

33. 复制的专有权应当受到限制,允许某些临时性复制行为的例外。这种临时性复制行为是短暂的或偶然的复制,构成技术过程中不可分割的组成部分,从事此种行为的目的是使得第三方之间通过中间服务商能够进行有效的网络传输,也是为了合法使用作品或其他受保护客体。有关的复制行为本身不应具有独立的经济价值。在满足上述条件的情况下,这项例外应当包括允许浏览的行为以及实施缓存的行为,其中包括允许传输系统有效运作的那些行为,只要该中间服务商未更改有关信息,也未阻碍被业界广泛承认和使用的、通过使用该信息获得数据的合法的技术上的使用。由权利人授权的使用或不为法律所禁止的使用,就应当被认为是合法的使用。

34. 成员国应当有权选择在特定情况下允许某些例外或限制,例如为了教育和科研目的的、为了图书馆和档案馆等公共机构的利益、为新闻报道的目的、为了引用、为供残障人士使用、为了公共安全进行的使用以及在行政和司法程序中进行的使用。

35. 在某些例外或限制的情形下,权利人应当获得合理的补偿,以就他人使用其受保护的作品或其他客体获得适当的补偿。在确定此种合理补偿的形式、详细的安排和可能达到的水平时,应当考虑个案的具体情况。在衡量这些情形时,上述行为可能对权利人造成的损害将是有价值的评判标准。如果权利人已经接受了其他形式的支付,例如作为特许权使用费的一部分,则可以不再向权利人进行特定的或个别的支付。合理补偿的水平应当充分考虑本指令涉及的技术保护措施的使用程度。在某些对权利人造成最小损害的情况下，则不会产生支付义务。

36. 当适用不要求提供此种补偿的有关例外或限制的选择性条款时，成员国也可以规定向权利人提供合理补偿。

37. 关于复印技术，如果存在现有的国内制度，不会构成内部市场的主要壁垒，成员国应被允许就复印技术规定一项例外或限制。

38. 成员国应被允许就为私人使用的目的对声音、视觉和视听材料进行的某些类型的复制行为规定一项例外或限制，同时对权利人提供合理补偿。这项例外或限制可以包括引入或继续适用对权利人受到损害进行赔偿的补偿机制。虽然这些补偿机制间的差异会影响内部市场的运行，但就这些通过模拟信号进行私人复制的差异而言，不会对信息社会的发展带来重大影响。数字私人复制可能会更加普遍并产生更大的经济影响。因此，应适当考虑数字私人复制与通过模拟信号进行私人复制之间的差异，并在某些方面对它们进行区分。

39. 在提供有效的技术保护措施的情况下，当适用私人复制的例外或限制时，成员国应适当考虑技术和经济的发展，尤其是关于数字私人复制和补偿机制方面的发展。此种例外或限制不应阻碍技术措施的使用或对规避行为的防范。

40. 为了某些非营利性机构（例如公共图书馆与类似机构，以及档案馆）的利益，成员国可以规定一项例外或限制。然而，这种例外或限制只能被限定在复制权所包含的某些特殊情况之内。此种例外或限制不应当包括在在线提供受保护的作品或其他客体的情况下进行的使用行为。本指令不应影响成员国不实施《第 92/100/EEC 号指令》第 5 条规定的专有公共借阅权的选择权。因此，在不出现失衡的情况下，应当鼓励达成特定的合同或许可协议，以支持此种机构并发挥其传播作用。

41. 在广播组织制作临时性录音制品适用例外或限制时，应理解为该广播组织的自有设施包括代表该广播组织行事和承担该广播组织职责的人所有的设施。

42. 在为了非商业性教育及科研目的（包括远程教育）适用例外或限制时，有关活动是否属于非商业性质应根据活动自身的性质确定。组织构成及有关机构的资金来源方式在此问题上不起决定作用。

43. 成员国在任何情况下重要的是应当采取一切必要的措施以方便因残疾而有困难自行利用作品的人获取作品,并应特别注意获取的形式。

44. 在适用本指令规定的例外和限制时,对这些例外和限制的行使应当与国际义务相一致。适用这些例外和限制不得损害权利人的合法利益,或与正常利用其作品或其他客体相抵触。成员国提供此类例外或限制,尤其应充分反映此类例外或限制可能在新的电子环境背景下带来日益增长的经济影响。因此,在版权作品或其他客体出现某种新的利用方式时,应当进一步缩小某些例外或限制的范围。

45. 然而,第 5 条第 2 款、第 3 款、第 4 款所指的例外和限制不应妨碍在成员国国内法允许的范围内对合同关系的确定,其目的在于确保权利人获得公平的补偿。

46. 采用仲裁可以帮助使用者与权利人解决争端。欧盟委员会与各成员国在联络委员会中合作,应考虑解决与版权和邻接权有关的争端的法律的新途径,并进行研究。

47. 技术的发展将允许任何版权、邻接权以及数据库特别保护权的权利人利用技术措施来防止或限制未经他们授权的行为。然而,仍然存在为促成或便于规避这些措施所提供的技术保护的非法活动。为避免对内部市场的运行可能构成潜在妨碍的分散的法律手段,有必要规定统一的法律保护以制止对有效技术措施的规避行为,以及提供具有相同效果的装置、产品或服务的行为。

48. 就有关技术措施提供此类法律保护,能有效地限制未经任何版权、邻接权以及数据库特殊保护权的权利人授权的行为,但不得阻碍电子装置的正常运行及其技术发展。此种保护也不要求装置、产品、组件或服务的设计必须符合技术措施的要求,只要这些装置、产品、组件或服务不违反本指令第 6 条所禁止的行为。此种法律保护应遵循比例原则而不是禁止那些并非规避技术保护的有显著商业目的或用途的装置或行为。尤其是,此类保护不应妨碍研究密码学。

49. 对技术措施的法律保护不影响国内法中任何有关禁止私人拥有规避技术措施的装置、产品或组件的规定的适用。

50. 此种协调的法律保护不影响《第 91/250/EEC 号指令》特别条款提供的保护。特别是不能适用于该指令专门针对的与计算机程序相关的技术保护措施。此种保护也不能禁止或防止任何根据《第 91/250/EEC 号指令》第 5 条第 3 款或第 6 条可以进行的规避技术措施的必不可少的手段的发展和使用。该指令第 5 条和第 6 条专门确定了适用于计算机程序专有权的例外。

51. 技术措施的法律保护不影响第 5 条反映的公共政策或公共安全。成员国应促进权利人采取自愿措施,包括权利人与其他有关当事方之间缔结和履行协议,以便将国内法规定的某些例外与限制提出的目标与本指令相一致。如果在合理期限内没有达成此种自愿措施或协议,成员国应采取适当措施,保证权利人向受益方提供这类例外或限制,例如通过修改使用的技术措施或其他方式使受益方从中受益。但是,为了防止权利人滥用这种措施,包括在协议的范围内或由成员国采取的措施,凡适用于实施这类措施的任何技术措施均应受法律保护。

52. 当适用根据第 5 条第 2 款第(b)项规定的私人复制的例外或限制时,成员国也应鼓励采取自愿措施,以促成调节该例外或限制的目标。如果在合理期限内不能采取为私人使用目的进行复制的自愿措施,成员国可以采取措施,使有关例外或限制的受益方从中受益。权利人采取的自愿措施,包括权利人与其他有关当事方,或成员国采取的措施,不应妨碍权利人依据第 5 条第 2 款(b)项使用与国内法中有关个人复制的例外或限制相一致的技术措施,在这一规定中需考虑合理补偿的条件以及符合第 5 条第 5 款中各种使用条件的可能差别,如控制复制的数量。为了防止滥用这些措施,任何在实施中适用的技术措施均应享有法律保护。

53. 技术措施的保护必须保证为交互式的点播服务提供安全可靠的环境,使得公众中的成员可以在个人选定的地点和时间获得作品或其他受保护客体。第 6 条第 4 款的第一、第二段不适用由合同规定的这类服务。非交互性的在线使用形式仍然适用这些条款。

54. 作品和受保护的数字化客体的识别系统的国际化标准工作有了巨大进展。在不断发展的网络环境中,技术措施的差别可能导致共同体内部系统的不兼容性。应当鼓励不同系统的兼容性和相互可操作性。最好是鼓励发展全球系统。

55. 技术的发展将有利于作品的发行,特别是在网络上的发行,而这将促使权利人能更好地识别作品或其他受保护客体、作者或其他任何权利人的需要,以及提供关于作品或其他受保护客体的使用期限和条件信息的需要,从而更方便地管理与他们有关的权利。除了上述所指的信息以及经权利人许可的信息外,还应鼓励权利人在将作品或其他客体置于网络时使用标识性标记。

56. 但是,非法活动的危险仍然存在,从事非法活动是为了去除或改变附于其上的电子版权管理信息,或未经授权发行、为发行目的而进口、广播、向公众传播或向公众提供已去除了此类信息的作品或其他受保护客体。为避免可能妨碍内部市场运行的分散法律途径,有必要提供协调的法律保护制止任何此类活动。

57. 上述权利的管理信息系统,按照其设计,可同时处理有关个人受保护客体的消费模式的个人数据并且允许对于在线活动的追踪。这些技术手段,在其技术功能上,根据《1995 年 10 月 24 日欧洲议会与欧盟理事会关于处理个人数据以及与此类数据①自由流动相关的个人保护的第 95/46/EC 号指令》的规定应包含个人隐私保护措施。

58. 成员国应就侵犯本指令规定的权利和义务的行为提供有效的制裁与救济。它们应采取一切必要措施确保实施这些制裁与救济。为此规定的制裁措施应当有效、与损害相当、可劝阻侵权,并包含请求损害赔偿金和(或)禁令救济的可能性,以及在适当情况下没收侵权材料的可能性。

59. 尤其是,在数字环境中,中间服务商会越来越多地被实施侵权活动的第三方所利用。在许多情况下,中间服务商处于终止这些侵权活动的最有利的地位。因此,在不影响可获得的任何其他制裁与救济的情况下,权利人必须能够申请禁止中间服务商在网络上运载含有第三方对受保护作品或其他客体的侵权内容的禁令。即使根据第 5 条中间服务商有可能被免除实施该行为的责任,权利人仍可以申请此类禁令。与此类禁令相关的条件和形式应留给各成员国国内法规定。

---

① 《欧共体公报》L281,1995 年 11 月 23 日,第 31 页。

60. 本指令提供的保护不影响调整其他领域的成员国国内法或共同体法律，如工业产权、数据保护、有限访问、获得公共文件，以及媒体使用年限规则等领域，这些法律可能对版权及邻接权的保护有影响。

61. 为遵守《世界知识产权组织表演与录音制品公约》，《第 92/100/EEC 号指令》与《第 93/98/EEC 号指令》应予修订。

特通过本指令：

第一章 目 的 与 范 围

第 1 条 范　围

1. 本指令涉及在内部市场范围内对版权和邻接权的法律保护，特别强调在信息社会的条件下。

2. 除第 11 条所指的情况外，本指令得保持完整性并不得以任何方式影响与下列事项有关的共同体现有指令：

（a）计算机程序的法律保护；

（b）出租权、借阅权以及某些在知识产权领域中与版权相关的权利；

（c）适用于卫星广播节目和有线转播广播节目的版权和邻接权；

（d）版权和某些邻接权的保护期限；

（e）数据库的法律保护。

第二章 权 利 与 免 责

第 2 条 复 制 权

成员国应规定下列授权或禁止直接地或间接地、临时地或永久地通过任何方法、以任何形式全部或部分复制的专有权：

（a）作者，就其作品；

（b）表演者，就其表演的固定；

（c）录音制品制作者，就其录音制品；

（d）首次固定电影的制作者，就其电影的原件或复制件；

（e）广播组织，就其广播的固定，无论这些广播是以有线还是无线方式传输的，包括通过电缆或卫星传输。

第 3 条　向公众传播作品的权利以及向公众提供其他客体的权利

1. 成员国应规定作者享有授权或禁止任何通过有线或无线的方式向公众传播其作品的专有权，包括将其作品向公众提供，使公众可自行选择地点和时间获得这些作品。

2. 成员国应规定下列授权或禁止通过有线或无线的方式向公众提供，使公众中的成员在其个人选择的地点和时间可获得的专有权：

（a）表演者，就其表演的固定；

（b）录音制品制作者，就其录音制品；

（c）首次固定电影的制作者，就其电影的原件或复制件；

（d）广播组织，就其广播的固定，无论这些广播是以有线还是无线方式传输的，包括通过电缆或卫星传输。

3. 第 1 款和第 2 款所指的权利不得因本条列出的任何向公众传播或向公众提供的行为而穷竭。

第 4 条　发　行　权

1. 成员国应规定作者对其作品原件或复制件享有授权或禁止通过任何销售或其他方式向公众发行的专有权。

2. 作品原件或复制件的发行权在欧共体内不会穷竭，除非经权利人授权或经其同意在共同体内首次销售或以其他方式转让该作品原件或复制件的所有权。

第 5 条　免　责　与　限　制

1. 第 2 条所指的临时复制行为，如果是短暂的或偶然的，而且是技术过程

中必要的组成部分,其目的是:

（a）使作品或其他客体在网络中通过中间服务商在第三方之间传输成为可能,或

（b）使作品或其他客体的合法使用成为可能,并且该行为没有独立的经济意义,应免除第2条规定的复制权。

2. 在下列情况下,成员国可以对第2条规定的复制权规定例外或限制:

（a）除乐谱外,在权利人获得合理补偿的条件下,使用任何照相技术或其他有类似效应的手段,在纸质或任何其他类似的介质上进行复制;

（b）在权利人获得合理补偿(该补偿考虑了第6条所指的技术措施是否适用于作品或相关客体)的条件下,自然人为私人使用并没有直接或间接的商业目的在任何介质上进行复制;

（c）由公众可以进入的图书馆、教育机构、博物馆或档案馆进行的无直接或间接经济或商业利益的特殊复制;

（d）广播组织利用自有设备为自己的广播对作品制作临时录制品;由于这些录制品有特殊的文献性质,可允许将其保存于官方的档案馆中;

（e）在权利人获得合理补偿的条件下,无商业目的的社会机构,如医院或监狱,进行广播复制。

3. 在下列情况下,成员国可以对第2条和第3条规定的权利规定免责或限制:

（a）仅为教学的举例说明目的或科研目的而使用,只要指出了来源,包括作者姓名,除非结果表明指出来源是不可能的,并以实现正当的非商业性目的为限;

（b）为残障人士的利益而使用,与残障直接有关,并且是非商业性的,以特定残障的需求为限;

（c）报刊复制、向公众传播或提供有关当前经济、政治或宗教方面的已发表的文章或广播作品或其他同类性质的客体,条件是没有明确的保留,且应指出来源,包括作者姓名;或与报道的时事有关,其使用程度以正当提供信息的目的为限,并应指出来源,包括作者姓名,除非结果表明指出来源是不可能的;

（d）为了批评或评论的目的而引用，条件是有关的作品或其他客体已经向公众合法提供并应指出来源，包括作者姓名，除非结果表明指出来源是不可能的，其使用以引用的特定目的为限，应符合公平惯例；

（e）为了公共安全或为了保证行政、议会或司法程序的落实或报告而使用；

（f）使用政治演讲以及摘录公开演讲或类似的作品或客体，其使用程度以正当提供信息的目的为限，并应指出来源，包括作者姓名，除非结果表明指出来源是不可能的；

（g）在宗教庆典或由公共当局组织的官方庆典中使用；

（h）使用永久设置在公共场所的作品，如建筑或雕塑作品；

（i）在其他材料中偶然包含的作品或其他客体；

（j）为给艺术作品的公开展览作宣传或促销的目的而使用，但限于推广活动的必要范围，并排除任何其他商业性使用；

（k）为漫画、讽刺或滑稽模仿作品而使用；

（l）与为演示有关的内容或维修设备而使用；

（m）为了重建，将艺术作品用于建筑物或建筑物的草图或蓝图；

（n）为了研究和私人学习目的，在第 2 款第（c）项所指机构的场所内，通过指定的终端，向公众中的个体成员传播或提供其拥有的作品或其他客体，但不得违反购买或许可使用作品或其他客体的条件；

（o）在国内法中已经存在的例外或限制情况下的某些其他不重要的使用，但只限于模拟信号状态的使用，并不得影响共同体内货物与服务的自由流通，也不得损害本条所包含的其他例外和限制。

4. 根据第 2 款、第 3 款对复制权作出的例外或限制规定，成员国可以对第 4 条所指的发行权规定类似的例外或限制，但以正当的许可复制行为的目的为限。

5. 第 1 款、第 2 款、第 3 款和第 4 款中规定的例外与限制应只适用于某些不与作品或其他客体的正常利用相抵触，也不无理损害权利人合法利益的特殊情况。

第三章　技术措施与权利管理信息的保护

第6条　关于技术措施的义务

1. 成员国应规定适当的法律保护，制止任何明知或有合理理由知道但仍追求此目标的人所实施的规避有效技术措施的行为。

2. 成员国应规定适当的法律保护，制止制造、进口、发行、销售、出租装置、产品或组件，为销售或出租发布广告，或为商业目的拥有装置、产品或组件，或提供服务的下列行为：

（a）为规避任何有效技术措施的目的，进行促销、发布广告或市场营销，或

（b）除规避外，只具有有限的商业目的或用途，或

（c）设计、生产、改装或实施的主要目的是促成或便于规避任何有效的技术措施。

3. 在本指令中，"技术措施"一词是指任何正常运行时用于防止或限制未经任何法律规定的版权或邻接权或根据《第96/9/EC号指令》第三章规定的特殊权利的权利人的授权使用作品或其他客体的技术、装置或组件的行为。当受保护的作品或其他客体由权利人通过所使用的访问控制或保护程序，如对作品或其他客体加密、扰频或其他改变，或控制复制机制，实现保护目标时，技术措施应被视为"有效"。

4. 尽管第1款规定了法律保护，在权利人没有采取自愿措施的情况下，包括权利人和其他相关各方之间达成协议的情况，成员国应采取适当的措施，保证权利人使受益方从国内法规定的例外或限制中获益，国内法规定的例外或限制的方式应符合第5条第2款第（a）项、第（c）项、第（d）项、第（e）项，第3款第（a）项、第（b）项和第（e）项的规定。该例外或限制以获益的必要程度为限，且受益方需对有关的受保护作品或其他相关客体有合法的获取权。

成员国也可以依据第5条第2款第（b）项规定的例外或限制，对受益方采

取此种措施,除非权利人已经在从有关例外或限制中获益的必要范围内并根据第 5 条第 2 款第(b)项和第 5 款,可能为私人使用而复制,但不得阻碍权利人按照这些条款在复制的数量方面采取适当的措施。

权利人自愿采用的技术措施,包括在履行自愿性协议时采用的技术措施,以及实施由成员国所采取的技术措施,应受第 1 款规定的法律保护。

本款第一段和第二段的规定不应适用于按照约定的合同条款使公众获得的作品或其他客体,该合同条款能够使公众中的成员在其个人选择的地点和时间获得作品或其他客体。

当本条在《第 92/100/EEC 号指令》和《第 96/9/EC 号指令》背景下适用时,本款应在必要修正后适用。

第 7 条　关于权利管理信息的义务

1. 成员国应规定适当的法律保护,制止任何人未经授权故意从事任何以下行为:

(a) 去除或改变任何电子权利管理信息;

(b) 发行、为发行进口、广播、向公众传播或提供受本指令或《第 96/9/EC 号指令》第三章保护的,但未经授权被去除或改变电子权利管理信息的作品或其他客体。条件是此人明知,或有合理的理由知道其实施的行为是在诱使、促成、便利或包庇侵犯法律规定的任何版权或任何与邻接权或《第 96/9/EC 号指令》第三章规定的特殊权利相关的行为。

2. 在本指令中,"权利管理信息"一词是指,由权利人提供的任何被用来识别本指令所指的,或《第 96/9/EC 号指令》第三章规定的特殊权利所包含的作品或其他客体、作者或任何其他权利人的信息,或有关作品或其他客体使用期限和条件的信息,以及代表这些信息的任何数字或代码。

当这些信息中的任何一项与本指令所指的或《第 96/9/EC 号指令》第三章规定的特殊权利所包含的作品或其他客体的复制件有关,或看起来与向公众传播作品或其他客体有关时,第 1 款应当适用。

第四章 共 同 条 款

第8条 制裁和救济

1. 成员国应对侵权和违反本指令义务的行为规定适当的制裁和救济,并采取一切必要措施保证这些制裁和救济的实施。上述制裁应当是有效的、与损害程度相当的且具劝阻性的。

2. 每一成员国应采取必要措施,保证因该国领域内的侵权活动而利益受到影响的权利人能够提起损害赔偿之诉和(或)申请禁令,以及在适当条件下,申请没收侵权材料以及第 6 条第 2 款所指的装置、产品或组件。

3. 成员国应保证权利人有资格申请禁令,以制止中间服务商因第三方利用其服务侵犯版权或邻接权。

第9条 其他法律条款继续适用

本指令应不影响尤其是专利权、商标、外观设计权、实用新型、半导体产品布图设计、字体、有限访问、获取有线广播服务、国家财产保护、法定缴存要求、限制性行为和不正当竞争法、商业秘密、安全、机密、数据保护和隐私权、获得公共文件、合同法的有关规定。

第10条 适 用 时 限

1. 本指令的条款应适用于本指令所指的,在 2002 年 12 月 22 日在版权和邻接权领域内受到成员国立法保护的,或符合本指令规定的保护标准的,或第 1 条第 2 款规定的所有作品和其他受保护的客体。

2. 本指令的适用不影响 2002 年 12 月 22 日之前完成的任何行为或获得的权利。

第11条 技 术 性 修 订

1.《第 92/100/EEC 号指令》在此作以下修订:

（a）删除第 7 条；

（b）指令第 10 条第 3 款应替换为：

3. 这些限制应只适用于某些与客体的正常利用不相抵触，也不无理损害权利人合法利益的特殊情况。

2.《第 93/98/EEC 号指令》第 3 条第 2 款应替换为：

2. 录音制品制作者的（保护期限）应在录音被固定后的五十年期满。但是，如果在此期限内该录音制品已被合法出版，上述（保护期限）应自首次合法出版之日起五十年期满。如果该录音制品未能在上文第一句提及的期限内被合法出版，并且在此期限内该录音制品已合法地向公众传播，上述（保护期限）应自首次合法地向公众传播之日起五十年期满。

但是，按照《2001 年 5 月 22 日欧洲议会和欧盟理事会关于协调信息社会中版权和邻接权若干方面的第 2001/29/EC 号指令》①修订前版本的这一段规定的保护期届满，录音制品制作者的权利于 2002 年 12 月 22 日起不再受保护的，本款也不再具有保护这些权利的效力。

第 12 条　最 后 条 款

1. 在 2004 年 12 月 22 日之前及以后每三年，委员会应向欧洲议会、欧盟理事会以及欧洲经济与社会委员会提交关于本指令实施情况的报告。在报告中，除其他事项外，委员会应根据成员国提供的具体信息，按照数字市场的发展情况，特别审查第 5 条、第 6 条和第 8 条的实施情况。对于第 6 条，应特别审查该条是否给予了充分的保护，以及法律许可的行为是否因利用有效的技术措施而受到不利影响。必要时，尤其是根据《欧洲共同体条约》第 14 条，为了保证内部市场的运行，委员会应对修订本指令提交建议案。

---

① 《欧共体公报》L167，2001 年 6 月 22 日，第 10 页。

2. 本指令规定的保护与版权相关的权利应保持其完整性,并不应以任何方式影响版权保护。

3. 因此,建立了联络委员会。它应由成员国主管当局的代表组成。由欧盟委员会的一名代表担任联络委员会的主席,并根据主席的提议或某一成员国代表的要求召开会议。

4. 联络委员会的任务如下:

(a) 审查本指令对内部市场运行的影响,并特别关注任何困难;

(b) 组织磋商因实施本指令而产生的所有问题;

(c) 便于有关立法和判例法发展的信息交流,以及有关经济、社会、文化和技术发展的信息交流;

(d) 发挥论坛作用,评估包括私人复制和利用技术措施在内的作品和其他项目的数字市场。

第 13 条 指 令 实 施

1. 成员国应在 2002 年 12 月 22 日之前施行与本指令一致的法律、法规与行政命令,并应立即通知委员会。

成员国采取的这些措施,应包含一个对本指令的参考文件或在它们的官方出版物上附上这些参考文件。制作这些参考文件的方式由成员国自定。

2. 成员国应向委员会送交它们在本指令调整领域内通过的本国法律文本。

第 14 条 指 令 生 效

本指令应自于《欧洲共同体官方公报》上公布之日起生效。

第 15 条 适 用 范 围

本指令适用于各成员国。

生效时间:2001 年 6 月 22 日。

关于提请发布旨在确保知识产权实施的刑法措施的欧洲议会和委员会指令的意见

欧洲经济和社会委员会
于 2007 年 7 月 11 日至 12 日举行的第 437 次全体会议

2005 年 9 月 21 日,欧洲议会决定根据《确立欧洲委员会条约》第 95 条,就以上提议与欧洲经济和社会委员会商议。

负责关于单一内部市场中的生产和消费的会议筹备工作,于 2007 年 6 月 4 日采纳其意见。特派调查员为 Retureau 先生。

在 2007 年 7 月 11 日至 12 日举行的第 437 次全体会议上,欧洲经济和社会委员会以 76 票支持、3 票反对采纳了以下意见。

1 结论

1.1 委员会将继续监控 2004 年指令的协调与实施,包括正在审议的指令中的修正提议,以及相关的补充框架决定,评估打击共同体内外的仿冒行为的长期效应及其国际影响。

1.2 虽然委员会支持在拟议条款中采用的一般方法,但仍吁请委员会考虑关于仿冒行为的相关意见,包括把重心放在与司法和海关合作上,努力打击那些大规模仿冒和由犯罪组织进行的仿冒活动,或是威胁到人们健康和安全的仿冒活动。

1.3 委员会专门指出本指令应该涵盖整个工业产权,因此,作为欧洲产业中最重要的领域,发明专利不应被排除在外。

1.4 欧洲经济和社会委员会还注意到某些法律概念不清晰,比如在该指令的提议中提及与犯罪行为有关的"以商业规模的"或"商业活动"。这些内容

与需要清楚和精确定义犯罪客观证据的刑法的基本原则相冲突。欧洲经济和
社会委员还批判地指出该提案中第 2 条中所涉及犯罪的定义方式,认为制裁
犯罪(监禁或金融财产的没收和罚款)应规定一个唯一的一般框架,因此定义
惩罚的责任仅限于国家司法的职权。

2 引言

2.1 在 2005 年 11 月 23 日的备忘录(MEMO/05/437)中,对当日的交流
进行了总结,委员会欢迎司法判决承认委员会采用劝诫性的恰当刑法措施,以
确保在共同体政策中成员国具有应用《欧洲共同体条约》(TEC)的能力。

2.2 在其交流中,委员会阐释了其对 2005 年 9 月 13 日判决的解释,根据
该判决,法院废除了通过刑法保护环境的框架性决议。在委员会看来,法院认
为,共同体是唯一有权采取必要的刑法措施以确保共同体法律有效性的组织。
该判决的范围超出了环境领域,涉及共同体政策的全部范围,以及《条约》承认
的基本自由。将刑法惩罚纳入共同体法律必须基于恰当合理的需求之上,并
且尊重联盟刑法框架的整体一致性。

2.3 对于有关环境的判决的广泛解释并没有取得成员国和法律原则的
一致认同。正如 TEU 中所述,一些成员国认为刑事指控要与刑法处罚相适应
本质上要符合辅助性原则,在欧盟范围内可能实现的和谐应该通过成员国之
间的司法合作来实现。

2.4 值得注意的是,这一解释受到欧洲议会十分广泛的认可,因为共同
体刑法措施可能包括的领域不再局限于需要获得议会成员国的一致认同,而
是符合有效多数的原则以及涉及欧洲议会的联合决策程序,由此扩展了其作
为联合立法者的权限[①]。

2.5 然而,这构成了源自法庭判定的对于共同体权限的实质性扩展,也
造成了在机构之间的解释出现分歧的风险;除此之外,还可能拖延通过限制性
司法措施,例如通过进一步的法庭案例或妥协,结果是限制司法措施的范围。
至于该法令中的这一提议,对于是否在刑法之下保护发明专利的问题仍然悬

---

① 英国及爱尔兰(事前同意)及丹麦的免责将不再如以往反对立法,正如在第三支柱下的相关行动的
案例。

而未决,因为欧洲议会认为只有共同体法律受法庭判决的影响,而委员会的意向则涵盖了共同体和各国关于知识产权的所有立法。

3 委员会提议

3.1 对于指令(COM(2006)168 final)修正的提议,旨在建立和谐、并行的刑法框架以确保工业、文学和艺术的产权及其他类似的被纳入的权利的实施(根据术语"知识产权"分组)。由于欧洲对该领域采取行动的明确需求,司法框架关注内部市场,同时遵守附属和相称原则。这些措施的法律基础是《欧洲共同体条约》(TEC)第 95 条。

3.2 本指令建立了一个一般性的刑法框架,以定义受保护的知识产权、侵犯这些权利和最大化的刑事处罚,以确保以下措施在整个内部市场上的统一适用,打击对欧洲和各国实体法以及包括在世界知识产权组织主持下于 1994 年签订的《与贸易相关的知识产权协定》(TRIPS)①所规定的在侵犯了具体受保护权案件中适用的刑事诉讼②规定要保护的知识和艺术产权,要打击的伪冒商品和服务。

3.3 2004 年采用的指令已经为打击复制、盗版或出于商业目的③的仿冒提供了司法框架。该指令第 2 条由委员会④作出声明,详细规定了受保护的权利。这些权利适用于工业产权(发明专利和辅助保护证明、效用证明、商标、来源识别、设计和模型以及产品多样性)、版权和邻接权,以及共同体法律确立的包括集成电路拓扑和数据库的特有权利。它们都是专有权,也被认为是无形的产权。其中一些权利被规定在欧盟现行法中,或被包括在共同体保护(设计和模型、商标、商品多样性)的具体形式中。⑤ 其他的知识产权,如专利,仍然完全受制于国内法律,而各产业部门都在等待着它们期待已久的欧洲专利。因此,术语"知识产权"实际上涵盖了非常庞杂的领域,该领域包括了具有广泛不同特征和不同法律地位的无形产权。

---

① 《涉及知识产权的贸易协定》。
② 《与贸易有关的知识产权协定》,第 61 条。
③ 《关于实施知识产权的第 2004/48/EC 号指令》。
④ 委员会关于上述《第 2004/48/EC(2005/295/EC)号指令》中第 2 条的声明。
⑤ 欧盟专利的重要例外,仍未确定(《保密协议》)。

3.4　成员国须遵守《与贸易有关的知识产权协定》(TRIPS)的条款,该协定要求成员国对有关刑法程序以及出于商业目的仿冒的处罚实施恰当的国内立法。然而,成员国具有解释的自由空间。此外,一些成员国(包括欧盟的成员国)尚未采用恰当的刑法措施以应对在其司法管辖权范围内的知识产权侵权。2004 年指令通过迫使成员国调查、发起诉讼、没收①和赔偿,意图将可适用的法律纳入打击猖獗的组织犯罪②的行动中,最终让侵权的受害者得到补偿。然而,指令中仅仅包括民法、商业和行政诉讼中已提起防伪冒诉讼程序的权利人获得损害赔偿的程序和处罚。此外,一些成员国尚未转移指令。

3.5　知识产权保护被载入《世界人权宣言》(Universal Declaration of Human Rights)以及欧盟基本权利宪章,这是于 2000 年 12 月详细通过的一项严肃声明。在相关的联合国特设机构世界知识产权组织(WIPO)和联合国教科文组织(UNESCO),或在区域层面(1973 年《慕尼黑公约》)建立的欧洲专利办公室支持下达成的公约也提供和维护了国际保护。到目前为止,仅有《与贸易有关的知识产权协定》制定了最小刑法惩罚条款。委员会提议希望通过迫使成员国将刑罚纳入其国内法中,定义犯罪行为和刑罚的共同标准,从而在欧盟层面上获得一定程度的一致性。

3.6　因此,修正指令的提议旨在接近知识产权侵权的惩罚水平,例如监禁、罚金和没收侵权物品。它寻求建立这样的一个司法规则:如果犯罪行为涉及多个成员国,在可能的情况下可以在一个成员国内集中法律诉讼以利调查。进一步的提议包括受害者,或在调查中的法律代表。

3.7　对之前提议的修改主要包括设定任何侵犯知识产权的自然人犯罪的性质与惩罚程度,也在提案中进行了规定。

3.8　被指违反本条例第 3 条所述罪行的自然人将被判处最高刑罚,即在犯罪组织的庇护下,或者在犯罪活动中涉及卫生或安全风险时,将被判处至少4 年监禁。

3.9　根据指令第 3 条,判定有罪的自然人或法人将受到有效的、相称的

---

①　关于犯罪有关的收入、工具和财产的没收(仿冒、盗版)议会框架《第 2005/212/JHA 号》决议,《欧共体公报》L68,2005 年 3 月 15 日。
②　议会框架决议对打击组织犯罪进行了提案。仿冒也可被归于资助恐怖分子网络;洗钱和仿冒也应是严厉打击的犯罪行为。

和劝阻性的惩罚,包括刑事与非刑事的罚款至少 10 万欧元(对于第 2 条第 1 款所指严重案件的为 30 万欧元,在涉及引发死亡与疾病的案件中应不加歧视地适用更严重的惩罚)非刑法罚金。

3.10　国内法应对犯罪相关的仿冒商品、产权和工具作出没收的规定,至少对严重的案件(有组织的犯罪,以及危及生命和健康的案件)作此规定(第 3 款)。

3.11　修正的提案允许成员国适用更为严格的条款。

3.12　在最初提议的一项委员会框架决议的撤销后,委员会意图将同样的方法应用到于 2005 年 12 月 23 日通过的刑法程序中,其旨在支持相互司法协助并使不同国家的惩罚水平一致,从而能够实现欧洲司法一体化。①

3.13　成员国承担发起调查和起诉的职责,而不仅仅依赖于由受害者提出的诉讼。

4　委员会的一般意见

4.1　委员会注意到对于知识产权这一不明确的术语的使用越来越频繁。这一术语融合了多种法律概念,以及不同的保护和使用方法。然而,这一术语在欧洲和国际法中已广泛使用。每一个与无形资产相关的权利性质、持续时间和范围都有很大不同。每一个都有其自身的具体的法律框架、不同的地域效力以及实施注册和专利保护的具体机构。此外,对于这些权利侵权的解释可能在不同的国家中有所不同,并在一些案例中迅速发生变化。

4.2　药品构成的分析(未经使用或公布结果),或在规避保护措施的私人复制这一合法权利实施下的软件和电子元件的逆向制造,在一些成员国中会构成仿冒或非法复制,甚至在没有盈利目的和犯罪故意的情况下,也可能有非常严厉的惩罚。

4.2.1　委员会已经表明应在共同体层面协同支持,以打击影响欧洲经济的各种形式的商业仿冒活动,严厉打击对欧洲经济造成严重损害的工业产权和版权犯罪。② 大规模的仿冒活动通常由犯罪组织或有组织的犯罪集团进

---

①　COM(2005)696 终稿。
②　参见马洛斯先生的意见(《欧共体公报》C221,2001 年 8 月 7 日)。

行,可能危及健康、安全或生命。后一种情况应被视为判定刑法惩罚的恶劣情况。指令的提议应制定在社会危害性更大情况下加重刑罚的原则。

4.2.2　在 2004 年的指令中,委员会承认提议中所讲的协调仅针对大规模的并因此很有可能影响几乎整个单一市场的侵权行为。更清晰的定义术语"商业的"仍然很有用,例如,意图以较大数量销售仿冒商品或服务从而导致显著经济损失,或无论销售数量多少均具危险性,或在任何情况下意图获取非法经济所得而进行犯罪活动。刑法惩罚的适用可以为法律和命令预设一个清晰的威胁,其强度和严重性可有所差异。犯罪行为和惩罚必须与风险相称。然而,有人可能质疑在"在一定的商业规模上侵犯知识产权"和"严重犯罪"之间的区别是否清晰,惩罚的严重程度是否符合刑法中的相称性原则。此外,在互联网上进行私人文件分享或复制(或音乐的重新合成)、在家庭成员之间或个人出于教学或研究目的对于实物材料或知识作品的呈现,均不适用提议的指令的范围。应该详细说明这一例外情形。

4.2.3　委员会强调受到仿冒影响的无形资产权利并不是绝对权利。每一权利有其自身的特性,并在原则上赋予商业使用专有的和暂时的垄断,并随时间和地域的变化而有不同效力。换言之,它构成了一种暂时的保护主义措施(在专利情况下作为对公开发明的替代,在版权情况下作为对知识作品的替代)。然而,许可人、授权人或产品、服务和知识产品的真正使用者均享有权利,但许可的情况下①,其所享有的权利是十分广泛的。一些法律的国内体系不连贯,并将制作者、发行者和产业者的权利置于消费者权利之前。很多国家会将严苛的刑法惩罚纳入国内法律的倾向在进一步加剧。这就导致了一个自相矛盾的局面,即指令的提议中,对商业规模的侵权行为的最高惩罚,可以被证明等于或轻于一项侵权行为的最高刑罚。

4.2.4　委员会希望以共同体刑法为基础,对国内刑法进行彻底改革后,对改变后各国的法律进行深入的比较研究,以确保整个欧盟实现真正的和谐一致。对版权和邻接权来说,这一点尤其重要。有时更加严格的法律会导致不相称的制裁规模和惩罚。在短期预期清除数字权利管理(DRM)的作品,使得

---

①　知识共享许可、通用公共许可证、BSD 许可证、英国广播公司创意典藏许可(自由访问音像材料)等。

分销的商业模式还在全面发展中,严格的法律对此无用。在一些情况下,对未授权的复制行为进行征税,极大地补偿了权利持有者。

4.3　具体意见

4.3.1　委员会希望更加明晰仿冒知识产权的商品或服务的犯罪行为的性质。刑事犯罪必须包括犯罪者或其同谋的意图,《与贸易有关的知识产权协定》(TRIPS)指"蓄意商标侵权",指令使用"蓄意"、"意图"或"故意"的用词。在犯罪中必须有实质性因素,例如犯罪行为,或至少相当于开始犯罪的意图。这两个元素是累积性的;仅有意图并不构成犯罪(除非我们设定一个思想警察)。通常情况下,只有挑唆者在进行犯罪活动的过程中使用的工具(通常是非法的)表明其具有明确的犯罪意图,才可以确立犯罪成立。此外,委员会认为如果仿冒者使用这些手段,如广泛使用的材料或软件,或访问互联网,不能等同于共谋或犯罪挑唆(通常仅在有限数量的刑法情况下,且很难证明)。共谋的概念在共同体法律中应当是充分的,因为共谋责任的分担在国内法中作出了详细规定。否则,将会导致意图清楚的犯罪,对许多设备和服务供应商而言会产生很大的法律不确定性。

4.3.2　对于作品、模型、程序或受到暂时垄断保护的发明的非法复制构成仿冒,建议遵守这一定义,而不将其延伸至包括盗版(通常包括为非法终端获取、非法进入信息技术系统以便对其控制,盗取数据或使用带宽)。盗版在严格意义上不同于仿冒,在刑事犯罪的适用中应继续对其进行严格的定义。未经授权入侵信息技术系统,数据或带宽窃取,私人攻击等毫无疑问地要受到恰当的刑法诉讼,但是它们并不直接构成仿冒。即使在很多政策声明中不恰当地应用了这些术语,并且对其不加区别地使用在一定程度上造成了混淆,但仍应具体对待与打击信息技术盗版。信息技术盗版被恐怖组织使用,也应该成为一项特别关注的内容和国际合作焦点。

4.3.3　术语"有组织的犯罪团伙"应加入解释性备忘录的术语"犯罪集团"和"有组织的犯罪"之中,因为该术语在一些刑法体系中已经作为极严重的情况而存在。有组织的犯罪团伙或犯罪集团进行的商业仿冒应当属于一种受到更严厉惩罚或罚款的严重情况。

4.3.4　委员会声明成员国可以自主采用更加严格的惩罚,或扩大惩罚范围。这可以被解释为主张非商业犯罪或将刑事仿冒的定义延伸至那些严格来说并不构成对于产品、程序或知识作品的复制的行为。

4.3.5　委员会对这一事实有所保留,即共同体法律和某些其他体系的国内法是同样有效的,等同于通过复制软件仿冒和规避数字权利管理(DRM)系统①(版权保护系统,设备或软件,常常无效和未编码),其中的定义"仿冒"并不意味着复制初始系统。此外,数字权利管理系统并不是标准的。它根据平台或供应商而有所不同,它的文件格式可以是专有的,这不仅妨碍了互通性,还试图通过消除竞争创建受控制的市场。为持有软件许可证的消费者或公司能够行使其权利(为个人使用而复制、为在不同设备上使用而备份复制)而创建和使用复制的方法,在没有犯罪意图和不形成一定商业规模且没有积极实施犯罪行为的情况下,不应受到惩罚。

4.3.6　委员会支持将刑事诉讼程序独立于受害者提出的任何民事诉讼或刑事指控的原则。事实上,涉及黑帮类型的犯罪组织时,受害者往往不愿发起诉讼以保护其权利。此外,商业仿冒,特别是由有组织的犯罪团伙或犯罪组织、更不用说恐怖主义进行的商业仿冒,都会影响经济和社会福利。因此,成员国有义务予以严厉打击。

4.3.7　委员会希望成员国之间的有效合作以有效打击国际假冒网络,特别是那些与犯罪组织和洗钱行动相联系的国际假冒网络。在这一背景下,我们应当谨记很多这类网络是由第三方操作的,利用国际法提供的资源将行动延伸至欧盟之外的国家是至关重要的。

4.3.8　在共同体层面,委员会认为联合警力调查组应当与海关团队、仿冒的受害者及其任命的专家一起行动。欧洲经济和社会委员会(EESC)欢迎受害者融入调查中,但是建议将他们的作用限制在仅为公共机构提供信息。如果根据受害者的仿冒诉讼,就对法庭尚未认定仿冒犯罪的受害者竞争企业进行监视行为或没收财产,这种做法是不妥的。委员会建议,对于无公权的个人出于私人倾向而干涉、扰乱刑事程序的行为,必须予以坚决抵制。

———————————

①　数字权利管理(版权保护的委婉说法)。

4.3.9　最后,委员会非常关注互联网在商业应用中的增长趋势,要求将《与贸易有关的知识产权协定》(TRIPS)中规定的刑罚条款延伸到这一领域,正如美国商务部 2006 年度《特别 301 和超级 301 报告》,①应用有关网络知识产权的世界知识产权组织条约,其在公共领域是一种自由工具和普遍通行的良好准则。

欧洲经济和社会委员会主席

Dimitris Dimitriadis

布鲁塞尔,2007 年 7 月 12 日

---

① 2006 年的《特别 301 报告》,美国。

后　记

我最终还是决定,以流水账的形式记录下翻译这些文字中发生的事,一是为了对参与了该译丛翻译出版者的辛勤工作,留下一点记忆;二是为了总结自己翻译过程中的心路历程,明晰我自己所走过的路原来是这样的。

2007年我留校工作,一直进行出版领域的研究,偶尔也会涉足到文化产业和数字人文领域。研究让我意识到:如果无法建构"利益均衡的版权法体系",中国的出版业乃至文化创意产业的健康、持续发展,是难以实现的。意识到这一问题,其实一点也不用刻意和"深刻",大凡是在文化产业领域谋求发展的企业都有这样的认识。因研究需要,在阅读版权相关研究文献的时候,我脑海中永远挥之不去的一个问题是:为什么动辄七八百页的版权法法条,永远只有几条被反复引用?本引用法条的前后文是什么样的?设定该法条的考量因素是什么? 在我的观念里,因为中外制度环境、产业环境乃至技术环境的差异,弄清楚设定该法条的考量因素,往往比知道具体的法条如何规定更有启发意义。

版权法的先行者们曾经翻译过英美等国家的版权法,这为我国版权法的制定起到了重要的借鉴作用。但自20世纪80年代末期以来,因为数字技术浪潮的冲击,西方主要发达资本主义国家的版权法都先后进行了比较系统的调整,以重新建构"符合数字技术时代需求的、利益均衡的版权体系",并把其看作是关乎文化创意产业发展的关键性、基础性政策。对这些新法条和版权相关文件,我国还缺乏系统的翻译。

面对这种情况,我产生了翻译的冲动。当时我的想法很简单,和有志于此的几个学生一起为完善我国版权法律制度做一点力所能及的事情,即使翻译得不好,让专家来批评,并引起社会对版权法翻译的重视也是好的。后来才发现,版权法的翻译是十分专业的,即使大家很努力,也根本无法胜任这个工作。在这种情况下,幸亏几位翻译者王智丽、王灵丽、杨丽娟、马作鹏等人的加入和付出，才顺利地完成该译丛的初稿。

一天晚上，郑纳新先生给我打来电话，意思是东方出版中心可以出版这套译丛，问我有什么想法。我后来才知道，纳新先生是从我的学生那里知道我正在从事这方面的工作。能有什么想法呢？在学术著作出版需要"缴费"的情况下，法律译丛能入纳新先生的"法眼"，就足以说明他跟我还是有点"臭味相投"。不仅如此，纳新先生还委派东方出版中心十分优秀且富有工作经验的资深编辑张爱民、朱荣所两位先生具体负责该译丛的编辑与出版。团队希望译丛有一个引领性的序言，于是"大胆"地向阎晓宏先生发出邀请，希望他能为我们这次"存在诸多遗憾"的努力作个"序"，我们十分荣幸地得到了阎晓宏先生的肯定答复。

初稿完成后，修订工作持续了两年多的时间，我在上面提到的这些前辈、同仁和朋友，都为尽可能地提高翻译的质量在作着自己的努力。终于，在两位编辑的不断"催促"下，也在原国家新闻出版总署法规司司长王自强、复旦大学法学院教授马忠法等人的审定下，这套译丛才得以定稿。与此同时，我所在的复旦大学新闻学院领导米博华、张涛甫、尹明华、周晔诸先生，以及复旦大学国家文化创新中心孟建先生，都给本译丛的出版予以大力的支持，在此表示衷心的感谢！

我对版权法的了解不深，在翻译完这些重要的版权法文件之后，我深刻认识到这一点。如果研究本身存在"缘分"，我还想继续翻译"一带一路"沿线国家的版权法。当然，我们更期待国内的有识之士尤其是版权研究专家能够牵头翻译，从而为完善我国的版权法体系作出贡献。

张大伟

2019 年 4 月

2023